Fitness beginnt im Kopf

Andrea Freiermuth
Julia Schüler

Fitness beginnt im Kopf

Motivationstipps für Bewegungsmuffel
und Sporteinsteiger

Ein Ratgeber aus der Beobachter-Praxis

Beobachter-Buchverlag
© 2012 Axel Springer Schweiz AG
Alle Rechte vorbehalten
www.beobachter.ch

Herausgeber:
Der Schweizerische Beobachter, Zürich

Lektorat: Käthi Zeugin
Cover: Krisztina Faller (Grafik), Luxwerk
Candrian/Jaggi (Bild)
Satz: Bruno Bolliger

ISBN 978-3-85569-521-8

Mit dem Beobachter online in Kontakt:
  www.facebook.com/beobachtermagazin
  www.twitter.com/#!/BeobachterRat
  www.beobachter.ch/google+

Die Autorinnen

Andrea Freiermuth hat Medienwissenschaft und Psychologie studiert. Sie arbeitet als Redaktorin bei BeobachterNatur und verbringt ihre Ferien am liebsten auf dem Velo.

Dr. phil. Julia Schüler, das wissenschaftliche Gewissen dieses Buches, ist Motivationspsychologin, Assistenzprofessorin am Institut für Sportwissenschaft der Universität Bern und Ausdauersportlerin.

Dank

Ein grosses Dankeschön geht an den Sportmediziner Daniel Wegmann vom Zentrum für Gesundheit und Prävention «St. Anna im Bahnhof» in Luzern. Er hat uns Autorinnen bei den Fallbeispielen unterstützt und alle medizinischen Informationen überprüft. Herzlich bedanken wir uns auch bei den Erstleserinnen Karin Hengartner und Regina Freiermuth für die kritischen Anmerkungen sowie bei der Lektorin Käthi Zeugin, die dem Buch den letzten Schliff verpasst hat.

---

www.beobachter.ch/fitness

Alle Aufgabenboxen und Fragebogen in diesem Buch finden Sie auch im Internet – zum Herunterladen, Ausdrucken und Bearbeiten. Eine wichtige Hilfestellung für Ihr Bewegungsprojekt.

Inhalt

Vorwort ... 11

1 Bewegung ist Leben ... 12

1.1 Warum der Mensch Bewegung braucht ... 14
Die Folgen des Bewegungsmangels ... 14
Wie viel Bewegung brauchen wir? ... 16

1.2 Bewegung ist gesund – auf allen Ebenen ... 18
So schützt Bewegung den Körper ... 19
Gesunder Geist in einem fitten Körper ... 25
Spass haben und sich wie ein Kind fühlen ... 29
Warum wir uns trotzdem zu wenig bewegen ... 29
Wie gesund sind Sie? ... 30

«Nach dem Yoga bin ich wieder Frau der Lage.» –
Iris Gujan, 33, macht Kundalini Yoga, um Lebensenergie
zu tanken. ... 32

2 Wo stehen Sie heute? ... 34

2.1 Wie fit sind Sie? ... 36
Finden Sie Ihre Stärken – der grosse Fitnesstest ... 36
Bestandesaufnahme: Wie aktiv sind Sie schon? ... 40
Zuerst ein Gesundheitscheck? ... 42

2.2	**Sind Sie bereit zur Verhaltensänderung?**	44
	Die Stufen der Verhaltensänderung	44
	Strategien: Lernen von ehemaligen Rauchern	46
	Warum Gewohnheiten nicht nur schlecht sind	50
	Verhaltensänderungen sind möglich	50
2.3	**Barrieren erkennen**	52
	Was hat Sie bisher von Bewegung abgehalten?	52
	Aufschreiben hilft weiter	57

«Von nichts kommt nichts.» – Walter Noser, 48, treibt Sport, weil es ihm dann einfach besser geht. 60

3 Sich selber motivieren – Schritt 1   62

3.1	**Wissen, wie Motivation funktioniert**	64
	Was ist ein Motiv?	64
	Wie wird aus einem Wunsch eine Handlung?	65
3.2	**Entdecken Sie die Kraft der Bedürfnisse**	68
	Wie Bedürfnisse unsere Handlungen steuern	68
	Das Geheimnis von Lust und Unlust	71
	Welches sind Ihre Motive?	75
3.3	**Vom Motiv zur Tat schreiten**	80
	Beziffern Sie den Nutzen	80
	Wägen Sie die Kosten ab	82
	Stärken Sie Ihre Erfolgserwartung	85
	Strategien für mehr Selbstwirksamkeit	86

«Wenn ich Ultimate spiele, könnte die Welt untergehen.» – Romano Hofmann, 33, spielt Frisbee bei den Züri Ultimate Flyers. 92

4 Anfangen – Schritt 2 — 94

4.1 Die richtige Sportart für Sie — 96
Knüpfen Sie an positive Erfahrungen an — 96
Bauen Sie Bewegung in Ihren Alltag ein — 98
Motivieren Sie sich mit dem Kalorienverbrauch — 101
Hilfe aus dem Internet — 103

4.2 Sportliche Vielfalt: Lassen Sie sich inspirieren — 106
Sport kann ganz schön günstig sein — 106
Wenn Sie mit Sport abnehmen möchten — 107
Messen Sie sich gern mit anderen? — 109
Am liebsten in der Natur — 110
Im Sport Entspannung und Erholung finden — 111
Beim Bewegen soziale Kontakte pflegen — 112
Wenns praktisch und einfach sein soll — 114
Suchen Sie den Nervenkitzel? — 115
Etwas Neues lernen — 115
Keine Ahnung, was Ihnen gefallen könnte? — 116
Die Bewegungsform, die Ihnen Spass macht — 116

4.3 So schaffen Sie günstige Voraussetzungen — 118
Lösen Sie das Zeitproblem — 118
Organisieren Sie Partnerhilfe — 119
Schaffen Sie sich Starthilfen — 121
Treffen Sie Verabredungen — 122
Nutzen Sie Veränderungen — 123
Verlangen Sie nicht zu viel von sich — 124

«Das Durch-den-Schnee-Geschiebe finde ich schön.» – Sabine Olff, 39, fand über Umwege auf die Langlaufloipe. — 126

5 Den Willen stärken – Schritt 3   128

5.1	**Was ist Willenskraft?**	130
	Die zwei Formen des Willens	130
	Sparsam mit dem Willen umgehen	131
	Die Krux mit den Vorsätzen	132
5.2	**Diese Ziele führen zum Erfolg**	134
	Realistische Ziele	134
	Spezifische Ziele	135
	Lang- und kurzfristige Ziele	137
	Öffentliche und sichtbare Ziele	138
	Lernziele statt Leistungsziele	138
	Annäherungsziele statt Vermeidungsziele	140
	Möglichst konfliktfreie Ziele	142
	Sind Ihre Ziele SMART?	143
5.3	**Den Willen in Handlung umsetzen**	146
	Ihr Handlungsplan, ganz konkret	146
	Formulieren Sie Wenn-dann-Sätze	148
	Belohnen Sie sich	150
	Aktivieren Sie Ihren Autopiloten	153
	Zu guter Letzt: Schreiben Sie alles auf	154

«Mit Tanzen kann man den Leuten immer Freude bereiten.» – Ruedi Beck, 65 und leidenschaftlicher Tänzer, fand nur dank der Liebe zu seiner Frau aufs Parkett.   156

6 Dranbleiben – die Krönung 158

6.1	**So stärken Sie Ihre Selbstkontrolle**	**160**
	Wenn wieder was dazwischenkommt	160
	Halten Sie sich das Ziel immer vor Augen	161
	Kontrollieren Sie Ihre Gedanken und Gefühle	164
	Kontrollieren Sie Ihre Umwelt	166
	Protokollieren Sie Ihr Verhalten	168
6.2	**Strategien gegen Fallgruben**	**172**
	Innere und äussere Barrieren	172
	Bewegungsbarrieren überwinden	173
	Erweitern Sie Ihre Wenn-dann-Sätze	176
	Entdecken Sie den Flow	179
6.3	**Das Erreichte bewerten**	**184**
	Gut umgehen mit Rückschlägen	184
	Die richtigen Erklärungen finden	186
	Überprüfen Sie Ihre Erwartungen	190
	Nochmals: zehn Punkte für Ihren Erfolg	192
	Das Allerwichtigste: Haben Sie Spass!	193

«Bewegung ist eine Lebenshaltung.» – Nachwort der Autorinnen 196

Anhang 198

Kopiervorlagen	200
Links für mehr Bewegung	205
Literatur	208
Stichwortverzeichnis	210

WIE SIE DIESES BUCH BENÜTZEN

Aufschreiben, Notizen machen – das ist ein wichtiges Instrument, wenn Sie Ihr Bewegungsverhalten ändern wollen. Deshalb enthält dieses Buch eine Reihe von Aufgabenboxen und Fragebogen. Sie erkennen sie an den Piktogrammen:

 Aufgabenbox   Fragebogen

Im Internet finden Sie alle diese Anregungen zum Verschriftlichen ebenfalls – unter **www.beobachter.ch/fitness**. Sie können die Dokumente herunterladen, ausdrucken, ausfüllen, mit sich herumtragen und später wieder benutzen, um Fortschritte festzustellen. Sie werden sehen, das hilft Ihnen bei Ihrem Vorhaben.

Und noch eine begriffliche Klärung: In diesem Ratgeber ist mit «Bewegung» die körperliche Aktivität im Alltag oder Beruf gemeint, mit «Sport» die institutionalisierte Form von körperlicher Aktivität, verbunden mit einer Sportart. Im Vergleich zu Sport ist Bewegung oft von geringerer Intensität. Da Sie selber entscheiden, welche Art der körperlichen Aktivität für Sie die richtige ist, wird mal der eine, mal der andere Begriff verwendet.

Vorwort

Herzliche Gratulation! Wenn Sie dieses Buch in der Hand halten, haben Sie den ersten Schritt bereits getan: Sie haben erkannt, dass Ihnen mehr Bewegung guttun würde – weil sich Beschwerden bemerkbar machen, weil der Arzt es Ihnen empfohlen hat oder einfach weil Sie sportlicher werden wollen. Gut so: Erkenntnis ist stets der erste Schritt für eine Verhaltensänderung.

Vielleicht waren Sie schon früher an diesem Punkt, konnten aber Ihre Erkenntnisse nicht in eine Handlung umsetzen, Ihre Vorsätze nicht einhalten. Vielleicht haben Sie bereits einen Versuch gestartet, haben ein Abonnement im Fitnesszentrum gelöst, sich mit Freunden zum Sport verabredet oder in einem Verein angemeldet – und sind dann doch nur einige Male hingegangen. Vielleicht haben Sie Broschüren, Artikel oder gar ganze Bücher gelesen, die empfehlen, mehr Treppen zu steigen, eine Tramstation früher auszusteigen, mit Joggen zu beginnen – und Sie sind trotzdem nicht weitergekommen.

Wir werden Ihnen nicht sagen, was Sie tun müssen. Aber wir helfen Ihnen, herauszufinden, was Sie tun wollen. Und wir begleiten Sie auf Ihrem Weg zu einem aktiveren Lebensstil. Wir verraten Ihnen die Tipps und Tricks der Motivationspsychologie und zeigen Ihnen, wie Sie in ein bewegteres Leben einsteigen und dann auch dranbleiben. Wir unterstützen Sie dabei, innere Widerstände und äussere Hindernisse zu überwinden. Und wir helfen Ihnen, Stolpersteine und Fallgruben zu entdecken und zu umgehen.

Mit diesem Buch werden Sie nicht nur mehr Bewegung in Ihr Leben bringen, sondern auch viel über sich selbst lernen. Sie werden herausfinden, wie Sie ticken. Wie Sie sich für Dinge motivieren können, die Ihnen schwerfallen – und dass das Ganze erst noch Spass macht.

Zürich, im März 2012
Andrea Freiermuth
Julia Schüler

1

Bewegung ist Leben

Dass Bewegung gesund ist, wissen Sie. Aber warum ist dem so? Entdecken Sie, wie Bewegung auf den Körper wirkt. Und wie vielfältig die positiven Auswirkungen für Ihr körperliches und geistiges Wohlbefinden sind. Dieses Wissen wird Sie beim Wollen unterstützen.

1. Bewegung ist Leben

1.1 Warum der Mensch Bewegung braucht

Die Evolution hat uns Menschen zum bislang erfolgreichsten Lebewesen der Erde gemacht. Sie hat uns auf vieles vorbereitet, nur nicht auf ein bewegungsarmes Leben.

40 Kilometer pro Tag waren die Menschen der Steinzeit schätzungsweise zu Fuss unterwegs. Heute geht oder läuft der Durchschnittsbürger täglich ungefähr anderthalb Kilometer. Aus Jägern und Sammlern sind Bürolisten und Autofahrer geworden. Unser Körper jedoch tickt immer noch gleich wie in grauer Vorzeit. Denn unsere genetische Ausstattung hat sich in den letzten 10 000 Jahren kaum verändert.

Unsere Vorfahren mussten tagelang hinter einem Mammut herjagen, um es schliesslich zu erlegen. Sie mussten schnell sein, wenn ein Säbelzahntiger zum Angriff ansetzte. Und sie mussten oft weite Strecken zurücklegen, um genug Nahrungsmittel zu sammeln. Kurz: Forderten es die Umstände, vollbrachten die Menschen der Steinzeit athletische Höchstleistungen. Wer nicht dazu fähig war, starb schnell – und konnte seine Gene gar nicht erst weitergeben.

Die Evolution hat uns auf viele Gefahren vorbereitet, nur nicht auf ein bewegungsarmes Leben. Über 2,5 Millionen Jahre hat die Steinzeit gedauert, das Auto gibt es seit etwas mehr als 100 Jahren. Der Homo sapiens entwickelte sich vor 16 000 Jahren, am Computer sitzen wir aber erst seit 30 Jahren. Kein Wunder, macht der moderne Lebensstil krank: Wir sind einfach nicht dafür konstruiert, gekrümmt vor dem Bildschirm oder regungslos am Steuer zu sitzen. Wir brauchen Bewegung, weil wir darauf programmiert sind.

> Bewegung ist nicht etwa eine nützliche Zugabe, um die Gesundheit zu verbessern. Sie ist vielmehr die Voraussetzung, die das normale Funktionieren von Körper und Geist erst ermöglicht.

Die Folgen des Bewegungsmangels

Die gute Nachricht zuerst: Es ist nie zu spät, sich für einen aktiveren Lebensstil zu entscheiden. Im Gegenteil: Den grössten ge-

GESUNDHEIT UND LEISTUNG IM ALTERSVERLAUF

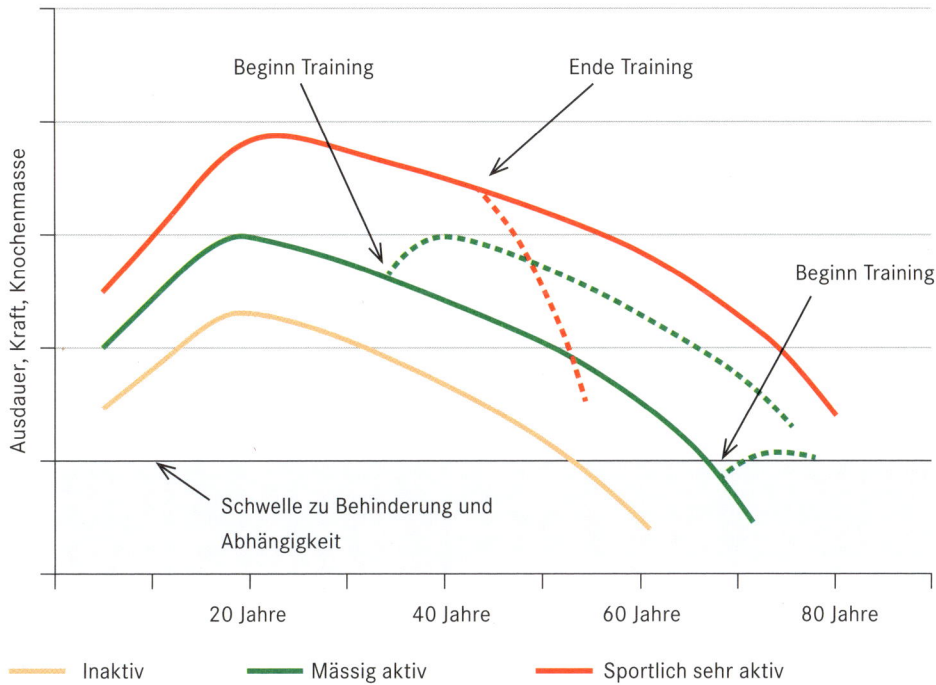

Körperlich Aktive sind leistungsfähiger und während des ganzen Lebens gesünder. Inaktive können aber ihre Gesundheit jederzeit verbessern, sobald sie sich regelmässig bewegen. Die gestrichelten Linien zeigen, was mehr bzw. weniger Bewegung bewirkt.

Quelle: Bundesamt für Sport (Hrsg.): Gesundheitswirksame Bewegung

sundheitlichen Nutzen können jene Menschen erwarten, die bisher kaum oder gar nicht aktiv waren. Dabei spielt es keine Rolle, ob man erst 20 oder schon 70 ist. Mit steigendem Trainingsniveau nimmt der Zusatznutzen im Verhältnis ab und der Trainingsbedarf steigt. Das heisst: Für einmal haben es Bewegungsmuffel leichter – mit wenig Aufwand erreichen sie viel mehr als ein Aktivsportler.

In der Schweiz bewegen sich knapp zwei Drittel der Bevölkerung zu wenig: 16 Prozent sind praktisch inaktiv, 43 Prozent sind zwar körperlich aktiv, aber in zu geringem Ausmass. Der inaktive Lebensstil verursacht hierzulande jedes Jahr mindestens 2900 vorzeitige Todesfälle, 2,1 Millionen Krankheitsfälle und direkte Behandlungskosten von 2,4 Milliarden Franken. Damit gefährdet Bewegungsmangel nicht nur die Gesundheit

1. Bewegung ist Leben

«Gesundheit ist nicht alles, aber ohne Gesundheit ist alles nichts.»
Arthur Schopenhauer, deutscher Philosoph

des Einzelnen, sondern stellt ein gesamtwirtschaftliches Problem für alle dar.
Bewegungsmangel führt unter anderem zu Übergewicht, Herz-Kreislauf-Erkrankungen, Altersdiabetes (Diabetes Typ II) und Knochenschwund (Osteoporose). Mangelnde körperliche Aktivität steht zudem in direktem Zusammenhang mit Depression und früher Pflegebedürftigkeit im Alter.

> Der Volksmund hat nicht immer recht: Sport ist kein Mord. Halten Sie sich lieber an die Wissenschaft statt an Reime – unzählige Studien beweisen die positiven Effekte von Bewegung.

Wie viel Bewegung brauchen wir?

30 Minuten körperliche Aktivität pro Tag können gemäss dem Bundesamt für Gesundheit (BAG) die Gesundheit, das Wohlbefinden, die Lebensqualität und die Leistungsfähigkeit schon deutlich verbessern. Diese halbe Stunde können Sie auch auf dreimal zehn Minuten aufteilen. Die Intensität der Bewegung soll dabei zügigem Gehen entsprechen und zu einem leicht beschleunigten Atmen führen.

Das klingt nach wenig. Trotzdem ist es nicht einfach, von einem inaktiven zu einem aktiven Lebensstil zu finden. Es braucht Zeit und Energie, das eigene Verhalten und vertraute Muster zu ändern. Wenn Sie aber wirklich wollen, werden Sie es schaffen.
Sind Sie bereits aktiv, können Sie mit einem gezielten Training von Kraft und Ausdauer einen zusätzlichen Nutzen erzielen. Das BAG empfiehlt in diesem Fall, pro Woche mit mindestens drei Einheiten von 20 bis 60 Minuten Ihre Ausdauer zu trainieren und zweimal pro Woche etwas für Ihre Beweglichkeit und Kraft zu tun.

> Jeder Schritt hin zur Aktivität – und sei er noch so klein – ist wichtig und nützt der Gesundheit. Es ist nie zu spät, den ersten Schritt zu tun.

1.2 Bewegung ist gesund – auf allen Ebenen

Wer sich genug bewegt, lebt länger und hat erst noch mehr Spass am Leben. Denn Bewegung schützt nicht nur vor Herz-Kreislauf-Erkrankungen, Diabetes und Krebs, sondern erhöht auch das Selbstbewusstsein und beugt Depressionen vor.

Jedes Auto, das zu lange in der Garage steht, hat einen Standschaden. Dasselbe gilt auch für den Körper. Er muss gefordert werden, um optimal zu funktionieren. Er braucht Reize und Impulse. Oder anders gesagt: Wer rastet, der rostet. Das sind die Betriebsbedingungen der Natur. Insbesondere die Ausdauer lässt schnell nach, wenn sie nicht gefordert wird. Aber auch die Knochen und die Muskeln degenerieren rapide.

Nun könnte uns dies ja egal sein, da wir in der Regel sowieso mit dem Auto unterwegs sind und die Arbeit der meisten Menschen nicht mehr aus Holzhacken oder Pflügen be-

---

IN DREI WOCHEN ZUM MENSCHLICHEN WRACK

Erste Hinweise, wie wichtig Bewegung für die Gesundheit ist, lieferte die Weltraumforschung. Um die Auswirkungen der Schwerelosigkeit auf den Körper zu untersuchen, wurden 1966 fünf junge, gesunde Männer ins Bett gesteckt. Damit wollte man die Bedingungen im All simulieren, denn in der Schwerelosigkeit braucht man praktisch keine Muskelkraft, um sich zu bewegen. Die Versuchspersonen erhielten ein absolutes Bewegungsverbot und eine spezielle Magerkost, damit sie nicht zunahmen. Als sie sich nach 21 Tagen aus dem Bett erhoben, waren die fünf Burschen menschliche Wracks: Ihre Herzen pumpten pro Schlag 25 Prozent weniger Blut als zuvor und waren ausserdem um elf Prozent geschrumpft. Zudem enthielt ihr Blut 28 Prozent weniger Sauerstoff. Und als sie auf dem Laufband rennen sollten, sanken zwei der Männer ohnmächtig danieder.

EIN TRAINIERTES HERZ ARBEITET EFFIZIENTER

	Bewegungsmensch	Bewegungsmuffel
Ruhepuls	60 pro Minute	80 pro Minute
Pro Stunde	3600 Schläge	4800 Schläge
Pro Tag	86 400 Schläge	115 200 Schläge
Im Jahr	31 536 000 Schläge	42 048 000 Schläge

steht. Dummerweise stecken wir aber nach wie vor in unserem Körper fest. Wir sind auf Gedeih und Verderb mit ihm verbunden. Und degeneriert er aufgrund der Inaktivität zu stark, macht er sich mit Schmerzen und Unwohlsein bemerkbar.

So schützt Bewegung den Köper

Wer sich regelmässig bewegt, fühlt sich wohler in seinem Körper. Die Muskeln, Sehnen und Knochen werden durch die Beanspruchung stärker und der Bewegungsapparat funktioniert harmonischer. Verspannungen durch einseitige Belastung wie etwa langes Stehen und Sitzen lösen sich bei körperlicher Aktivität – unter anderem, weil die Muskeln besser durchblutet werden. Bewegung wirkt jedoch auch direkt auf das Herz, die Lunge und das Gehirn und regt den Stoffwechsel wie auch das Immunsystem an.

Sitzen ist die Zivilisationskrankheit des 21. Jahrhunderts. Jeder Stuhl müsste im Grunde genommen mit dem Warnsiegel «Vorsicht – Sitzen schadet Ihrer Gesundheit» angeschrieben sein.

Herz: ein stärkerer Motor

Durch Bewegung legt der Herzmuskel an Masse zu und arbeitet ökonomischer. Ein untrainiertes Herz pumpt in der Regel 70 bis 100 Milliliter Blut pro Schlag, ein trainiertes Herz dagegen 140 bis 190 Milliliter. Im Extremfall verdoppelt sich also die Pumpleistung des Herzens. Ein Beispiel: Schlägt das Herz eines Untrainierten etwa 150-mal pro Minute, pumpt es bis zu 40 Liter Blut in die Adern. Das Herz eines gleichaltrigen Trainierten schafft die gleiche Menge mit nur 75 Schlägen.

Sportler haben einen viel tieferen Ruhepuls als Inaktive: Das Herz eines Ausdauersportlers etwa schlägt im Ruhezustand weniger

1. Bewegung ist Leben

> **AUFGABENBOX 1:
> MEIN RUHEPULS**
>
> Um herauszufinden, wie hoch Ihr Ruhepuls ist, messen Sie Ihren Puls am Morgen nach dem Erwachen – und zwar noch im Liegen. Am besten spüren Sie Ihren Herzschlag auf der Daumenseite des Handgelenks oder am Hals auf halben Weg zwischen Kehlkopf und Ohr. Messen Sie 15 Sekunden lang und multiplizieren Sie das Ergebnis mit 4.
>
> Puls während 15 Sek. x 4 = Ruhepuls
> .... x 4 = ...

als 50-mal pro Minute, das eines Bewegungsmuffels 80- bis 90-mal.

Das Herz des Bewegungsmenschen arbeitet sehr ökonomisch: Er erspart sich im Vergleich zum Bewegungsmuffel alle drei Jahre ein Jahr an Herzarbeit.

Lunge: bessere Sauerstoffversorgung

Ein Ausdauersportler atmet anders als ein Bewegungsmuffel: Bei Trainierten fasst ein Atemzug im Extremfall 2,5 Liter Luft, bei Untrainierten bloss 0,5 Liter. Zudem weiten sich die Atemwege durch die Bewegung, sodass die Lunge schon nach zwei bis drei Monaten Ausdauertraining bis zu 25 Prozent mehr Sauerstoff aufnehmen kann.

Blut: mehr und besseres Benzin

Bewegung regt die Blutproduktion an: Bei einer 70 Kilogramm schweren Person kann sich die Menge des Blutes von knapp sechs auf fast acht Liter erhöhen. Dadurch transportieren mehr rote Blutkörperchen zusätzlichen Sauerstoff zu den Organen. Auch fliesst «trainiertes» Blut besser durch den Körper – unter anderem, weil die Blutzellen elastischer werden und sich den feinen Blutgefässen besser anpassen. Das fördert den Stoffaustausch zwischen Blut, Lunge, Gewebe und Blutgefässen. Die Folge: Das Herz muss weniger häufig schlagen, um genügend Sauerstoff in die Muskeln zu pumpen. Zudem nimmt dank der verbesserten Fliessfähigkeit des Blutes die Neigung zu Blutgerinnseln ab, die mitunter zu Schlaganfällen oder Herzinfarkt führen können.

Auch die Blutzuckerwerte werden durch regelmässige Bewegung beeinflusst. Aktive Muskeln verbrennen den Zucker im Blut laufend. Nehmen wir durch die Nahrung Zucker zu uns, bewegen uns aber nicht, produziert die Bauchspeicheldrüse das Hormon Insulin, das den überflüssigen Zucker aus dem Blut «fischt» und in die Körperzellen verfrachtet. Das ist an und für sich ein normaler Vorgang. Sind aber sowohl die Zuckerzufuhr wie auch der Bewegungsmangel über eine längere Zeit sehr gross, wird das natürliche Gleichgewicht gestört. Der Körper muss gewaltige Mengen an Insulin produzieren, gleichzeitig werden die Körperzellen immun gegen das Hormon, was wiederum die Insulinproduktion erhöht – ein Teufelskreis, der früher oder später zum Zusammenbruch des Zuckerstoffwechsels und zur Zuckerkrankheit Diabetes Typ II (Altersdiabetes) führt.

Blutgefässe: saubere Leitungen

Blutgefässe, die durch eine erhöhte körperliche Belastung regelmässig gedehnt werden, bleiben elastisch und verengen sich weniger schnell – die beste Vorbeugung gegen Arterienverkalkung und Herzinfarkt. Der Grund dafür ist zum einen mechanischer Natur: Weil das Blut mit grösserer Geschwindigkeit durch die Adern gespült wird, können sich Verunreinigungen weniger gut ablagern. Auch reguliert regelmässige Bewegung die Blutfette und den Blutzucker. Beides sind Stoffe, die in zu hohen Dosen den Gefässwänden schaden.

> Seit Jahrzehnten liegen die Herz-Kreislauf-Erkrankungen an der Spitze der Todesursachen. 2009 wurden 36 Prozent aller Todesfälle in der Schweiz dadurch verursacht.

Muskeln: mehr Power

Weil ein trainiertes Herz stärker pumpt, wird das Blut mit grösserem Druck in die Blutgefässe gepresst, sodass sich die feinen Gefässe in den Muskeln um bis zu einem Drittel weiten. Dadurch gelangen mehr Blut und Sauerstoff in den Muskel. Je mehr Sauerstoff zur Verfügung steht, desto mehr Zucker und Fettsäuren können die Muskelzellen verbrennen – und desto mehr Energie wird erzeugt. Während Untrainierte nur etwa zwei Drittel ihrer Muskelfasern nutzen, aktivieren Sportler bis zu 90 Prozent. Ausserdem vergrössern sich die Muskeln durch regelmässigen Gebrauch: Ihre Fasern verstärken sich, die Blutgefässe vermehren sich. Schon nach wenigen Wochen spürt man, dass sich die Muskeln definierter anfühlen und straffer werden – ein angenehmes Gefühl.

FÜR BEWEGUNG IST ES NIE ZU SPÄT

Auch Hochbetagte profitieren von körperlicher Aktivität. Das beweist eine Studie der Fachärztin für Alterskrankheiten Maria Fiatarone aus Massachusetts. In einem Bostoner Pflegeheim liess sie 86- bis 96-Jährige Gewichte heben. Acht ihrer zehn Versuchspersonen hatten schon mehrere Stürze hinter sich, sieben benutzten einen Gehstock oder eine Gehhilfe. Die Versuchspersonen begannen mit 2,5-Kilogramm-Gewichten und stemmten sie dreimal wöchentlich 30 Minuten lang. Innerhalb acht Wochen hatten die Senioren ihre Kräfte mehr als verdoppelt. Zwei der 90-Jährigen konnten wieder ohne Stöcke gehen. Und ein Mann, der zuvor nur noch im Rollstuhl gesessen hatte, stand ohne Hilfe auf.

Skelett: ein stabileres Gerüst

Auch unser Skelett will regelmässig gefordert sein: Schläge, wie sie durch Joggen, Springen oder Hüpfen verursacht werden, führen zu einer grösseren Knochendichte und schützen im Alter vor Knochenschwund (Osteoporose). Wer seine Knochen, Sehnen und Bänder regelmässig fordert, verhindert auch Einschränkungen in der Beweglichkeit und verbessert die Koordinationsfähigkeit. Das ist insbesondere im höheren Alter von Vorteil, weil sich dadurch die Sturzneigung verringert. Und falls man doch stürzen sollte, brechen stärkere Knochen weniger schnell. Durch Beanspruchung werden auch die Skelettmuskeln und Sehnen elastischer und verdicken sich, was die Knochen stabilisiert und vor Verletzungen schützt.

Machen sich bei Sporteinsteigern Schmerzen bemerkbar, liegt dies meist daran, dass dem Körper zu wenig Zeit für diesen Aufbauprozess eingeräumt wurde – also das Training im Vergleich zur körperlichen Verfassung zu hart war.

Lilo S. ist etwas über 60, …

… als bei ihr eine Gelenkkrankheit diagnostiziert wird. Sie beschliesst, mehr Bewegung in ihr Leben einzubauen, mit dem Ziel, ihre Gelenke so lange wie möglich benutzen zu können und durch den Muskelaufbau zu entlasten. Sie schliesst sich einer «Line Dance»-Gruppe an, nimmt neben dem Training schon bald an Auftritten teil und reist zu Festivals in ganz Europa. Nicht nur tut ihr die Bewegung gut – Lilo S. schliesst viele neue Bekanntschaften und ihr zweites Hobby, das Reisen, kommt auch zum Zug. Ausserdem trainiert sie ihre Merkfähigkeit: Zum Repertoire ihrer Gruppe gehören Dutzende Choreografien.

Rücken: eine stärkere Stütze

In der Steinzeit gab es keine Stühle. Darum ist unsere Wirbelsäule auch nicht fürs Sitzen konstruiert. Und da unsere Vorfahren ständig in Bewegung waren, mag der menschliche Rücken auch nicht zu lange in der gleichen Position verharren. Was wir unserem Rücken während eines normalen Arbeitstags zumuten, ist also alles andere als natürlich. Beim langen Stehen oder Sitzen stehen die Bandscheiben zwischen den Wirbeln ständig an der gleichen Stelle unter Druck. Durch die Immobilität verkümmert die Rückenmuskulatur und die einseitige Belastung führt zu Verhärtungen. Aktive Bewegung bewirkt eine bessere Durchblutung der Rückenmuskulatur, was steife Muskeln lockert und die Muskulatur langfristig stärkt.

Fettgewebe: schlankeres Chassis

Um uns zu bewegen, brauchen wir Energie. Der Körper gewinnt diese Energie vor allem aus Speichern im Muskel und aus Blutzucker. Fett kann der Körper während der Be-

LÄUFER LEBEN LÄNGER UND BESSER

1984 begannen Wissenschaftler der Stanford University in Kalifornien Daten zu sammeln von Mitgliedern eines Laufklubs, die mindestens vier Stunden pro Woche trainierten. Das Besondere dabei: Die Läufer waren bereits in der zweiten Lebenshälfte, sodass viele von ihnen beim Ende der Langzeitstudie im Jahr 2008 über 70 waren. Jedes Jahr füllten sie einen Fragebogen aus, in dem sie Fragen zu ihrem Gesundheitszustand beantworteten. Als Vergleichsgruppe wählten die Wissenschaftler eine Gruppe von Menschen, die hinsichtlich wichtiger Merkmale wie Alter oder Ernährungsverhalten vergleichbar, jedoch nur mässig aktiv waren.

Das Ergebnis: Bis zum Ende der Studie verstarben 34 Prozent der Teilnehmer aus der Nichtläufergruppe, jedoch nur 15 Prozent aus der Läufergruppe. Die Läufer lebten aber nicht nur länger, sondern auch besser. Sie erfuhren erste körperliche Einschränkungen durchschnittlich 16 Jahre später als Nichtläufer – zudem litten sie weniger häufig an Herz-Kreislauf-Erkrankungen, Krebs, Alzheimer oder Demenz. Und anders als erwartet, wirkte sich das jahrzehntelange intensive Laufen nicht negativ auf den Bewegungsapparat aus. Die Läufer hatten nicht mehr Gelenkbeschwerden oder andere Abnützungserscheinungen als die Bewegungsmuffel.

wegung nur verarbeiten, wenn er sehr gut trainiert ist. Untrainierte verbrennen Fett erst nach der körperlichen Aktivität, wenn der Körper den verbrauchten Zucker wieder ersetzen muss. Der Stoffwechsel läuft auch Stunden später noch auf einem höheren Niveau. Mit regelmässiger Bewegung schwinden folglich die Fettpolster, vor allem wenn man nicht gleich nach dem Sport wieder etwas isst. Denn der Körper knabbert seine Reserven nur an, wenn er nicht gleich Nachschub erhält – es könnte ja noch eine Hungersnot kommen.

Manche Menschen profitieren ausserdem davon, dass sie nach einer grösseren Anstrengung oft für eine Weile gar keinen Hunger haben. Das rührt daher, dass der Körper dem Verdauungssystem meldet: «Stopp, ich bin gerade sehr beschäftigt, ich habe jetzt keine Zeit für dich.» Durch das Training wird zudem die Muskelmasse grösser. Mehr Muskeln begünstigen das langfristige Abnehmen, denn je grösser die Muskeln, desto mehr Energie können sie verbrennen – auch im Ruhezustand.

> Die Fähigkeit des Körpers, Fett zu verbrennen, erhöht sich mit zunehmender Kondition. Untrainierte verbrennen in einer halben Stunde bei moderater Belastung bloss 0,1 Gramm Fett. Nach einem vierwöchigen Training sind es bereits 5 Gramm, also das 50-Fache. Und nach zwölf Wochen schon 25 Gramm. Der Grund: Durch das Training werden der Stoffwechsel und die Fettverbrennung schneller aktiviert.

1. Bewegung ist Leben

Immunsystem: aktiver Reparaturservice

Bereits wenige Sekunden nach Beginn einer körperlichen Belastung steigt die Zahl der Killerzellen im Blut. Es wird vermutet, dass die Stresshormone Adrenalin und Noradrenalin dafür verantwortlich sind. Killerzellen sind die Soldaten des Immunsystems, mit dem sich der Körper gegen Krankheiten wehrt. Es kann schädliche Strukturen wie Krebszellen und fremde Organismen wie Krankheitserreger erkennen und zerstören. Mehrere Studien belegen, dass regelmässige körperliche Aktivität das Risiko senkt, an Brust- und Darmkrebs zu erkranken. Möglicherweise gilt dies auch für Prostatakrebs. Für die übrigen Krebsarten ist die Studienlage unzulänglich oder widersprüchlich.

Allerdings kann der Körper nach einer sehr starken Belastung auch geschwächt sein. Er ist dann vor allem anfällig für Atemwegsinfektionen, da die Produktion des Abwehrstoffs Immunglobin-A in den Schleimhäuten vorübergehend gedrosselt wird – etwa nach einem Wettkampf oder bei Übertraining. Bei mässigem Training besteht aber keine Gefahr. Im Gegenteil: Dank der verstärkten Atmung, wenn möglich an der frischen Luft, bleiben die Schleimhäute schön feucht, sodass sich Krankheitserreger weniger gut einnisten können.

> **BEWEGUNG IST BESTES ANTI-AGING**
>
> Werden Sie älter und rundlicher? Und wollen Sie dieser Entwicklung entgegenwirken? Bewegung ist zwar nicht das Wundermittel gegen alles, kann aber so mancher Eitelkeit gerecht werden: Menschen, die regelmässig Sport treiben, haben einen fitteren Körper, wirken vitaler und werden oft jünger eingeschätzt, als sie tatsächlich sind. Zudem verlängert Bewegung das Leben: Jede Stunde, die man mit Sporttreiben verbringt, führt zu zwei oder drei zusätzlichen Lebensstunden. Diese Regel hat der Epidemiologe Ralph Paffenbarger von der Stanford Universität aufgestellt. In einer Studie über 30 Jahre beobachtete er 10 000 Männer – und stellte fest, dass Männer, die mit körperlicher Aktivität pro Woche 2000 zusätzliche Kalorien verbrannten, ihre Lebenserwartung um zwei Jahre erhöhten.

«Alle Teile des Körpers, die eine Funktion haben, werden gesund, wohl entwickelt und altern langsamer, sofern sie mit Mass gebraucht und in Arbeit geübt werden, an die man gewöhnt ist. Wenn sie aber nicht benutzt werden und träge sind, neigen sie zur Krankheit, wachsen fehlerhaft und altern schnell.»

Hippokrates, um 400 vor Christus

Dominoeffekt: wenn eins das andere ergibt

Wer mehr Bewegung in sein Leben bringt, verhält sich häufig auch in anderen Bereichen gesundheitsbewusster. Denn Bewegung stärkt die Körperwahrnehmung und kann einen gesundheitsfördernden Dominoeffekt auslösen: Körperlich aktive Menschen rauchen weniger, haben weniger Übergewicht und ernähren sich gesünder. Letzteres liegt auch einfach daran, dass man dank der Bewegung ein besseres Körpergefühl entwickelt. Man nimmt die Signale von Hunger und Sättigung besser wahr und fühlt intuitiv, welche Nährstoffe der Körper braucht – und welche nicht. Kopfgesteuerte Hungerdiäten, die oft mit Frust enden, werden so überflüssig.

Gesunder Geist in einem fitten Körper

Kennen Sie das? An Tagen, an denen Sie sich genug bewegen, fühlen Sie sich oft nicht nur körperlich, sondern auch geistig fitter. Sie können sich besser konzentrieren, fühlen sich entspannter oder empfinden mehr Freude am Leben. Das rührt daher, dass der Körper unter Belastung verschiedene Hormone ausschüttet, die die Stimmung und den Erregungszustand beeinflussen – auch wird das Gehirn besser durchblutet, was seine Leistung erhöht. Bei vielen sportlichen Aktivitäten kommt man zudem vermehrt in Kontakt mit anderen Menschen und erlebt Situationen, die das Selbstbewusstsein stärken.

Gehirn: Bewegung macht klug und glücklich

Man stelle sich das mal vor: Obwohl das Gehirn nur 2,5 Prozent des Köpergewichts ausmacht, benötigt es im körperlichen Ruhezustand 25 Prozent des gesamten Sauerstoffs im Körper. Soll unser Denkorgan also gut funktionieren, braucht es eine gute Sauerstoffversorgung – sprich: eine gute Durchblutung. Wissenschaftler von der Deutschen Sporthochschule Köln konnten nachweisen, dass die Durchblutung des Gehirns um bis zu einem Drittel steigt, wenn sich der dazugehörende Leib tüchtig bewegt. Zudem wird bei regelmässiger Bewegung eine Fülle von Proteinen hergestellt, die wie eine Art Dünger auf die grauen Zellen wirken. Sie fördern die Neubildung von Nervenzellen und Blutgefässen, was die Gedächtnisleistung verbessert. Diese Effekte sind wahrscheinlich der Grund, warum Menschen, die sich regelmässig bewegen, ein geringeres Risiko haben, an Alzheimer zu erkranken.

Nicht nur das Gedächtnis, auch das Gemüt profitiert von körperlicher Aktivität: Bewegung stimuliert die Ausschüttung von Endorphinen, die stimmungsaufhellend wirken. Auch die Produktion des Glückhormons Serotonin und des Stresshormons Adrenalin wird angekurbelt. Adrenalin bringt den Körper in Achtungstellung: Es erhöht den Puls, den Blutdruck, erweitert die Atemwege und macht die Muskeln startklar. Das Stresshormon weckt auf und wirkt ebenso wie Serotonin auf die Stimmung. Es kann ein angenehmes, kribbliges Gefühl auslösen und ist mit ein Grund, warum wir uns nach einer lockeren Bewegungseinheit oft erfrischt und beschwingt fühlen.

Und nicht zuletzt: Wer sich regelmässig bewegt, produziert mehr Testosteron. Das männliche Sexualhormon zirkuliert in geringen Mengen auch in weiblichen Adern und stimuliert den Aufbau von Muskelmasse – und natürlich die Libido.

Anja B. arbeitet ...

... als wissenschaftliche Mitarbeiterin in einem Forschungsinstitut. Zu ihren Aufgaben gehört vor allem das Erstellen von Dokumentationen. Manchmal gerät der Schreibprozess ins Stocken. Anstatt stundenlang über dem gleichen Abschnitt zu brüten, schultert die Wissenschaftlerin in solchen Momenten ihre Sporttasche und verabschiedet sich für eine Stunde in die Kletterhalle. Da sie keine fixen Arbeitszeiten hat und an ihrer Leistung gemessen wird, ist das kein Problem – denn nach der Bewegungspause arbeitet Anja B. meist viel produktiver.

Selbstwert: Kraft aus sich selber schöpfen

Menschen, die aktiv sind, fühlen sich wohler in ihrer Haut. Sie gehen aufrechter, nehmen ihren Körper besser wahr und haben dadurch oft ein sichereres Auftreten. Ein Ziel zu erreichen, das man sich selbst gesteckt hat, ist eine Bestätigung. Zu merken, dass man allmählich fitter, schneller oder geübter wird, kann beflügeln. Zu realisieren, dass man sein Leben aktiv gestalten und in die Hand nehmen kann, tut gut. Und zu wissen, dass man die Kontrolle über sich und den eigenen Körper hat, kann einem eine unglaubliche Stärke verleihen. Es ist diese Kraft, die erfolgreiche Spitzensportler aus-

---

TRAINING IST DIE BESSERE PSYCHOPILLE

Die US-Bewegungsforscherin Andrea Dunn liess 80 Männer und Frauen, die träge und depressiv waren, acht Wochen lang auf dem Laufband oder dem Fahrrad trainieren. Bei geringer körperlicher Aktivität veränderte sich ihr Gemütszustand nicht. Verbrannten die Patienten pro Woche aber zusätzliche 17,5 Kilokalorien pro Kilogramm Körpergewicht – zum Beispiel, indem sie jeden Tag eine halbe Stunde zügiges Gehen einbauten –, verbesserte sich ihr Befinden deutlich: Die depressiven Symptome gingen um 47 Prozent zurück, bei 42 Prozent der Probanden verschwanden sie sogar vollständig. Folglich wirkt Bewegung so gut wie die meisten Medikamente – und das ganz ohne Nebenwirkungen. Fragen Sie also nicht Ihren Arzt oder Apotheker, sondern bewegen Sie sich einfach mehr.

strahlen und die uns so fasziniert – eine Kraft, die Sie auch für sich selber entdecken können.

Aus der Psychologie weiss man, dass die Erfahrung von Selbstwirksamkeit – also das Gefühl, dass man aus eigener Kraft etwas bewirken kann – sehr wichtig ist für das Wohlbefinden und für ein positives Selbstwertgefühl. Sport ist ein ausgezeichnetes Mittel, um sich selbst als wirksam zu erleben. Sie tun etwas (Langlaufen, Volleyballspielen) und erhalten direktes Feedback von Ihrem Körper (kommen ausser Atem, verlieren den Ball), das Sie gleich wieder verwenden können, um Ihre Handlungen zu optimieren (langsamer laufen, das Aufschlagen speziell trainieren). Wann sonst im Leben bekommt man schon so direkte Rückmeldungen darüber, was man tut und was man kann? Sport schafft eine Gelegenheit, sich selbst als kompetent zu erleben, und wirkt sich damit unmittelbar auf das Selbstbewusstsein aus (mehr zur Selbstwirksamkeit lesen Sie auf Seite 85 und 86).

Sandra R. war am Boden zerstört, …

… als ihr Freund sie sitzen liess: Sie fühlte sich wertlos, einsam und wusste nicht mehr, wie sie ihre Freizeit ohne ihn gestalten sollte. Um depressive Sonntage zu vermeiden, schloss sie sich einer Wandergruppe an. Schon bald stellte Sandra R. fest, dass die Ausflüge in die Natur mehr als bloss Lückenfüller waren. Sie freute sich jeweils schon am Montag auf die nächste Tour, schloss neue Freundschaften in der Gruppe und fühlte sich nach einer anstrengenden Wanderung richtig gut. Als sie zwei Jahre später auf einem einfachen Viertausender stand, war sie ihrem Exfreund dankbar – ohne seinen Abgang wäre sie wahrscheinlich nie so hoch hinausgekommen.

Sozialer Kontakt: der Beginn einer neuen Freundschaft

Wenn Sie mehr körperliche Aktivität in Ihr Leben bringen, vergrössern Sie oft auch Ihren Bewegungsradius – und damit Ihre Kontakte. In Vereinen, Fitnesszentren oder an Sportanlässen kann man neue Freundschaften knüpfen. Denn gemeinsame Erlebnisse schweissen zusammen. Beim Sport bietet sich die Gelegenheit, Leute kennenzulernen, die aus anderen sozialen Schichten stammen und einen anderen Bildungshintergrund haben. Das kann eine bereichernde Erfahrung sein – egal, ob man Akademiker, Handwerkerin oder Familienarbeiter ist. Denn wer sich stets in seinem eigenen sozialen Umfeld bewegt, kann sich gar nicht vorstellen, wie vielseitig das Leben ist. Zudem verwischt der Sport die sozialen Unterschiede, in den verschwitzten Sportsachen sehen schliesslich alle gleich aus. Im Sport herrschen eigene (Spiel-)Regeln. Der Büezer im Schiedsrichtertrikot darf auch dem Studierten auf dem Spielfeld die rote Karte zeigen. Die unterschätzte Hausfrau kann die erfolgreiche Marketingleiterin auf der Finnenbahn locker stehen lassen. Und auch der Alleskönner erfährt beim Sport plötzlich seine Grenzen.

1. Bewegung ist Leben

Jens K. arbeitet ...
... seit ein paar Monaten in Zürich. Sein ganzes soziales Umfeld hat er in Hamburg zurückgelassen. Für den 38-Jährigen ist es nicht einfach, in der Schweiz Kontakte zu knüpfen. Die meisten Arbeitskollegen haben Familie, und allgemein empfindet Jens K. die Eidgenossen eher als unnahbar. Da er in seiner Studienzeit gerudert hat, schliesst er sich einem Ruderklub an. Schon bald ist er ein gern gesehenes Mitglied – unter anderem, weil er im Gegensatz zu anderen Vereinsmitgliedern auch kurzfristig verfügbar ist, um bei den Junioren als Hilfstrainer einzuspringen.

Aktive Entspannung: Wellness für die Seele

Körperliche Aktivität kann auch eine gute Therapie gegen Schlafstörungen und Stress sein. Denn Bewegung reguliert den Wechsel von Anspannung zu Entspannung, von Wachheit zu Müdigkeit. Bewegung macht den Körper müde und kann den Geist auf andere Gedanken bringen. Kreativ Arbeitende wie Werberinnen oder Künstler berichten, dass ihnen die besten Ideen oft auf dem Velo oder beim Joggen kommen – dann, wenn die Gedanken frei und scheinbar ziellos fliessen können.

Stressforscher gehen davon aus, dass körperliche Aktivität dem Stress gleich in vierfacher Weise entgegenwirkt:

> Erstens beeinflusst Bewegung das Wohlbefinden direkt, indem sie beispielsweise die Produktion von stimmungsaufhellenden Hormonen stimuliert.
> Zweitens hat Bewegung eine schützende Wirkung, indem sie die gesundheitsschädigenden Effekte von Stress mildert – der Körper wird stärker und kann den Stressangriffen von innen und aussen besser widerstehen.
> Drittens stärkt Bewegung die Ressourcen, indem sie das Selbstwertgefühl der Sporttreibenden erhöht.
> Und viertens wirkt Bewegung präventiv, weil sie verhindert, dass Stress überhaupt entsteht – etwa, indem sie einen sich aufschaukelnden Teufelskreis unterbricht oder indem sie zu sozialen Kontakten verhilft.

Kein Wunder, zeigen Studien, dass Sporttreibende gelassener, emotional ausgeglichener und weniger depressiv sind.

Das Wort Sport wird von «disportare» abgeleitet, was auf Lateinisch so viel wie sich zerstreuen bedeutet. Im Frankreich des 11. bis 13. Jahrhunderts kam mit «desport» zur Zerstreuung die Erholung. Die Engländer schliesslich machten aus «to disport» das kurze «sport» und verstanden darunter allgemein Freizeitaktivitäten.

Spass haben und sich wie ein Kind fühlen

Ob all den positiven Auswirkungen auf die körperliche und geistige Gesundheit dürfen Sie eines nicht vergessen: Bewegung und Sport können richtig viel Spass machen. Die meisten Erwachsenen haben die Zwecklosigkeit verlernt: Wir tun selten Dinge um ihrer selbst willen. Erwachsene sind so vernünftig, ernsthaft und langweilig – würden Teenager sagen und haben damit nicht einmal so unrecht. Aber wer will schon immer vernünftig sein? Sport und Bewegung bieten wunderbare Möglichkeiten, um aus dem Trott auszubrechen und etwas völlig Zweckfreies zu tun.

Im sportlichen Spiel können wir uns vergessen. Wenn wir gegen die gegnerische Mannschaft oder gegen uns selber gewinnen, empfinden wir Freude. Im Verein wird nicht nur viel geschwitzt, sondern auch viel gelacht. Auf einer Velotour entdecken wir Neues, begegnen spannenden Menschen oder geniessen einfach die Natur.

Sporteinsteiger denken oft nur ans Abnehmen, an die Gesundheit oder die Qualen – den Muskelkater, die Überwindung, die Schweissausbrüche. Wenn Sie im Sport nur diese Aspekte sehen, haben Sie wahrscheinlich einfach noch nicht die richtige Sportart entdeckt oder Sie haben Ihren Rhythmus noch nicht gefunden. Konzentrieren Sie sich auf die Tätigkeit selbst und nicht auf den Zweck. So werden Sie die Freude an der Bewegung bald entdecken.

«Sport stärkt Arme, Rumpf und Beine, kürzt die öde Zeit, und er schützt uns durch Vereine vor der Einsamkeit.»

Joachim Ringelnatz, deutscher Schriftsteller und Kabarettist

Warum wir uns trotzdem zu wenig bewegen

Inzwischen müssten Sie völlig überzeugt sein, dass Bewegung extrem wichtig ist für Ihre körperliche und geistige Gesundheit. Können Sie sich dennoch nicht aufraffen? Auch das lässt sich mit der menschlichen Entstehungsgeschichte erklären.

Rufen Sie sich nochmals unsere Vorfahren in Erinnerung: Wollten die Urmenschen etwas zu essen, mussten sie ihre Höhle verlassen. Auf der Suche nach Nahrung streiften sie stundenlang durch Wälder und Steppen. Das war ihre Motivation zur Bewegung. Ohne Anstrengung gab es keine Nahrung. Heute reicht ein Gang zum Kühlschrank, um den Hunger zu stillen – oder allenfalls eine kurze Autofahrt zum nächsten Laden oder zum Restaurant um die Ecke.

Hatten die Steinzeitmenschen genügend zu essen, gab es für sie keinen Grund, durch die Gegend zu laufen. Schliesslich mussten sie sparsam mit ihren Energiereserven umgehen, um auch für den harten Winter gewappnet zu sein. Darum hat uns die Evolution kein Gen mitgegeben, das uns antreibt, wenn wir gar keinen Bewegungsgrund ha-

1. Bewegung ist Leben

> **DIE KLUFT ZWISCHEN WISSEN UND HANDELN**
>
> Wissen allein reicht nicht aus, um das Verhalten zu verändern: Jeder weiss, dass Bewegung gesund und Rauchen ungesund ist. Und trotzdem rauchen viele zu viel und bewegen sich viele zu wenig. Um Ihr Verhalten nachhaltig zu verändern, brauchen Sie eine Brücke über die Kluft zwischen Wissen und Handeln – dieses Buch unterstützt Sie beim Brückenbauen.

Wie gesund sind Sie?

Sport und Bewegung können auch zu Ihrer Gesundheit und zu Ihrem Wohlbefinden beitragen. Nehmen Sie sich darum einen Moment Zeit und machen Sie sich ein paar Gedanken über Ihren gesundheitlichen Zustand. Haben Sie Beschwerden? Fühlen Sie sich wohl in Ihrem Körper? Und wie ist Ihr psychisches Befinden? Der nebenstehende Fragebogen zeigt Ihnen, wo Sie stehen.

Bewegung kann allen darin aufgezählten Beschwerden vorbeugen. Probieren Sie es aus. Und falls Sie noch keines dieser Gebrechen kennen, schätzen Sie sich glücklich und sorgen Sie mit genügend körperlicher Aktivität dafür, dass dies so bleibt.

ben. Im Gegenteil: Wir Menschen haben eher eine Art Energiesparreflex. Er sagt uns: «Iss so viel Fett, wie du kriegen kannst, und bewege dich so wenig wie möglich.»

Anders ist es bei Kindern. Sie haben oft einen natürlichen Spieltrieb und Bewegungsdrang. Das rührt daher, dass es für Tier- und Menschenkinder ein Überlebensvorteil ist, wenn sie möglichst rasch stärker, schneller und geschickter werden. Also hat die Natur eine Übungsanlage eingebaut.

> ☀ **In jedem von uns steckt irgendwo das Kind, das wir einst waren. Erinnern Sie sich daran, wenn es darum geht, Ihre Sportart zu finden – und die Freude an der Bewegung wiederzuentdecken.**

FRAGEBOGEN 1:
HABE ICH GESUNDHEITLICHE BESCHWERDEN?

Wie oft bemerken Sie folgende gesundheitlichen Beschwerden in Ihrem Alltag?

	Selten	Öfter	Häufig
Gelenk- oder Gliederschmerzen	☐	☐	☐
Kreuz- oder Rückenschmerzen	☐	☐	☐
Nacken- oder Schulterschmerzen	☐	☐	☐
Kopfschmerzen	☐	☐	☐
Magen- oder Bauchbeschwerden	☐	☐	☐
Übelkeit oder Erbrechen	☐	☐	☐
Sodbrennen oder saures Aufstossen	☐	☐	☐
Klossgefühl, Enge oder Würgen im Hals	☐	☐	☐
Übergewicht	☐	☐	☐
Mehr als zwei bis drei Erkältungskrankheiten pro Jahr	☐	☐	☐
Herzklopfen oder Herzjagen	☐	☐	☐
Anfälle von Atemnot	☐	☐	☐
Schwindelgefühl	☐	☐	☐
Schlafstörungen	☐	☐	☐
Erschöpfung	☐	☐	☐
Mattigkeit oder Schwächegefühl	☐	☐	☐
Angstgefühle	☐	☐	☐
Niedergeschlagenheit	☐	☐	☐
Einsamkeit	☐	☐	☐
Reizbarkeit	☐	☐	☐

«NACH DEM YOGA BIN ICH WIEDER FRAU DER LAGE.»

IRIS GUJAN, 33, MACHT KUNDALINI YOGA, UM LEBENSENERGIE ZU TANKEN.

Nach der Geburt meiner Tochter Sofia habe ich fast ein Jahr lang keinen Sport gemacht. Sie hat wenig geschlafen und mich ständig auf Trab gehalten. Das hat mich so ausgepowert, dass ich absolut keine Kraft mehr hatte, mich auch noch für Bewegung zu motivieren.

Rückblickend weiss ich, dass ich diesen Teufelskreis hätte durchbrechen sollen. Ich hätte mir bewusst Zeit für mich selber nehmen müssen, auch für Sport. Sollte ich nochmals in eine solche Situation kommen, will ich mich daran erinnern, wie gut ich mich jeweils nach dem Yoga fühle: so leicht und ruhig, aber nicht müde, sondern energiegeladen und – ganz seltsam – auch irgendwie grösser.

Ein richtiger Sportmuffel war ich nie. Ich bin mit Ski- und Velofahren aufgewachsen. Später kamen Joggen und Schwimmen dazu. Das sind praktische Sportarten: Sie beanspruchen wenig Zeit und sind günstig.

Ich konnte mich allerdings immer nur morgens dazu überwinden. Vor acht Jahren dann habe ich einen ersten Yogakurs gemacht. Einfach, weil ich das mal probieren wollte.

Die Kombination von Kopf, Kraft und Beweglichkeit hat mich von Anfang an fasziniert. Yoga ist viel anstrengender, als es aussieht. Eine halbe Minute in einer Stellung zu verharren, ist meist kein Problem. Aber je länger die Übung dauert, desto mehr Kraft braucht man. Irgendwann beginnen die Muskeln zu schmerzen. Das ist ein spannender Moment. Dann nämlich braucht man mentale Kraft, um dranzubleiben – um den Schmerz entgegenzunehmen und ihn in ein positives Körpergefühl umzuwandeln. Das klingt nun vielleicht etwas masochistisch, aber ich bewege mich gerne an meinen Grenzen. In diesen Augenblicken bin ich ganz bei mir und kann meine To-do-Listen komplett ausblenden. Egal, wie viel ich um die Ohren habe: Nach einer halben Stunde auf der Matte bin ich meist wieder Frau der Lage. Es ist, als ob ich mich ganz auf den Körper konzentrieren müsste, damit der Kopf auch wirklich loslassen kann.

Leuten, die Vorurteile gegen Yoga haben, sage ich: «Probiers aus.» Nur wer es mal versucht hat, weiss, wie es ist. Allerdings sollte man mehrere Probelektionen belegen, denn es gibt viele unterschiedliche Schulen. Ich habe mit Power Yoga begonnen und bin inzwischen vor allem vom Kundalini begeistert. Ersteres ist eine westliche Variante des Yogas, Letzteres eine traditionelle Form mit vielen spirituellen Elementen. Dabei bin ich gegenüber Spirituellem eigentlich eher kritisch eingestellt. Aber dieses Meditative ist offenbar das, was ich als Ausgleich brauche.

Bestechend am Yoga ist natürlich auch, dass man dafür nur eine Matte braucht. Manche Übungen lassen sich sogar im Sitzen oder Stehen ausführen. So kann man sich kurz in einen meditativen Zustand versetzen, wenn man zwischendurch mal eine Pause braucht. Um solche Entspannungsmomente spontan abrufen zu können, muss man allerdings mehr als einmal die Woche Yoga machen. Ich übe darum auch zu Hause. Meist über Mittag, wenn die Kleine schläft.

2

Wo stehen Sie heute?

Wie fit sind Sie? Wie oft bewegen Sie sich bereits? Wie gross ist Ihre Bereitschaft zur Verhaltensänderung? Und was hat Sie bisher von Bewegung abgehalten? Machen Sie in diesem Kapitel eine Bestandesaufnahme.

2. Wo stehen Sie heute?

2.1 Wie fit sind Sie?

Wenn Sie zu wenig Puste für einen Dauerlauf haben, heisst das noch lange nicht, dass Sie nicht fit sind. Denn Fitness ist mehr als Ausdauer. Lernen Sie die Kriterien fürs Fitsein kennen – und entdecken Sie Ihre eigenen Stärken.

Was macht Fitness aus? Geht man nach der allgemein verbreiteten Vorstellung, so ist jemand sehr fit, wenn er schnell und lange rennen kann. Also, wenn er Kraft und Ausdauer hat. Das sind zwei wichtige Faktoren für Fitness – aber nicht alle. Auch die Beweglichkeit und die Koordination gehören zum Fitsein. Was nützt dem Langstreckenläufer seine Ausdauer, wenn er ständig über seine Füsse stolpert? Was soll der Weitspringer mit seiner Sprungkraft, wenn er nicht im richtigen Moment abspringt? Genauso erfolglos ist die Aerobic-Tänzerin, die ihre Schritte zwar perfekt beherrscht, aber schon nach sechs Takten eine Verschnaufpause braucht. Oder die Turnerin, die zwar den Spagat kann, aber keine Kraft in den Beinen hat, um danach wieder hochzukommen.

Kraft, Ausdauer, Beweglichkeit und Koordination – das sind die Kriterien, die einen Sportler, eine Sportlerin erfolgreich machen. Einverstanden: Je nach Sportart wird die eine oder andere Kompetenz mehr gefördert. Aber es braucht immer ein harmonisches Zusammenspiel aller vier Faktoren.

Finden Sie Ihre Stärken – der grosse Fitnesstest

Auch im Alltag sind harmonische Bewegungen nur möglich, wenn Kraft, Ausdauer, Beweglichkeit und Koordination zusammenspielen. Zudem hat jeder einzelne Faktor spezifische Auswirkungen auf die Gesundheit: Ausdauer schützt vor Herz-Kreislauf-Erkrankungen. Kraft beugt Gelenkproblemen vor, da starke Muskeln die Sehnen, Knochen und Knorpel vor Überlastung schützen. Beweglichkeit und Koordination vermindern die Verletzungsgefahr, denn wer beweglich ist und seinen Körper gut beherrscht, kann sich bei Stürzen oder Misstritten oft retten oder das Schlimmste vermeiden.

Auf der nächsten Doppelseite – und im Internet unter www.beobachter.ch/fitness – finden Sie den grossen Fitnesstest. Füllen Sie ihn aus und erfahren Sie mehr über Ihre körperliche Verfassung. Zu wissen, wo Sie stehen, hilft Ihnen, die Situation realistisch einzuschätzen, Ziele zu definieren und sich später über Ihre Erfolge zu freuen.

☀ **In welchem Bereich erzielen Sie am meisten Punkte? Hier liegen Ihre Stärken. Erinnern Sie sich daran, wenn es um die Wahl der Bewegungsform geht.**

Freuen Sie sich schon heute über Ihre Stärken. Wenn Sie wollen, dürfen Sie sich in Zukunft ganz darauf konzentrieren. Denn Stärken versprechen garantierte Erfolgserlebnisse – und damit ein motivierendes Feedback. Zwar heisst es immer, man solle seine Schwächen erkennen und daran arbeiten. Die psychologische Forschung zeigt aber noch einen anderen Aspekt: Menschen, die ihre Stärken erkennen und gezielt einsetzen, sind in der Regel erfolgreicher als jene, die sich eher mit ihren Schwächen beschäftigen.

Es geht nur um Sie

So oder so: Messen Sie Ihre Fitness und Ihre Fortschritte immer nur an sich selber. Wie fit andere sind, spielt keine Rolle. Sie stehen im Zentrum. Niemand kann Ihnen Ihre persönlichen Erfolge streitig machen. Und wenn Sie nur ein wenig mehr Bewegung in Ihr Leben bringen, werden Sie garantiert ein Erfolgserlebnis haben – jeder noch so kleine Schritt ist ein Fortschritt.

Sind Sie trotzdem enttäuscht über Ihren Fitnesswert? Dann erinnern Sie sich: Je mehr Verbesserungspotenzial Sie haben, desto mehr profitieren Sie von Bewegung (siehe Abbildung).

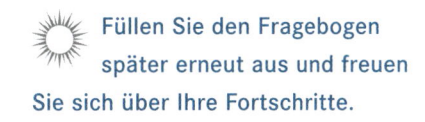

☀ **Füllen Sie den Fragebogen später erneut aus und freuen Sie sich über Ihre Fortschritte.**

DIE BEZIEHUNG VON DOSIS UND WIRKUNG

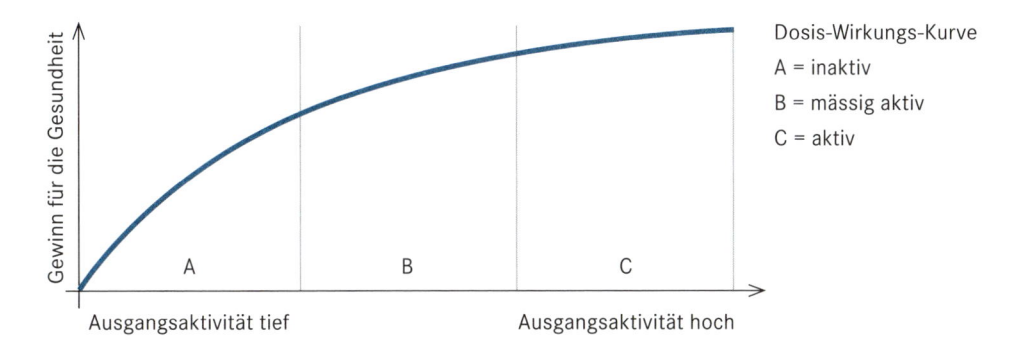

Dosis-Wirkungs-Kurve
A = inaktiv
B = mässig aktiv
C = aktiv

Jede Steigerung der körperlichen Aktivität bringt einen Nutzen für die Gesundheit. Allerdings nimmt der Zusatznutzen mit steigendem Trainingsniveau ab. Den grössten Effekt können jene Menschen erwarten, die bisher kaum aktiv waren.

Quelle: Bundesamt für Sport (Hrsg.): Gesundheitswirksame Bewegung

FRAGEBOGEN 2: WIE FIT BIN ICH?

Sind Sie wirklich ein Bewegungsmuffel? Oder etwa doch fit wie ein Turnschuh? Geben Sie zu den insgesamt 28 Fragen eine spontane Einschätzung. Bei jeder Aussage haben Sie fünf Bewertungsmöglichkeiten.

> Ich kann diese Tätigkeit nicht – 1 Punkt.
> Ich habe grosse Probleme dabei – 2 Punkte.
> Ich habe mässige Probleme – 3 Punkte.
> Ich habe leichte Probleme – 4 Punkte.
> Ich habe keine Probleme – 5 Punkte.

Achtung: Führen Sie die Übungen nicht praktisch durch, da sie für Untrainierte teilweise nicht ganz ungefährlich sind.

Kann ich ...

1. ... von einem Stuhl aufstehen, ohne mich mit den Armen abzustützen? ☐
2. ... einen schweren Einkaufskorb (acht Kilo) über mehrere Etagen tragen? ☐
3. ... eine volle Getränkekiste in den Keller tragen? ☐
4. ... aus der Rückenlage ohne Hilfe der Arme den Oberkörper aufrichten (Sit-up)? ☐
5. ... einen schweren Koffer über Kopfhöhe heben (beispielsweise im Zug auf die Gepäckablage)? ☐
6. ... zwei schwere Koffer über mehrere Etagen tragen? ☐
7. ... eine Hantel mit mehr als meinem Körpergewicht hochstemmen? ☐
8. ... um mehrere Häuserblocks flott gehen? ☐
9. ... mehrere Treppen hochgehen, ohne auszuruhen? ☐
10. ... zwei Kilometer schnell gehen (walken), ohne auszuruhen? ☐
11. ... einen Kilometer ohne Pause joggen? ☐
12. ... 30 Minuten ohne Pause joggen (ca. 5 km)? ☐
13. ... eine Stunde ohne Pause joggen (ca. 10 km)? ☐
14. ... einen Marathon (42 km) laufen? ☐
15. ... einen engen Pulli und Socken allein aus- und anziehen? ☐
16. ... auf einem Stuhl sitzend mit den Händen den Boden erreichen? ☐
17. ... die Schuhe binden, ohne mich hinzusetzen? ☐
18. ... mit der Hand von unten auf dem Rücken das Schulterblatt berühren? ☐
19. ... aus dem Stand (Knie gestreckt) mit den Händen den Boden erreichen? ☐
20. ... im Stehen mit dem Kopf die gestreckten Knie berühren? ☐
21. ... in den Spagat gehen? ☐
22. ... eine Treppe hinuntergehen, ohne mich festzuhalten? ☐
23. ... auf einem Bein stehen, ohne mich festzuhalten (mindestens 15 Sekunden)? ☐
24. ... einen Purzelbaum schlagen? ☐
25. ... im schnellen Gehen einen Ball prellen? ☐
26. ... mit Abstützen über einen ein Meter hohen Zaun springen? ☐
27. ... im einfachen Salto vom Einmeterbrett ins Wasser springen? ☐
28. ... ein Rad schlagen? ☐

Auswertung

Notieren Sie zu jeder Frage Ihre persönliche Punktzahl und berechnen Sie die Wertung für:

> **Kraft:** Summe der Fragen 2 bis 6
> **Ausdauer:** Summe der Fragen 9 bis 13
> **Beweglichkeit:** Summe der Fragen 16 bis 20
> **Koordination:** Summe der Fragen 23 bis 27

Die jeweils einfachste Aufgabe (1, 8, 15, 22) und die schwierigste (7, 14, 21, 28) gehen nicht in die Wertung ein. Ihre Antworten zu diesen Fragen helfen jedoch zusätzlich bei der Einschätzung Ihres Fitnesszustands.

Addieren Sie schliesslich die vier Summen und ermitteln Sie so Ihren Fitness-Gesamtwert. Vergleichen Sie diesen Wert mit der für Ihr Alter und Geschlecht zutreffenden Skala.

Fitness-Skala

Frauen unter 40 Jahren

Punkte	Verbesserungspotenzial
5 bis 62	extrem
63 bis 71	sehr gross
72 bis 80	gross
81 bis 88	etwas
89 bis 100	praktisch null

Männer unter 40 Jahren

Punkte	Verbesserungspotenzial
5 bis 62	extrem
63 bis 72	sehr gross
73 bis 82	gross
83 bis 90	etwas
91 bis 100	praktisch null

Frauen von 40 bis 60 Jahren

Punkte	Verbesserungspotenzial
5 bis 48	extrem
49 bis 60	sehr gross
61 bis 69	gross
70 bis 77	etwas
78 bis 100	praktisch null

Männer von 40 bis 60 Jahren

Punkte	Verbesserungspotenzial
5 bis 51	extrem
52 bis 61	sehr gross
62 bis 71	gross
72 bis 82	etwas
83 bis 100	praktisch null

Frauen über 60 Jahren

Punkte	Verbesserungspotenzial
5 bis 28	extrem
29 bis 41	sehr gross
42 bis 51	gross
52 bis 60	etwas
61 bis 100	praktisch null

Männer über 60 Jahren

Punkte	Verbesserungspotenzial
5 bis 29	extrem
30 bis 41	sehr gross
42 bis 53	gross
54 bis 64	etwas
65 bis 100	praktisch null

Quelle: www.barmer-gek.de

2. Wo stehen Sie heute?

Bestandesaufnahme: Wie aktiv sind Sie schon?

Selbst wenn Sie gar keinen Sport treiben, bewegen Sie sich wahrscheinlich schon heute mehr, als Sie glauben. Viele Bewegungsaktivitäten, die wir im Alltag ausüben, laufen so routiniert ab, dass wir sie gar nicht bewusst wahrnehmen. Machen Sie mit dem unten stehenden Fragebogen eine Bestan-

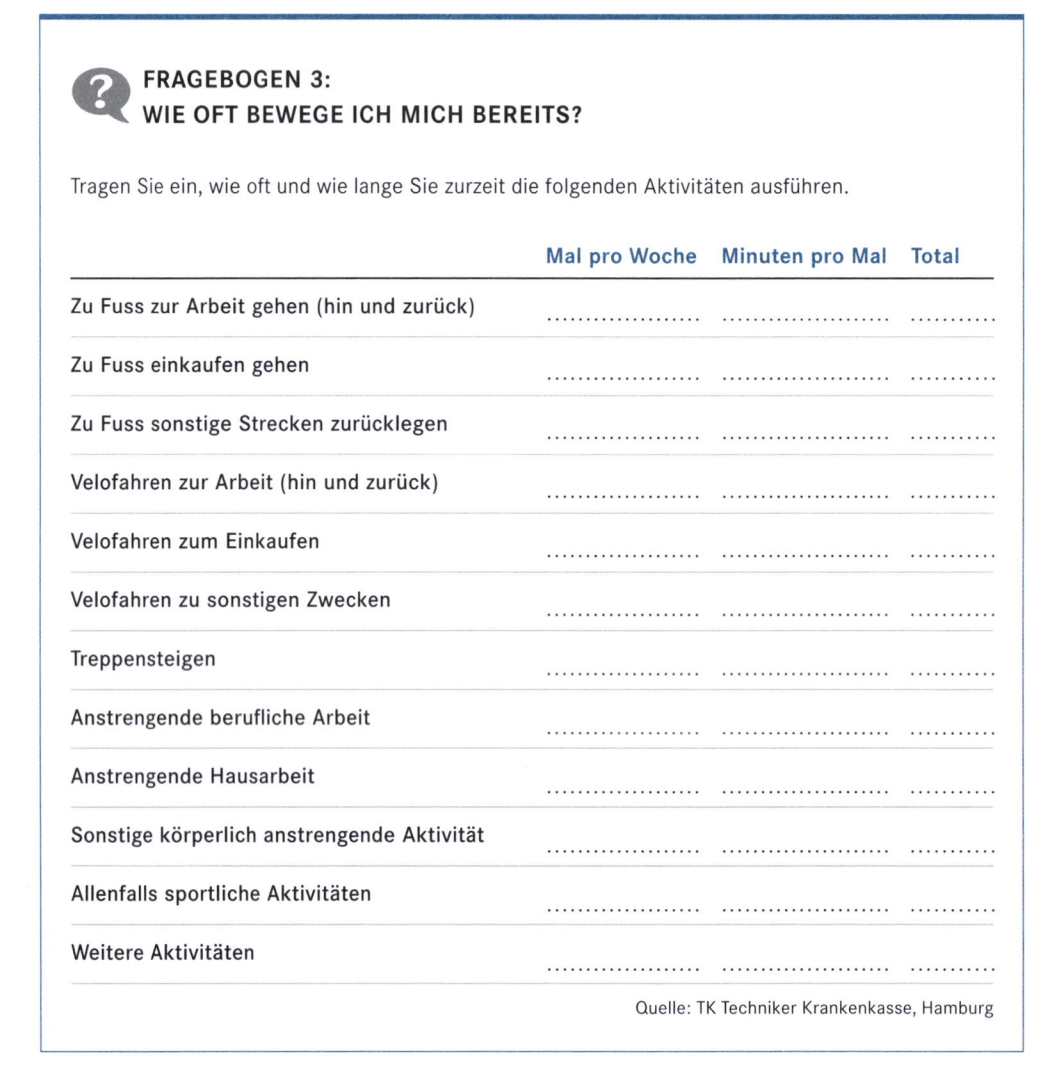

**FRAGEBOGEN 3:
WIE OFT BEWEGE ICH MICH BEREITS?**

Tragen Sie ein, wie oft und wie lange Sie zurzeit die folgenden Aktivitäten ausführen.

	Mal pro Woche	Minuten pro Mal	Total
Zu Fuss zur Arbeit gehen (hin und zurück)			
Zu Fuss einkaufen gehen			
Zu Fuss sonstige Strecken zurücklegen			
Velofahren zur Arbeit (hin und zurück)			
Velofahren zum Einkaufen			
Velofahren zu sonstigen Zwecken			
Treppensteigen			
Anstrengende berufliche Arbeit			
Anstrengende Hausarbeit			
Sonstige körperlich anstrengende Aktivität			
Allenfalls sportliche Aktivitäten			
Weitere Aktivitäten			

Quelle: TK Techniker Krankenkasse, Hamburg

desaufnahme Ihres Bewegungsverhaltens. Das zeigt Ihnen, wo Sie stehen – und wo Sie allenfalls anknüpfen können.

Gesundheitswirksam oder nicht?

210 Minuten Bewegung pro Woche empfiehlt das Bundesamt für Gesundheit (BAG) als Minimum, im Idealfall aufgeteilt in 30 Minuten pro Tag. Allerdings muss die körperliche Aktivität jeweils mindestens zehn Minuten dauern und zu einem leicht beschleunigten Atem führen, damit sie eine positive Wirkung auf Ihre Gesundheit und Ihr Wohlbefinden hat. Addieren Sie in Ihrem Fragebogen die Minuten der Bewegungsformen, die diese Kriterien erfüllen, und finden Sie heraus, ob Sie das wöchentliche Minimum erreichen.

Falls nicht, können Sie überlegen, welche Alltagsaktivitäten sich schneller oder länger ausführen liessen. Könnten Sie Ihren Arbeitsweg zügiger zurücklegen? Oder könnten Sie den Weg zum Einkaufen verlängern? Haben Sie allgemein wenig Bewegung im Alltag, sollten Sie überlegen, mit welchen Massnahmen Sie dies ändern könnten. Unter Umständen kann Ihnen auch ein Sportprogramm weiterhelfen. Der Vorteil dabei: Mit Sport erhält die Bewegung ein eigenes Gefäss und Sie müssen sich im Alltag gar nicht mehr gross darum kümmern. Der Nachteil: Bewegen Sie sich im Alltag nur sehr wenig, müssen Sie bis zu dreieinhalb Stunden pro Woche Sport treiben. Das braucht Zeit und Sie müssen die Sporttermine auch wirklich einhalten.

DIE BEWEGUNGSPYRAMIDE

- Weitergehende sportliche Aktivitäten
- Ausdauertraining 3× pro Woche 20 bis 60 Min. | Kraft/Beweglichkeit 2x pro Woche
- Eine halbe Stunde Bewegung täglich in Form von Alltagsaktivitäten oder Sport mit mittlerer Intensität

Bereits eine halbe Stunde pro Tag bei leicht beschleunigtem Atem kann die Gesundheit von Frauen und Männern jeden Alters beträchtlich verbessern. Die weiteren Stufen versprechen zusätzlichen Nutzen.

Quelle: Bundesamt für Sport (Hrsg.): Gesundheitswirksame Bewegung

2. Wo stehen Sie heute?

Freuen Sie sich, wenn Sie das Minimum erreichen. Sie sind damit kurz vor dem Durchstarten und werden wohl bald richtig sportlich. Mit einem gezielten Training von Kraft und Ausdauer können Sie einen zusätzlichen gesundheitlichen Nutzen erzielen (siehe Seite 16).

Zuerst ein Gesundheitscheck?

Ungewohnte körperliche Anstrengungen bedeuten eine Belastung für den Körper und bergen je nach Gesundheitszustand durchaus Gefahren. Darum kann es sinnvoll sein, wenn Sie sich für einen generellen Gesundheitscheck bei der Hausärztin oder einem Sportmediziner anmelden, bevor Sie Ihren heutigen Lebensstil ändern und körperlich aktiv werden.

Allgemein wird bisher inaktiven Männern ab 45 und Frauen ab 55 in jedem Fall ein Arztbesuch empfohlen. Auch wenn Sie an einer Krankheit leiden oder innerhalb kurzer Zeit viel an Leistung eingebüsst haben, sollten Sie zum Arzt gehen. Für alle anderen Sporteinsteiger gilt dies nur, wenn sie eine der folgenden Fragen mit Ja beantworten.

1. Hat Ihnen jemals ein Arzt gesagt, Sie hätten «etwas am Herzen», und Ihnen Bewegung und Sport nur unter medizinischer Kontrolle empfohlen?
2. Haben Sie bei körperlicher Belastung Schmerzen in der Brust?
3. Hatten Sie im letzten Monat Schmerzen in der Brust?
4. Haben Sie schon ein- oder mehrmals das Bewusstsein verloren oder sind Sie ein- oder mehrmals wegen Schwindel gestürzt?
5. Haben Sie ein Knochen- oder Gelenkproblem, das sich bei körperlicher Aktivität verschlechtern könnte?
6. Hat Ihnen jemals ein Arzt ein Medikament gegen hohen Blutdruck oder für ein Herzproblem verschrieben?
7. Ist Ihnen aus Ihrer persönlichen Erfahrung oder aufgrund eines ärztlichen Rates ein weiterer Grund bekannt, der Sie davon abhalten könnte, ohne medizinische Kontrolle Sport zu betreiben?

2.2 Sind Sie bereit zur Verhaltensänderung?

Verhaltensänderungen sind nicht einfach. Aber wahrscheinlich haben Sie den ersten Schritt zu mehr Bewegung bereits getan, ohne dass Sie sich dessen überhaupt bewusst waren.

Psychologen gehen davon aus, dass eine Verhaltensänderung ein längerer Prozess ist, bei dem insgesamt fünf Stadien durchlaufen werden.

1. Sorglosigkeit
2. Bewusstwerden
3. Vorbereitung
4. Handlung
5. Stabilisierung

Die Stufen der Verhaltensänderung

Wären Sie noch auf der ersten Stufe, der Sorglosigkeit, würden Sie dieses Buch nicht lesen. Sie würden sich gar keine Gedanken über Ihren Bewegungsmangel machen oder das Thema sogar verdrängen.

Sind Sie auf der zweiten Stufe, steigt Ihr Interesse. Sie setzen sich gedanklich mit den negativen Folgen von Bewegungsmangel und den positiven Effekten von körperlicher Aktivität auseinander. Sie machen sich die verschiedenen Aspekte bewusst.

Auf der dritten Stufe beginnen Sie, Informationen zu sammeln. Sie halten Augen und Ohren offen, um mehr über mögliche Bewegungsformen zu erfahren. Allenfalls haben Sie sich sogar schon für eine Aktivität entschieden und haben sich das nötige Material beschafft. Kurz: Sie stecken mitten in der Vorbereitung.

Auf der vierten Stufe stehen Sie, wenn Sie sich bewegen, aber dies noch nicht länger als sechs Monate tun. Sie sind bereits bei der Handlung, aber es fällt Ihnen unter Umständen nach wie vor schwer, die Aktivität regelmässig auszuführen und ohne grossen psychischen Aufwand in Ihren Alltag zu integrieren. Damit ist Ihr neues Verhaltensmuster zwar aktiviert, aber noch sehr fragil. Wenn Sie nicht achtsam sind, kann es Ihnen wieder abhandenkommen.

Auf der fünften Stufe, der Stabilisierung, sind Sie angelangt, wenn Sie seit mehr als

ANALYSE: AUF WELCHER STUFE STEHEN SIE?

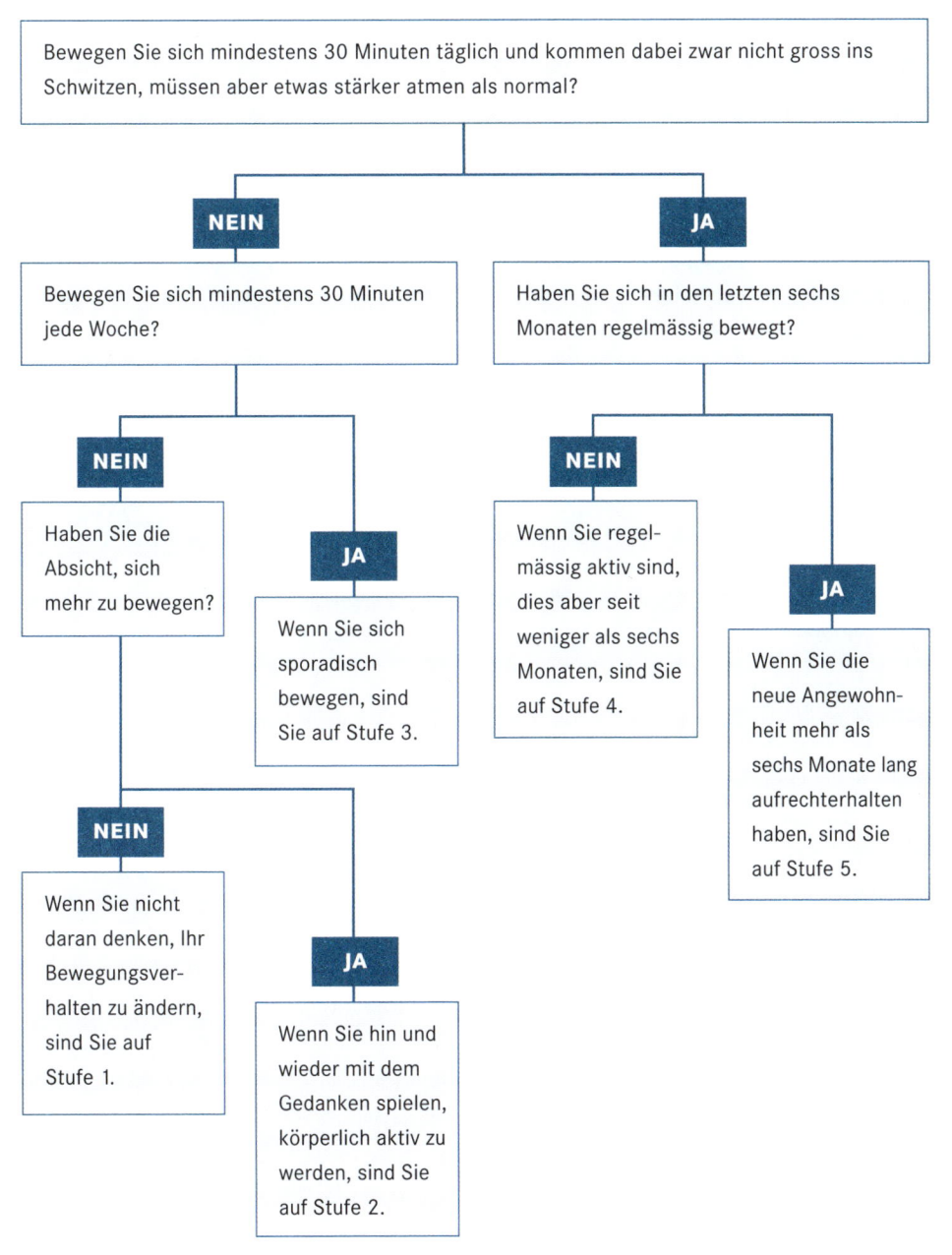

Bewegen Sie sich mindestens 30 Minuten täglich und kommen dabei zwar nicht gross ins Schwitzen, müssen aber etwas stärker atmen als normal?

NEIN

Bewegen Sie sich mindestens 30 Minuten jede Woche?

JA

Haben Sie sich in den letzten sechs Monaten regelmässig bewegt?

NEIN

Haben Sie die Absicht, sich mehr zu bewegen?

JA

Wenn Sie sich sporadisch bewegen, sind Sie auf Stufe 3.

NEIN

Wenn Sie regelmässig aktiv sind, dies aber seit weniger als sechs Monaten, sind Sie auf Stufe 4.

JA

Wenn Sie die neue Angewohnheit mehr als sechs Monate lang aufrechterhalten haben, sind Sie auf Stufe 5.

NEIN

Wenn Sie nicht daran denken, Ihr Bewegungsverhalten zu ändern, sind Sie auf Stufe 1.

JA

Wenn Sie hin und wieder mit dem Gedanken spielen, körperlich aktiv zu werden, sind Sie auf Stufe 2.

Quelle: Blair, S.N. et al.: Active Living Every Day

sechs Monaten aktiv sind. Dadurch hat sich das neue Verhaltensmuster etabliert und kommt nicht mehr so schnell ins Wanken.

> Neue Gewohnheiten beginnen immer im Kopf – lange bevor sie sich im konkreten Verhalten manifestieren. Das heisst: Sich mit dem Thema Sport auseinanderzusetzen, bringt Sie bereits weiter – auch wenn Sie noch nicht aktiv sind.

Rückfälle sind keine Rückschritte

In der Praxis ist die Entwicklung einer Verhaltensänderung nicht linear. Man hüpft nicht immer automatisch auf die nächste Stufe, sondern muss unter Umständen nochmals ein Feld zurück, sich neu orientieren und organisieren und dann wieder Anlauf holen. Zum Beispiel, wenn Sie sich zwar sporadisch bewegen, aber die Aktivität nicht die richtige ist – weil sie schlecht in Ihren Alltag zu integrieren ist oder weil Sie zu wenig Spass dabei haben. Dann müssen Sie zurück auf Stufe zwei und Informationen über Alternativen suchen.

Kurz: Rückfälle gehören zum Veränderungsprozess, sind aber nicht zu verwechseln mit Rückschritten. Sie geben Ihnen eine Rückmeldung darüber, was funktioniert und was nicht – und deshalb können Sie in solchen Momenten viel lernen und machen trotz des vermeintlichen Rückschritts in Tat und Wahrheit einen Fortschritt (mehr dazu auf Seite 184).

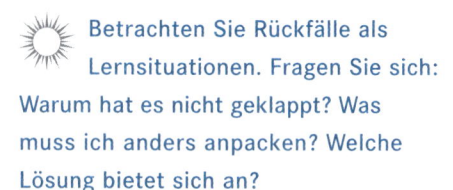

> Betrachten Sie Rückfälle als Lernsituationen. Fragen Sie sich: Warum hat es nicht geklappt? Was muss ich anders anpacken? Welche Lösung bietet sich an?

Strategien: Lernen von ehemaligen Rauchern

Rauchen ist eine Angewohnheit, die man äusserst schlecht ablegen kann. Und doch gibt es immer wieder Menschen, die das Laster besiegen. Wie funktioniert das? Diese Frage stellten sich James Prochaska und Carlo DiClemente 1983. Sie befragten ehemalige Raucher, um die Grundprinzipien der Verhaltensänderung zu ergründen. Ihre Erkenntnisse verdichteten sie zum Transtheoretischen Modell, auf dem die oben beschriebenen fünf Stufen der Verhaltensänderung basieren.

Die beiden Forscher beschäftigten sich aber auch ausführlich mit den Strategien der ehemaligen Raucher. Sie identifizierten zehn Herangehensweisen, die Veränderungsprozesse begünstigen:

1. Informationen sammeln
2. Sich der Risiken bewusst werden
3. Sich des Nutzens bewusst werden

4. Sich bewusst werden, welche Folgen das Verhalten für andere hat
5. Auftretende Probleme rechtzeitig erkennen
6. Sich Unterstützung suchen
7. Günstige Voraussetzungen schaffen
8. Sich belohnen
9. Sich verpflichten
10. Sich ständig erinnern

Auch das interaktive Motivations- und Bewegungsprogramm für mehr Bewegung www.active-online.ch vertraut auf das Transtheoretische Modell und orientiert sich an den fünf Stufen der Verhaltensänderung. Das Angebot richtet sich vor allem an zu wenig aktive Personen zwischen 30 und 60 Jahren. Praktisch sind die Fragebogen, die vom Computer ausgewertet werden. Je nach Antwort, wird man auf eine andere Seite weitergeleitet – was ein individualisiertes Feedback ermöglicht.

Erkennen und Handeln

Allgemein lassen sich die Strategien zur Verhaltensänderung in zwei Kategorien einteilen. Es gibt Strategien, die mit dem Erkennen der Problemsituation verbunden sind, und andere, die direkt zu einer Handlung führen.

Beim **Erkennen** geht es darum, Wissen zu sammeln, sich der Risiken bewusst zu werden, Dinge neu zu bewerten und günstige Voraussetzungen oder unterstützende Freunde und Familienmitglieder überhaupt zu erkennen (Strategien 1 bis 5).

Beim **Handeln** wird nicht nur nachgedacht, sondern man tut etwas. Man verändert seine Umwelt, bringt zum Beispiel Erinnerungszettel an oder belohnt sich (Strategien 6 bis 10).

Studien haben gezeigt: Je weiter eine Person im Prozess der Verhaltensänderung ist, desto mehr handelnde Strategien setzt sie ein. Das ist zum einen ein Beweis dafür, dass die Strategien wirklich etwas taugen. Zum anderen können Sie diesen Befund auch direkt für sich nutzen, indem Sie bewusst ein paar handelnde Strategien einbauen. So können Sie allenfalls einen Phasenwechsel provozieren – und eine Stufe höher rücken. Aber Achtung: Vernachlässigen Sie die Erkenntnisstrategien trotzdem nicht. Denn das Erkennen ist die Basis der Verhaltensänderung. Erst muss man im Kopf Klarheit schaffen, bevor man wirklich aktiv werden kann.

Strategien umsetzen

Sehr wahrscheinlich haben Sie einige dieser zehn Strategien bereits in der Vergangenheit eingesetzt, um bestimmte Verhaltensmuster zu brechen – nur waren Sie sich dessen vielleicht nicht immer bewusst. Machen Sie eine Liste. Notieren Sie diejenigen Strategien, die Sie für sich selber als besonders hilfreich erachten. Machen Sie sich Gedanken über die konkrete Umsetzung und halten Sie Ihre Erkenntnisse fest: Wo wollen Sie Informationen sammeln? Wie möchten Sie

FRAGEBOGEN 4: WELCHE STRATEGIEN ZUR VERHALTENSÄNDERUNG BENUTZE ICH SCHON?

	Nie	Selten	Manchmal	Oft	Sehr oft
1. Ich lese Artikel über körperliche Aktivitäten, um mehr darüber zu lernen.					
2. Warnungen über die gesundheitlichen Folgen eines inaktiven Lebensstils beängstigen mich.					
3. Ich wäre für andere sicher ein besseres Vorbild, wenn ich selber aktiv wäre.					
4. Ich bin stolz auf mich, auch wenn ich bloss einen kleinen Schritt vorwärts gemacht habe.					
5. Ich glaube, dass regelmässige Aktivität mich zu einem gesünderen und zufriedeneren Menschen macht.					
6. Aktiv zu sein, ist für mich eine gute Möglichkeit, Spannungen und Stress abzubauen.					
7. Ich habe eine Bezugsperson, die mich ermuntert, aktiv zu sein, auch wenn ich keine Lust dazu habe.					
8. Ich versuche, regelmässige Bewegung als eine Gelegenheit zu sehen, etwas für meinen Körper und meinen Geist zu tun.					
9. Ich räume Dinge weg, die mich von der körperlichen Aktivität abhalten könnten.					
10. Ich suche Informationen zum Thema Bewegung.					

sich belohnen? Und wer könnte Sie unterstützen?
Der Fragebogen auf dieser Doppelseite führt Ihnen vor Augen, welche Strategien zur Verhaltensänderung Sie bereits nutzen.

Füllen Sie diesen Fragenbogen zu einem späteren Zeitpunkt erneut aus. Setzen Sie die Strategien häufiger ein, haben Sie Fortschritte gemacht.

	Nie	Selten	Manchmal	Oft	Sehr oft
11. Ich habe Angst vor den gesundheitlichen Folgen von Bewegungsmangel.	……	……	……	……	……
12. Ich bin mir bewusst, dass ich auch andere von einem gesünderen Lebensstil überzeugen könnte, wenn ich selber aktiv wäre.	……	……	……	……	……
13. Ich fühle mich besser, wenn ich aktiv bin.	……	……	……	……	……
14. Auch wenn ich müde bin, raffe ich mich auf und bewege mich, weil ich weiss, dass ich mich nachher besser fühle.	……	……	……	……	……
15. Ich habe jemanden, der regelmässig mit mir aktiv ist.	……	……	……	……	……
16. Ich habe gemerkt, dass ich mehr Energie habe, wenn ich regelmässig aktiv bin.	……	……	……	……	……
17. Ich belohne mich, wenn ich körperlich aktiv bin.	……	……	……	……	……
18. Ich habe stets passende Kleider und Schuhe bereit, damit ich aktiv sein kann, wann immer ich Zeit dazu habe.	……	……	……	……	……
19. Ich meide Situationen, die mich zu körperlicher Inaktivität verleiten könnten.	……	……	……	……	……
20. Ich setze Erinnerungsstützen ein, damit ich nicht vergesse, körperlich aktiv zu sein.	……	……	……	……	……

Quelle: www.active-online.ch und Marcus, B. H.; Forsyth, L. H.: Motivating People to Be Physically Active

Das Wichtigste, das Sie aus diesem Kapitel mitnehmen sollten: Sie sind den Launen des Lebens nicht einfach ausgeliefert, sondern können Ihr Schicksal selbst in die Hand nehmen. Lassen Sie diese Erkenntnis auf sich wirken, sie gibt Ihnen Kraft. Die Möglichkeit, sich bewusst zu verändern, macht Sie unabhängig von Ihrem Umfeld und Ihrer Herkunft. Sie eröffnet Ihnen neue Perspektiven und lässt Raum für Wünsche, deren Erfüllung bisher in weiter Ferne lag. Und nicht zuletzt: Eine Verhaltensänderung bringt Bewegung in Ihr Leben – und das im wahrsten Sinn des Wortes. Sie werden Ungewohntes entdecken, Ihr Leben durch neue Erfahrungen bereichern und dabei herausfinden, was Sie wirklich wollen und was Ihnen Spass bereitet.

Warum Gewohnheiten nicht nur schlecht sind

Gewohnheiten sind an und für sich etwas Gutes: Sie helfen uns, den Alltag schnell und energiesparend zu bewältigen. Stellen Sie sich vor, Sie müssten jeden Tag neu entscheiden, welche Nahrungsmittel oder Reinigungsprodukte Sie in Ihren Einkaufskorb legen. Welche Ihre Lieblingsfreizeitbeschäftigungen sind. Oder was alles Sie erledigen, bevor Sie morgens aus dem Haus gehen. Sie würden Stunden im Supermarkt verbringen und ob der Vielzahl von Produkten nicht mehr wissen, wo Ihnen der Kopf steht. Sie kämen vor lauter Nachdenken über die vielen Optionen gar nicht dazu, in Ihrer Freizeit etwas zu unternehmen. Und Sie würden wohl häufig vergessen, die Zähne zu putzen oder die Haustür zu verriegeln, bevor Sie sich auf den Weg zur Arbeit machen. Einfach, weil Sie an so viele kleine Dinge gleichzeitig denken müssten. Viele Handlungen erledigen wir im Alltag fast automatisch – und haben so freie Kapazitäten für anderes.

Wollen Sie aber Ihr Verhalten in einem Bereich verändern, müssen Sie diese vertrauten Mechanismen und eingeschliffenen Muster erst aufbrechen und neue schaffen. Dabei gilt: Was sich über Jahre etabliert hat, lässt sich nicht mühelos von einem Tag auf den anderen verändern. Verhaltensänderungen brauchen Zeit und Energie. Haben Sie den Feierabend immer vor dem Fernseher verbracht, wird es Ihnen schwerfallen, abends nicht nach der Fernbedienung zu greifen. Sie müssen sich bewusst dagegen entscheiden und das alte durch ein neues Verhalten ersetzen. Dieses wiederum müssen Sie über eine längere Zeit einstudieren, bevor es zur neuen Gewohnheit wird.

> Verhaltensänderungen sind ein Prozess. Haben Sie Geduld und bleiben Sie dran. Gewohnheiten lassen sich nicht von heute auf morgen verändern.

Verhaltensänderungen sind möglich

Wie langweilig, wenn Sie bis zum Ende Ihres Lebens ein Sklave Ihrer Angewohnheiten sein müssten! Zum Glück ist dem nicht so. Denken Sie zurück: Sie sind nicht mehr dieselbe Person, die Sie als Teenager waren. Haben Sie Kinder, gestalten Sie Ihr Leben heute anders als damals, als Sie Single waren. Und sind Sie bereits im Rentenalter, haben Sie andere Angewohnheiten als früher, als Sie noch zur Arbeit gingen.

Einverstanden: Oft sind es äussere Umstände, die zu einer Verhaltensänderung führen – ein neuer Lebensabschnitt, ein neuer Partner oder eine Krankheit. Also Situationen, die andere Ansprüche an Sie stellen, Ihnen andere Perspektiven eröffnen oder aufzwingen. Vielleicht haben Sie mit dem Rauchen aufgehört, weil Ihr neuer Partner Nichtraucher war und eine Beziehungskrise drohte. Sie haben Ihren Fernsehkonsum eingestellt, weil da plötzlich ein Baby war, das Ihre ganze Aufmerksamkeit in Anspruch nahm. Oder Sie haben Ihre Angewohnheit abgelegt, zu spät zu kommen, weil Sie sich das im neuen Job schlicht nicht leisten konnten. Ihnen blieb keine andere Wahl.

Doch es muss nicht immer Zwang sein. Vielleicht ist Ihnen auch eine Verhaltensänderung gelungen, weil jemand Sie auf neue Ideen brachte, weil Sie ein bestimmtes Ziel hatten – oder einfach, weil Sie es ganz stark wollten. So oder so: Überlegen Sie sich, in welchen Bereichen Ihnen eine bewusst oder auch unbewusst herbeigeführte Verhaltensänderung gelungen ist, auf die Sie heute stolz sind.

AUFGABENBOX 2: MEINE ERFOLGREICHEN VERHALTENSÄNDERUNGEN

Schreiben Sie zu folgenden Stichworten Ihre Erkenntnisse auf.

> Diese Angewohnheit/en habe ich verändert oder neu erworben.
  ....
  ....

> Diese Dinge haben mich dabei unterstützt (innerhalb und ausserhalb meiner Person).
  ....
  ....

> Diese Hindernisse musste ich überwinden.
  ....
  ....

2. Wo stehen Sie heute?

2.3 Barrieren erkennen

«Wer die Vergangenheit erkennt, vermag auch die Zukunft zu erkennen», wusste der chinesische Philosoph und Politiker Lü Bu We schon um 300 vor Christus. Was für das Weltgeschehen gilt, lässt sich auch auf die Psychologie anwenden.

Wer weiss, an welchen Hindernissen er oder sie in der Vergangenheit gescheitert ist, kann diese in Zukunft vermeiden oder bewusst in Angriff nehmen. Darum ist es sinnvoll, wenn Sie sich einen Moment mit der Frage beschäftigen: Was hat mich bisher von mehr Bewegung abgehalten? Blicken Sie zurück und machen Sie dabei einen weiteren Schritt vorwärts.

Was hat Sie bisher von Bewegung abgehalten?

Was hat Sie in der Vergangenheit davon abgehalten, Ihre Bewegungsabsichten umzusetzen? Benutzen Sie die Aufgabenbox und notieren Sie Ihre Barrieren. Unter Umständen erkennen Sie bereits eine Lösung, wie Sie das Hindernis in Zukunft umgehen oder elegant überspringen können. Notieren Sie diese Ideen und prüfen Sie, ob es tatsächlich klappt. In Kapitel 6 (Seite 158) erfahren Sie mehr über das Problemlösen und den Umgang mit Barrieren.

Haben Sie keine Ahnung, welches Ihre Barrieren sind? Haben Sie das Gefühl, Sie stünden ganz allein vor einem riesigen Berg? Und denken Sie etwa, andere kennten diese Probleme nicht? Lesen Sie, woran andere scheitern.

AUFGABENBOX 3: MEINE BARRIEREN

Barriere:
....

Idee zur Lösung:
....
....

Barriere:
....

Idee zur Lösung:
....
....

Ich habe keine Zeit

Als absoluter Klassiker unter den Bewegungsbarrieren gilt die Zeit: Zu wenig Zeit wird in «Sport Schweiz 2008», der neusten Studie des Bundesamts für Sport, von rund 42 Prozent der Befragten als Grund genannt, weshalb sie keinen Sport treiben – Zeitmangel ist das Hindernis Nummer eins.

Unsere Gesellschaft ist hektisch. Kinder, Küche und Karriere heisst es heute nicht nur für Frauen, sondern auch für Männer. Daneben bleibt meist wenig Freiraum. Und selbst Teenager und Rentnerinnen klagen über volle Terminkalender. Wer da noch genügend Zeit für Bewegung finden will, muss sich gut organisieren und allenfalls Prioritäten setzen – in Kapitel 4.3 (Seite 118) erfahren Sie, wie Sie am besten vorgehen.

Topmanagerin Nicole R. ...

... hat einen vollen Terminkalender. Nach ihrem Entschluss, mehr Bewegung in ihr Leben zu bringen, erlebt sie zuerst einige Dämpfer: Obwohl die 45-Jährige im Berufsleben äusserst zielstrebig ist, gelingt es ihr nicht, ihren Vorsatz umzusetzen – immer kommt Arbeit dazwischen oder sie ist einfach zu müde. Heute trägt Nicole R. ihre drei Sporttermine im Outlook-Kalender ein. Sie setzt die Termine wenn möglich vor 16 Uhr, da es ihr am Morgen und frühen Nachmittag leichterfällt, sich zu überwinden. Alle ihre direkten Mitarbeiter haben Einblick in den Kalender. Sie wissen, dass die Sporttermine unantastbar sind – und Nicole R. kneift nicht mehr, weil sie sich vor ihrem Team keine Blösse geben will.

Sport macht mir keinen Spass

Lustlosigkeit und fehlende Freude wird von den Schweizern als zweithäufigster Grund genannt, warum sie keinen Sport treiben. Tatsache ist: Ohne Spass übt man eine Sportart nicht lange aus.

Darum ist es wichtig, dass Sie die richtige Bewegungsform finden. Doch es ist gar nicht so einfach, zu beurteilen, ob einem eine Sportart gefällt oder nicht. Zu viele Faktoren können die Sicht auf das persönliche Urteil trüben: Ihrer Freundin gefällt Ausdruckstanz, also muss das toll sein (Urteile anderer). Als Schweizer fährt man Ski, also sollten Sie das auch tun (Normen). Nordic Walking ist nur für Alte und folglich nicht für Sie geeignet (Vorurteile). Ausdauersport wäre das Beste für Ihre Gesundheit und darum sollten Sie es damit probieren (Vernunft). Yoga ist in aller Munde (Moden) und mit Golfen sind Sie dabei (Prestige).

Lassen Sie sich von solchen Überlegungen nicht irreführen. Finden Sie heraus, welche Sportart oder Bewegungsform tatsächlich zu Ihnen passt – in Kapitel 4.1 (Seite 96) erfahren Sie mehr zum Thema.

Markus H. ist ...

... bei einem grossen Industriebetrieb in leitender Funktion tätig. Er geht regelmässig mit Kollegen joggen und nimmt auch an Wettkämpfen teil. In den Ferien weilt er in einem Hotel, in dem Pilates angeboten wird. Mehr aus Jux nimmt er dran teil und stellt verwundert fest, dass die «Hausfrauengymnastik» für ihn recht anstrengend ist – so sehr, dass er am nächsten Tag sogar Muskelkater hat. Zurück in der Schweiz meldet er sich in einem Kurs an. Neben dem zusätzlichen Training für Rumpf und Bauch geniesst Markus H. heute das Ambiente beim Pilates – hier geht es auch für ihn für einmal nicht um Leistung, sondern um aktive Entspannung und Erholung.

Gesundheitliche Gründe sprechen dagegen

Die Gesundheit ist der dritthäufigste Grund, warum Schweizer keinen Sport treiben. Das erstaunt, wirkt sich doch Sport praktisch nur positiv auf die Gesundheit aus. Es gibt wohl mehrere Erklärungen, warum sich Menschen durch gesundheitliche Gründe vom Sport abhalten lassen.

Zum einen sind es sicherlich Vorurteile, die von Redewendungen wie «Sport ist Mord» zementiert werden. Oft hört man auch, dass etwa Joggen schlecht für die Gelenke sei. Diese Annahme ist heute dank Langzeitstudien mit Läufern widerlegt (siehe Seite 23). Doch dass gerade das Joggen in Verruf geraten ist, kommt nicht von ungefähr. Viele Laufeinsteiger überfordern sich zu Beginn. Sie laufen zu schnell, zu lange und zu ehrgeizig. Die Folgen sind Verletzungen an Sehnen und Muskeln – und schliesslich das Fazit: Joggen ist ungesund.

Auch die Furcht vor Unfällen kann von Sport und Bewegung abhalten. Und dann gibt es natürlich Menschen, deren Gesundheit tatsächlich angeschlagen ist. Sind das Übergewicht, die Rückenschmerzen, die Gelenkprobleme erst einmal da, wird es schwieriger, die richtige Sportart zu finden.

Zudem: Wer sich gesundheitlich angeschlagen fühlt, ist geneigt, sich zu schonen. Das mag bei Grippe oder Fieber der richtige Reflex sein. Bei Beschwerden, die durch Bewegungsmangel verursacht werden, ist Schonen aber genau die falsche Reaktion und führt in einen Teufelskreis – noch weniger Bewegung und folglich noch mehr Beschwerden. Gerade Menschen mit gesundheitlichen Problemen profitieren besonders viel von Bewegung. Allerdings sollten sie sich bei der Wahl der Bewegungsform und der Intensität vom Arzt beraten lassen (siehe auch Seite 42).

Sich nicht zu bewegen, ist für die Gesundheit weitaus gefährlicher, als sich zu bewegen. Jährlich entstehen in der Schweiz mindestens 2,4 Milliarden Franken direkte Gesundheitskosten durch Inaktivität. Sportunfälle verursachen mit 1,1 Milliarden Franken weniger als die Hälfte dieser Kosten.

Einverstanden: Es gibt Beispiele, die zeigen, dass Sport ungesund sein kann. Die Tennisspielerin Martina Hingis etwa, die bereits mit 22 ihren Rücktritt bekannt gab, weil sie sich mit dem vielen Training die Füsse kaputt gemacht hatte. Profifussballer wie Alex Frei, die immer wieder verletzt sind. Oder die Mittel- und Langstreckenläuferin Anita Weyermann, die mehrere Knieoperationen über sich ergehen lassen musste und einen

GESUNDHEITSGEWINN UND GESUNDHEITSRISIKO

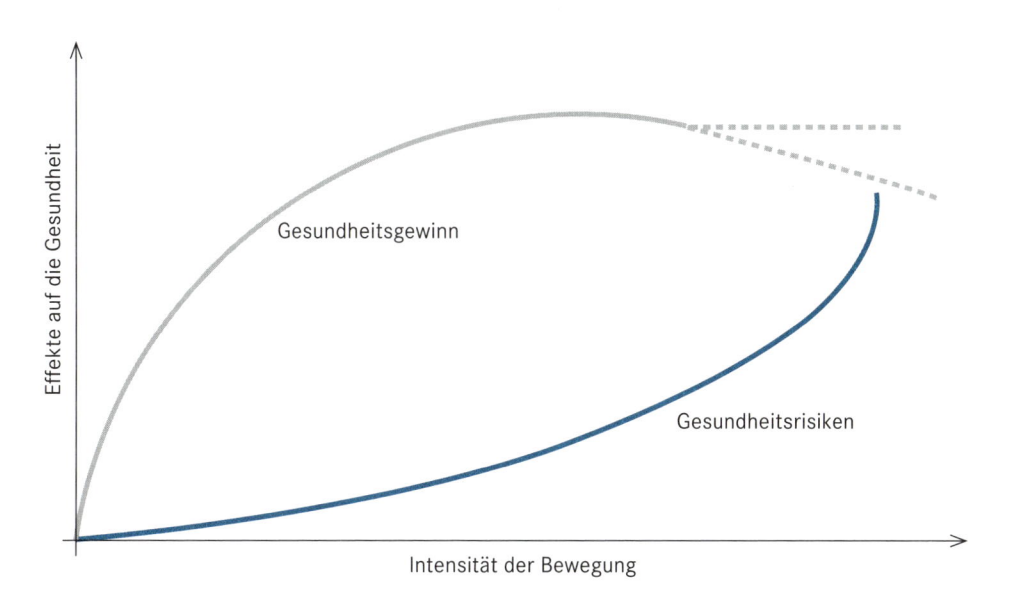

[Diagramm: y-Achse: Effekte auf die Gesundheit; x-Achse: Intensität der Bewegung. Kurven: Gesundheitsgewinn, Gesundheitsrisiken]

Aktiver Alltag	Aktivität für die Gesundheit	Aktivität zur Fitnesssteigerung	Leistungssport
Leichte bis mässige Aktivität	Mindestens mässige Aktivität	Mässige bis anstrengende Aktivität	Anstrengende Aktivität
Mehrmals täglich 10 Minuten oder länger	Täglich 30 Minuten oder länger am Stück	Mindestens dreimal pro Woche 20 Minuten oder länger	Dauer und Häufigkeit je nach individuellem Fitnesslevel

Spitzensportler leben weniger gesund – das Ausmass der körperlichen Aktivität und die Auswirkungen auf die Gesundheit.

Quelle: Lippke, S.; Vögele, C.: Sport und körperliche Aktivität

2. Wo stehen Sie heute?

Ermüdungsbruch im Becken erlitt. Was ob der medialen Präsenz dieser Beispiele oft vergessen wird: Es handelt sich dabei um Spitzensportler, die grosse Risiken eingehen und sich ständig an ihren körperlichen Grenzen bewegen. Für Freizeit- und Hobbysportler sind die Risiken viel kleiner. Wie sich das Ausmass der körperlichen Aktivität und die Gesundheitseffekte zueinander verhalten, zeigt eine Grafik der Weltgesundheitsorganisation (siehe Seite 55).

Christian E. holt sich ...

... beim Zügeln einen Hexenschuss. Als die Schmerzen nachlassen, nimmt er sein wöchentliches Fussballtraining wieder auf. Doch jetzt reicht eine kleine Drehbewegung und der stechende Schmerz meldet sich zurück. In der Folge bewegt sich der 33-Jährige immer weniger. Dadurch wird sein Rücken immer schwächer, die schmerzfreien Tage werden seltener. Christian E. nimmt immer mehr Schmerzmittel, was jedoch zu Magenproblemen führt. Schliesslich entscheidet er sich, ein von einem Physiotherapeuten begleitetes Training aufzunehmen. Die geführten Bewegungen an den Kraftgeräten stabilisieren seinen Rücken. Zwar verzichtet er mittlerweile auf Fussball, dafür hat er Freude am Schneeschuhlaufen und Schattenboxen gefunden.

Ich bin einfach immer zu müde

Das moderne Leben ist anstrengend: Wir haben so viele Verpflichtungen – der Job, die Familie und selbst die Freunde fordern ständig etwas von uns. Wir sind immer auf Draht und ständig prasseln Informationen auf uns ein. Stets muss noch irgendetwas erledigt werden. Und nur ganz selten ist die Pendenzenliste einmal leer. Kein Wunder, sind wir abends müde, wollen nicht auch noch der Bewegungspflicht nachkommen – und machen es uns lieber gemütlich.

Dabei geht etwas Wichtiges vergessen: Es ist der Kopf und nicht der Körper, der müde ist. Der Körper braucht häufig keine Erholung. Im Gegenteil: Die fehlenden Reize machen ihn träge. Auch kann sich der Kopf am besten erholen, wenn der Körper beschäftigt ist. Gilt die ganze Konzentration der Bewegung, kann man die Alltagssorgen vergessen. Fordert der Ball die ungeteilte Aufmerksamkeit, rückt die To-do-Liste in den Hintergrund. Und nimmt man bei einem Spaziergang die Gerüche und Geräusche der Natur wahr, können sich die Sinne wunderbar entspannen.

Sporteinsteigerinnen und Bewegungsmuffel sehen diese Vorteile jedoch oft nicht. Es fehlt ihnen an Erfahrung. Sie müssen das angenehme Körpergefühl nach körperlicher Aktivität erst ein paarmal erleben – und sich, wenn sie sich das nächste Mal müde fühlen, bewusst daran erinnern.

Ich kann mich einfach nicht motivieren

70 Prozent der Menschen, die mit dem Sporttreiben beginnen, steigen nach wenigen Wochen wieder aus. Je öfter man einen solchen Anlauf nimmt und dabei scheitert, desto schwieriger wird es, sich in Zukunft aufzuraffen – schliesslich erleidet niemand gerne Schiffbruch.

Motivation ist aber nicht etwas, das man hat oder nicht hat. Jeder und jede kann sich motivieren. Man braucht bloss ein paar einfache Regeln zu befolgen – wichtige Punkte sind dabei das Motiv, das Ziel, der Plan sowie der Umgang mit Misserfolgen. Lernen Sie im nächsten Kapitel mehr darüber.

Aufschreiben hilft weiter

Was tun Sie, wenn Sie vor einer wirklich schwierigen Aufgabe stehen? Zum Beispiel wenn Sie eine knifflige Rechenaufgabe lösen oder ein langwieriges Projekt zum guten Abschluss bringen müssen? Sie teilen die Aufgabe in Abschnitte ein und machen sich Notizen.

Bauen Sie beispielsweise ein Haus, kommen Sie auch nicht auf die Idee, einfach so ins Blaue mit dem Legen von Backsteinen zu beginnen. Zuerst einmal brauchen Sie einen Überblick über Ihre finanziellen Ressourcen, sollten sich über Ihre Wünsche und Vorstellungen im Klaren sein und benötigen einen Bau- und Terminplan. Um die Übersicht nicht zu verlieren, tragen Sie die Termine in Ihre Agenda ein, arbeiten mit offiziellen (Bank-)Dokumenten und machen sich Listen mit Dingen, die auf keinen Fall vergessen gehen dürfen.

Mit Ihrem Bewegungsprojekt sollten Sie ganz ähnlich verfahren. Denn das Bewegungsverhalten zu verändern, ist eine wirklich anspruchsvolle Aufgabe. Wer sie richtig anpackt, kann sie besser bewältigen.

Dieser Ratgeber wird Ihnen immer wieder Fragen stellen. Er animiert Sie, sich Gedanken zu machen und Ideen zu generieren. Sie werden ermuntert, Notizen zu machen, und finden im Internet praktische Vorlagen dafür (www.beobachter.ch/fitness). Benutzen Sie diese Hilfestellung. Veränderungsprozesse benötigen viel Energie und Aufmerksamkeit. Dabei hat unser Gehirn schon unter normalen Umständen ein Aufmerksamkeitsproblem. Es gibt einfach zu viele Dinge, an die wir denken müssen und können, Entscheidungen, die wir treffen, und Informationen, die wir verarbeiten müssen.

> **Verschriftlichtes ist vergleichbar mit einer externen Harddisk. Es entlastet Ihren Arbeitsspeicher und ist mit einem Klick bzw. Blick abrufbar. Das erleichtert Denkprozesse, spart Energie und verhindert das Vergessen.**

Warum Sie ein Bewegungstagebuch brauchen

Sie können gleich mit diesem Kapitel beginnen, das Sie jetzt dann zu Ende gelesen haben. Erinnern Sie sich noch an den Fitnesstest? In welchen Bereichen wollen Sie sich

2. Wo stehen Sie heute?

verbessern? Wollen Sie den Test wiederholen? Und wann genau wollen Sie das tun? Auf welcher Stufe stehen Sie im Veränderungsprozess? Welches sind Ihre Barrieren? Und sehen Sie vielleicht bereits Lösungsmöglichkeiten? Mit der Beantwortung dieser Fragen haben Sie nichts anderes als eine Bestandesaufnahme Ihrer psychischen und physischen Ressourcen gemacht – beim Bauprojekt etwa vergleichbar mit dem Gang zur Bank, um sich einen Überblick über die finanziellen Möglichkeiten zu verschaffen. Nur: Wissen Sie das alles auch in zwei Wochen noch?

Am besten kaufen Sie sich ein Notizheft, das Sie zu Ihrem persönlichen Bewegungstagebuch ernennen. Hier können Sie sich alles notieren, was für Sie wichtig ist, was Sie nicht vergessen sollten und was Sie sich vornehmen. Es lohnt sich. Studien in Reha-Kliniken zeigen erstaunlich gute Resultate mit Bewegungstagebüchern.

«Das Wichtigste steht bereits in diesem Ratgeber», denken Sie jetzt vielleicht. Tut es nicht. Das Wichtigste sind Ihre Wünsche, Ziele und Entscheidungen. Darum: Schreiben Sie Ihre Gedanken auf, halten Sie Wichtiges fest und schenken Sie sich selber den Raum, den Sie verdienen.

«VON NICHTS KOMMT NICHTS.»

WALTER NOSER, 48, TREIBT SPORT, WEIL ES IHM DANN EINFACH BESSER GEHT.

An einer Orgie bei den alten Römern hätte ich eine gute Figur gemacht: Im Grunde bin ich nämlich ein ausgekochtes Phlegma. Wenn mir etwas nicht in den Schoss fällt, dann bin ich froh, wenn man es mir bringt. Obendrein bin ich ziemlich masslos. Statt eines Gläschens Wein trinke ich lieber die ganze Flasche und statt einer halben Portion bestelle ich lieber Nachschlag. Ich würde mich der Völlerei und dem Dolcefarniente sieben Tage die Woche hingeben, wenns mir gut täte. Tut es aber nicht. Ein Schlaraffenlandleben macht schon nach einem Tag träge, faul und lustlos. Deshalb lebe ich mein Leben lieber so, dass es mir gut geht.

«Von nichts kommt nichts!», pflegte meine Grossmutter zu sagen. Daran muss ich oft denken, wenn mich der Wecker am Wochenende in aller Herrgottsfrühe aus dem Schlaf reisst und mich mein innerer Sauhund schon im Morgengrauen zum Kampf herausfordert. Aber aus Erfahrung weiss ich, dass sich dieser Kampf lohnt: Es gibt nichts Schöneres, als im Frühtau zu Berge zu gehen und am späten Nachmittag in einem Bergbeizli ein kühles Bier zu geniessen. So fühle ich mich abends glücklicher, als wenn ich bis am Mittag penne und den Sonntagnachmittag bei Kaffee und zu viel Kuchen verbringe. Es ist schon so, wie es in einem alten Volkslied heisst: Beim Wandern kann man alle Sorgen und Qual abwerfen.

Auch anderen Sport treibe ich nicht, weil ich von Natur aus ein Bewegungsmensch wäre oder weil ich mich über meine körperliche Leistung definieren würde. Nichts da! An erster Stelle steht für mich bei sportlicher Betätigung das Wohlbefinden. Deshalb stehe ich auch unter der Woche mindestens zweimal eine Stunde früher auf und jogge den See entlang. Das braucht zwar oft Überwindung, aber ich habe im Lauf der Jahre gelernt, meine angeborene Trägheit zu ignorieren. Wenn ich morgens joggen gehe und danach ins Büro komme, dann bin ich geistig und körperlich reger als die Kollegen, die vor der Kaffeemaschine auf ihre Lebensgeister warten. Und all den vielen Zürchern, die wie ich morgens um sechs ums Seebecken joggen, geht es wahrscheinlich genauso.

Vor einiger Zeit schleppte mich ein Freund mit ins Krafttraining. Dort musste ich zuerst mal meine Vorurteile überdenken: Es stimmt gar nicht, dass im Gym nur proteinfressende Muskelprotze und solariumgebräunte High-Society-Ladys in trendigem Outfit ein und aus gehen. Im Fitnessklub hats Leute wie du und ich - solche, deren Interesse nicht nur dem eigenen Körper gilt und die auch ein Leben ausserhalb des Sportstudios haben. Nur ein paar wenigen sieht man an, dass sie einen übertriebenen Körperkult betreiben. Denen, die schon dort sind, wenn man reinkommt, und noch dort sind, wenn man wieder geht. Ich frage mich, ob die nach dem Training auch ein so angenehmes Körpergefühl haben wie ich und nach der erquickenden kalten Dusche auch Lust hätten, ein paar Bäume auszureissen. Wahrscheinlich eher nicht. Aber eins verbindet den Bodybuilder, die Hausfrau, den Rentner und Hinz und Kunz: Alle wissen sie, dass von nichts nichts kommt.

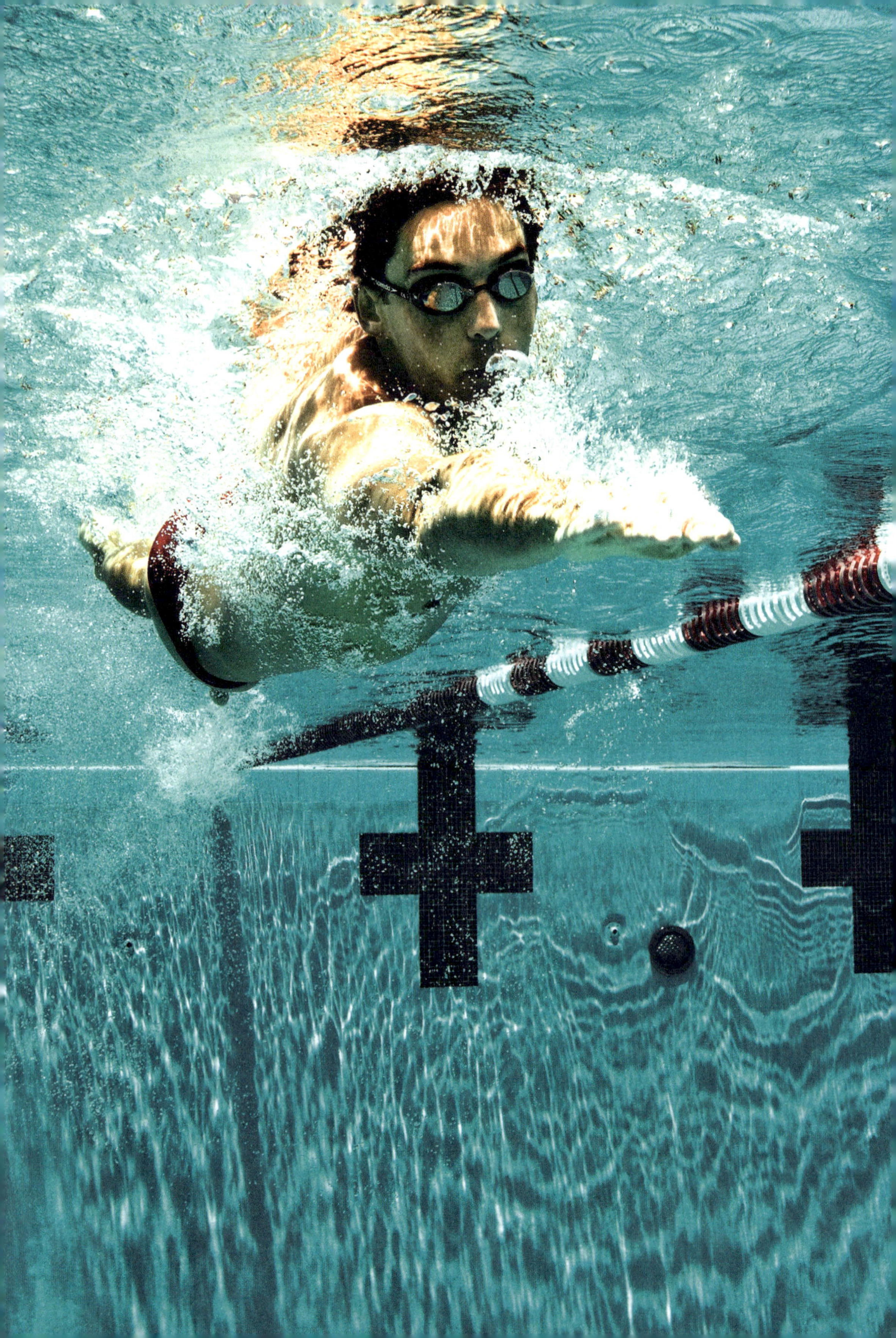

3

Sich selber motivieren – Schritt 1

Wer weiss, was Motivation ist, kann sich besser motivieren – auch dann, wenn es schwierig wird. Erfahren Sie mehr über die Tipps und Tricks der Motivationspsychologen und nutzen Sie diese Erkenntnisse für Ihr Bewegungsprojekt.

3. Sich selber motivieren – Schritt 1

3.1 Wissen, wie Motivation funktioniert

Motivation ist nicht etwas, das man hat oder eben nicht hat. Sie steckt in jeder und jedem von uns. Die Frage ist bloss, wie sie geweckt werden kann.

Die Motivation, sich motivieren, das Motiv – alle drei Begriffe haben denselben Ursprung: das lateinische Wort «movere» für bewegen. Das kommt nicht von ungefähr. Sich motivieren heisst sich bewegen – eingeschliffene Verhaltensmuster durchbrechen und sich für Neues öffnen. Und ganz wichtig: Um sich zu motivieren, braucht es immer ein Motiv, einen Beweggrund und einen Anreiz. Dabei spielt es eigentlich keine Rolle, ob es sich um ein sportliches Ziel oder um eine andere Tätigkeit handelt. Darum werden Sie viele Dinge, die Sie in diesem und in den nächsten Kapiteln erfahren, auch in anderen Lebensbereichen nutzen können. Sie werden sich besser kennenlernen und verstehen, warum Ihnen manche Dinge leichtfallen und Sie sich mit anderen schwertun. Und vielleicht gelingt es Ihnen sogar, Ihre Erkenntnisse nicht nur für mehr Bewegung in Ihrem Leben zu nutzen, sondern auch für mehr Erfolg im Beruf oder mehr Zufriedenheit im Alltag.

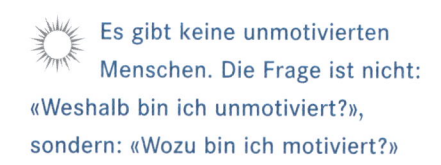

> Es gibt keine unmotivierten Menschen. Die Frage ist nicht: «Weshalb bin ich unmotiviert?», sondern: «Wozu bin ich motiviert?»

Was ist ein Motiv?

Motive kann man mit der Frage nach dem Wozu oder Warum gleichsetzen. Warum wollen Sie mehr Bewegung in Ihr Leben bringen? Wenn Sie das erste Kapitel gelesen haben, wird Ihre Antwort wahrscheinlich lauten: «Weil ich etwas für meine Gesundheit tun möchte.»

Das ist gut. Allerdings zeigt die Erfahrung, dass die Gesundheit als alleiniges Motiv oft nicht taugt. Das liegt unter anderem daran, dass man sich lange Zeit auch ohne Bewegung gesund fühlen kann. Also gibt es keinen unmittelbaren Grund, sich überhaupt zu bewegen. Hat man bereits Rückenschmerzen, Übergewicht oder Kreislaufbeschwerden, steht man gleich vor drei Herausforderungen: Erstens verleiten die körperlichen Beschwerden zur Schonung. Zweitens ist es schwierig, die Macht der Gewohnheit zu brechen und neue Verhaltensweisen anzunehmen. Und drittens dauert es meist lange, bis sich die positiven Auswirkungen bemerkbar machen.

Motiv Gesundheit

Damit ist die Gesundheit ein langfristiges Ziel. Langfristigkeit ist oft mit Motivationsproblemen verbunden. Denn im Vergleich zu kurzfristigen Zielen fehlt bei den langfristigen die unmittelbare Belohnung. Die Rückmeldung: «Gut gemacht, weiter so!», kommt erst nach mehrmaliger Handlung. Rückenschmerzen etwa verbessern sich oft erst nach monatelangem Krafttraining, und auch überflüssige Pfunde purzeln nicht von einem auf den anderen Tag.

Trotzdem geben über die Hälfte der Befragten in der Studie «Sport Schweiz 2008» an, dass die Gesundheit für sie ein sehr wichtiger Grund ist, Sport zu treiben. Die Gesundheit ist damit das erste Motiv überhaupt – noch vor dem Spasshaben oder Abschalten und Entspannen. Die Wichtigkeit sagt aber nichts darüber aus, ob sich die Gesundheit auch tatsächlich als Motiv eignet. Dessen sollten Sie sich bewusst sein. Und das erklärt vielleicht auch, warum Sie bis anhin zwar um Ihre Gesundheit besorgt waren, aber es doch nie geschafft haben, sich mehr zu bewegen.

Sie brauchen mehr als ein Motiv – und vor allem sollten Ihre Beweggründe nicht nur mit Pflicht und Vorsorge verbunden sein, sondern auch mit Lust und Freude. Entdecken Sie Ihre ganz persönlichen Motive für ein bewegtes Leben in den Kapiteln 3.2 und 3.3 (Seite 68 und 80).

> **Konnten Sie sich gerade für Sport nie motivieren? Vergessen Sie die Vergangenheit. Sie fangen jetzt neu an. Gerade in diesem Moment, in dem Sie diese Zeilen lesen, sind Sie bereits einige Schritte weiter als bei Ihrem letzten Versuch.**

Wie wird aus einem Wunsch eine Handlung?

In Psychologiebüchern gibt es viele schematische Zeichnungen, bestehend aus Kästchen, Pfeilen und Schlagwörtern. Sie dienen dazu, abstrakte Vorgänge sichtbar zu machen – etwa Gedankengänge, Verhaltensweisen oder Entscheidungsfindungen.

Den Rubikon überschreiten

Auch in der Motivationspsychologie gibt es viele solcher modellhafter Darstellungen. Eine davon lernen Sie auf den nächsten Seiten kennen – das Rubikonmodell. Es erhielt seinen Namen vom Angriff Cäsars gegen Rom. Damals herrschte Bürgerkrieg und der römische Feldherr musste gegen seine eigenen Landsleute in den Krieg ziehen. Als er mit dem Heer den Fluss Rubikon überschritt, rief er: «Die Würfel sind gefallen (alea iacta est).» Dadurch wurde der Rubikon ein Sinn-

3. Sich selber motivieren – Schritt 1

> **PSYCHOLOGIE BRINGT BEWEGUNG IN IHR LEBEN**
>
> Dass die Tricks der Motivationspsychologen tatsächlich funktionieren, zeigt eine Studie mit verschiedenen Aktivierungsprogrammen für Rehabilitationspatienten. Die rein psychologischen Programme erzielten im Vergleich zu den rein sportlichen Interventionen bessere Ergebnisse. Das heisst: Patienten, die sich während ihres Aufenthalts in der Klinik unter Anleitung bewegten, waren später weniger aktiv als jene, die zwar keinen Bewegungsunterricht erhielten, dafür aber Bewältigungsstrategien zur Überwindung von Inaktivität kennenlernten.

bild für eine imaginäre Grenze. Der Psychologe Heinz Heckhausen nahm sich 1987 ein Beispiel an Cäsar und entwickelte ein Motivationsmodell, das aus vier Phasen besteht:

> Abwägen
> Planen
> Handeln
> Bewerten

Der Rubikon wird dabei bereits zwischen Abwägen und Planen überschritten. Wer abwägt, vergleicht Kosten und Nutzen einer Handlung. Die Frage nach dem Wozu steht im Vordergrund. Ist der Anreiz, das Motiv, genügend gross, geht man zur nächsten Phase über. Beim Planen wird nicht mehr bewertet, sondern das Ziel fokussiert. Fragen nach dem Wie, dem Wann, Was und Wo werden dringlich. Die ganze psychische Energie ist auf das Erreichen des Ziels gerichtet. Ist der Plan ausgereift, kann man zur nächsten Phase übergehen – zur Handlung. Ist diese abgeschlossen, folgt das Bewerten. Es wird überprüft, ob das Ziel erreicht wurde und ob es die Erwartungen erfüllt hat.

Das Rubikonmodell von Heckhausen ist aus der Motivationspsychologie nicht mehr wegzudenken. Der inzwischen verstorbene Wissenschaftler war mit seinem Ansatz unter anderem deshalb so erfolgreich, weil er die beiden Begriffe «Motivation» und «Willenskraft» in ein und demselben Modell miteinander verband. Die Phasen Abwägen und Bewerten ordnete er der Motivation zu, Planen und Handeln der Willenskraft.

So weit, so einfach. Allerdings lauern zwischen den einzelnen Phasen Fallgruben, die Sie davon abhalten können, Ihre Absicht in eine Handlung umzusetzen. Zum Glück aber gibt es clevere Tricks, die Ihnen helfen, diese Schwierigkeiten zu überwinden – die folgenden Kapitel handeln davon. Schritt für Schritt werden Sie die einzelnen Phasen genauer kennenlernen und dabei erfahren, wie Sie den Sprung von einer Entwicklungsstufe zur nächsten schaffen.

DAS RUBIKONMODELL

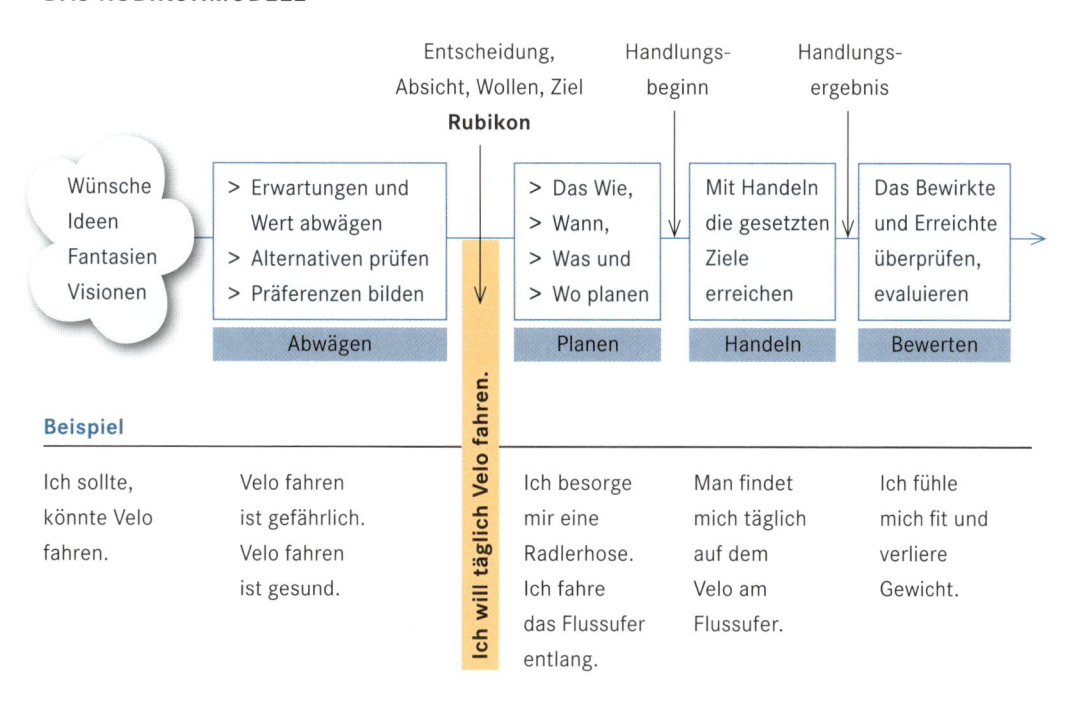

		Entscheidung, Absicht, Wollen, Ziel **Rubikon**	Handlungs- beginn	Handlungs- ergebnis
Wünsche Ideen Fantasien Visionen	> Erwartungen und Wert abwägen > Alternativen prüfen > Präferenzen bilden	> Das Wie, > Wann, > Was und > Wo planen	Mit Handeln die gesetzten Ziele erreichen	Das Bewirkte und Erreichte überprüfen, evaluieren
	Abwägen	**Planen**	**Handeln**	**Bewerten**

Ich will täglich Velo fahren. (Rubikon)

Beispiel

Ich sollte, könnte Velo fahren.	Velo fahren ist gefährlich. Velo fahren ist gesund.	Ich besorge mir eine Radlerhose. Ich fahre das Flussufer entlang.	Man findet mich täglich auf dem Velo am Flussufer.	Ich fühle mich fit und verliere Gewicht.

Quelle: Gasser P.: Führungsimpulse (adaptiert)

3. Sich selber motivieren – Schritt 1

3.2 Entdecken Sie die Kraft der Bedürfnisse

Lernen Sie die Kraft der Bedürfnisse kennen. Lüften Sie das Geheimnis von Spass und Freude. Und entdecken Sie, welche Motive für Sie eine treibende Kraft sein können.

Sie stehen an einem Wendepunkt. Es gilt, vom Sportmuffel zum Bewegungsmenschen zu werden. Vor Ihnen sind schon andere an diesem Punkt gestanden. Leute, die heute richtige Sportskanonen sind – zum Beispiel die Triathletin Natascha Badmann oder der Sportmoderator Sascha Ruefer.

Auch diese beiden «Berufssportler» hatten mal eine sehr bewegungsfaule Phase. Natascha Badmann wurde mit 17 Jahren Mutter und war übergewichtig. Sportlich wurde sie erst mit 23, als sie sich entschied, etwas gegen ihre Gewichtsprobleme zu unternehmen. Damals hat sie ihr Talent für lange Strecken entdeckt und heute ist sie sechsfache Siegerin des Ironman Hawaii. Sascha Ruefer spielte in seiner Jugend zwar viel Fussball, wegen seines beruflichen Engagements konnte er aber als Erwachsener die Trainings nicht mehr besuchen. Er bewegte sich immer weniger und setzte immer mehr Speck an – bis er schliesslich sein Ernährungs- und Bewegungsverhalten komplett umstellte.

Wie Bedürfnisse unsere Handlungen steuern

Sie glauben nicht, dass auch Sie das schaffen? Seien Sie unbesorgt. Selbst wenn Sie

---

DER INNERE SCHWEINEHUND

Der Begriff Schweinehund geht auf den sogenannten Sauhund zurück, den deutsche Jäger seit dem Mittelalter zur Wildschweinjagd einsetzen. Im 19. Jahrhundert wurde der «Schweinehund» zum Schimpfwort unter Studenten. Später verbreitete sich der Ausdruck auch im Volk, nicht nur als üble Nachrede, sondern auch als neckisches Sinnbild der eigenen inneren Schwäche. Reden Sie ein ernstes Wörtchen mit dem Faultier. Fordern Sie es heraus, aber überfordern Sie es nicht.

sich als extremes Faultier betrachten oder als den unverbesserlichsten Fall überhaupt – die Motivationspsychologie hat auch für Sie ein paar Tricks auf Lager. Damit bringen Sie Ihren inneren Schweinehund im Handumdrehen auf Trab. Und Sie werden das Phlegma zur Bewegung verführen, ohne dass es weiss, wie ihm geschieht.

Warum schieben wir gewisse Aufgaben lange vor uns her? Und warum fällt uns das Erledigen von anderen Dingen wiederum sehr leicht? Motivationspsychologen erklären sich diese Unterschiede mit Bedürfnissen. Je mehr Bedürfnisse eine Aktivität stillt und je wichtiger diese Bedürfnisse für uns sind, desto attraktiver wird die Aktivität – und desto leichter geht sie uns von der Hand.

Nahrung und Sicherheit – die wichtigsten Bedürfnisse

Die wichtigsten Bedürfnisse überhaupt sind die körperlichen. Haben Sie Hunger und ist der Kühlschrank leer, müssen Sie nicht lange überlegen, ob Sie einkaufen gehen wollen. Allerdings ist «gehen» heutzutage der falsche Ausdruck, weil die meisten Leute eben mit dem Auto hinfahren. Das stärkste aller Bedürfnisse lässt sich also praktisch ohne Bewegung befriedigen.

Das zweitwichtigste Bedürfnis ist die Sicherheit. Sie erinnern sich an den Säbelzahntiger, der müden Steinzeitmenschen Beine machte. Heute fürchten wir uns eher vor einem leeren Bankkonto oder dem Verlust des Arbeitsplatzes als vor wilden Raubtieren. Körpereinsatz hilft da wenig – ausser, Sie heissen Roger Federer oder Ariella Käslin. Folglich ist auch die Sicherheit ein Bedürfnis, das sich nicht mehr unbedingt mit Bewegung erfüllen lässt. Einzig die Vorstellung, dass unsere Gesundheit durch Bewegungsmangel gefährdet ist, kann uns allenfalls zu mehr körperlicher Aktivität motivieren. Aber eben: Diese Gefahr kommt schleichend und wird deshalb oft verdrängt. Zum Glück gibt es aber drei weitere menschliche Grundbedürfnisse, die ebenfalls sehr stark sind und die auch für moderne Menschen ein Beweggrund sind – das Bedürfnis nach Zugehörigkeit, das Bedürfnis nach Wertschätzung und das Bedürfnis nach Selbstverwirklichung.

Grundbedürfnis Zugehörigkeit

Der Wunsch nach Zugehörigkeit ist wie gemacht, um Menschen im 21. Jahrhundert zu mehr Bewegung zu motivieren. Menschen sind soziale Wesen und auf die Dauer nicht gerne allein. Und doch gibt es heutzutage viele Single-Haushalte. Sport und Bewegung bieten grandiose Möglichkeiten, mit anderen in Kontakt zu treten, sich auszutauschen und sogar neue Freundschaften zu schliessen – sei es im Sportverein, im Fitnesszentrum oder an Sportanlässen. Gemeinsame Aktivitäten schaffen eine gemeinsame Basis und verwischen soziale Unterschiede. Gemeinsame Trainingszeiten sind eine Gelegenheit für Gespräche und können eine Verpflichtung zur Anwesenheit sein. Und gemeinsame Erlebnisse verbinden und liefern stets ein Gesprächsthema.

3. Sich selber motivieren – Schritt 1

Grundbedürfnis Wertschätzung

Auch das Bedürfnis nach Wertschätzung lässt sich gut mit Bewegung und Sport stillen. Körperliche Aktivität ist oft mit einer messbaren Leistung verbunden. Messen wir uns dabei stets an uns selber, ist es egal, dass wir nicht zu den Weltbesten gehören. Jeder Fortschritt ist ein Erfolg, dem Anerkennung gebührt.

Gerade auch in Teamsportarten kann die Wertschätzung gross sein. Hier ist die Leistung das eine, Mitmachen das andere. Für ein Fussballspiel braucht es nun mal mehr als nur einen Spieler. Dabei müssen längst nicht alle gut aufs Tor schiessen können. Es braucht auch gute Teamplayer, die den Ball zum richtigen Zeitpunkt abgeben, oder gute Verteidiger, die brenzlige Situationen erkennen. Und wer das Gefühl hat, er könne weder mit Leistung noch mit Präsenz trumpfen, kann allenfalls die Vereinsbuchhaltung übernehmen – die Sportskollegen werden unendlich dankbar dafür sein.

Grundbedürfnis Selbstverwirklichung

Selbstverwirklichung ist alles, was mit dem Realisieren von persönlichen Zielen und mit persönlichen Vorlieben zu tun hat. Man macht das, was man selbst wirklich will. Damit sind Sport und Bewegung für die Erfüllung dieses Bedürfnisses prädestiniert: Jeder kann sich im Zusammenhang mit körperlicher Aktivität ein persönliches Ziel setzen. Und jede kann herausfinden, was ihr mehr oder weniger zusagt. Dabei spielt es keine Rolle, wie fit oder unfit jemand ist. Es gilt einzig, sich am Ziel zu orientieren und auf dem Weg dorthin möglichst Spass zu haben.

Die maslowsche Bedürfnispyramide

Was treibt die Menschen an? Diese Frage stellte sich der amerikanische Psychologe Abraham Maslow vor rund 70 Jahren. Als Antwort hinterliess er der Welt die maslowsche Bedürfnispyramide, die zwischen fünf Bedürfniskategorien unterscheidet – körperliche Grundbedürfnisse, Sicherheit, Zugehörigkeit, Wertschätzung und Selbstverwirklichung (siehe Abbildung). Diese Bedürfnisse haben gemäss Maslow nicht dieselbe Dringlichkeit. Der Mensch versucht, zuerst die Bedürfnisse der niedrigsten Stufe zu befriedigen, bevor die nächsthöheren in Angriff genommen werden. Solange ein Bedürfnis einer niedrigeren Stufe nicht erfüllt ist, ist ein Bedürfnis einer höheren Stufe zwar prinzipiell vorhanden, aber es hat noch keinen Einfluss auf das Verhalten.

Katrin N. arbeitet …

… im mittleren Kader einer Bank. Sie kann sich praktisch alles leisten, was sie will. Auch an Freundschaften fehlt es ihr nicht. Meist ist die 38-Jährige zufrieden mit ihrem Leben. Nur manchmal hat sie das Gefühl, ihre Vorgesetzten schätzten ihre Arbeit nicht genug. Zudem kann sie

ZUERST DAS WICHTIGSTE – DIE MASLOWSCHE BEDÜRFNISPYRAMIDE

Selbstverwirklichung
Individualität, Autonomie, Kreativität

Wertschätzung
Macht, Einfluss, Achtung, Respekt, Anerkennung

Zugehörigkeit
Freunde, Familie, Kommunikation, Liebe

Sicherheitsbedürfnis
Materielle, berufliche und körperliche Sicherheit

Körperliche Grundbedürfnisse
Essen, trinken, schlafen

Quelle: Maslow, 1943

sich nicht immer mit den Werten ihres Arbeitgebers identifizieren. Bei sportlichen Wettkämpfen im Ausdauerbereich findet Katrin N. die fehlende Anerkennung und kann sich selber verwirklichen. Im Büro staunt man über ihre sportlichen Leistungen – und sie selber verfolgt dabei Ziele, die für einmal nichts mit dem Vermehren von Geld zu tun haben.

Das Geheimnis von Lust und Unlust

Lust ist ein starkes Motiv: Wer Spass an der Arbeit hat, steht morgens gerne auf. Und wer Freude an Bewegung hat, ist öfter und länger aktiv. Doch welche Faktoren entscheiden darüber, ob wir eine Aktivität mit Lust verbinden oder mit Unlust?

3. Sich selber motivieren – Schritt 1

Aufbauend auf der Theorie von Maslow haben Psychologen herausgefunden, dass drei Faktoren vorhanden sein müssen, damit eine Aktivität Spass macht:

> Soziales Eingebundensein
> Kompetenzerleben
> Autonomiestreben

Diese drei Faktoren gelten als die psychologischen Grundbedürfnisse des Menschen. Sie sind angeboren und ihre Befriedigung führt – egal, ob bei der Arbeit, in der Familie oder bei der Bewegung – zu körperlichem und seelischem Wohlbefinden, hoher Lebensqualität und intrinsischer Motivation (siehe Seite 74). Und noch viel mehr: Menschen, die die drei Grundbedürfnisse der Psyche befriedigen können, sind auch leistungsfähiger und können andere besser motivieren. Es lohnt sich also, diese Bedürfnisse zu pflegen – zum Beispiel bei Bewegung und Sport.

Soziales Eingebundensein

Teamsportarten, der Turnverein und andere Klubs eignen sich besonders gut, um das Zugehörigkeitsgefühl zu stärken. Oft trifft man sich wöchentlich zu einem mehr oder weniger verbindlichen Training. Man hat ein gemeinsames Ziel und jedes Teammitglied zählt.

Allerdings haben gerade Sportmuffel früher ihre Turnstunden oft auf der Ersatzbank verbracht und haben deshalb eine Abneigung gegen Fussball, Handball und Co. entwickelt. Für solche Fälle bietet sich allenfalls eine etwas exotischere Teamsportart an, die nicht negativ belegt ist – wie Bouldern (Klettersport), Aikido (Kampfsport) oder Zumba (Tanzen). Auch Sportarten, die man zu zweit ausübt, eignen sich unter Umständen. Tennis, Badminton oder Squash kann man mit jemandem spielen, dem man vertraut oder der vielleicht das gleiche Niveau hat.

Aber einverstanden: Es gibt auch Leute, die am liebsten allein durch den Wald rennen. Schaut man allerdings genau hin, haben auch einsame Läuferinnen ein Zugehörigkeitsbedürfnis. Es äussert sich einfach an-

---

AUFGABENBOX 4: MEINE SOZIALE KOMPONENTE BEIM SPORT

Notieren Sie: Bei welchen körperlichen Aktivitäten habe ich ein Gefühl von Zugehörigkeit? In welchem Rahmen finden die Begegnungen statt? Und warum fühle ich mich gerade bei dieser Aktivität mit anderen Menschen verbunden?

....
....
....
....

ders und offenbart sich unter anderem im Boom der Breitensportanlässe. Der Gigathlon, der grosse Preis von Bern oder der Engadiner Skimarathon sind die Generalversammlungen der Einzelsportler. Hier trifft man sich, hier wird gefachsimpelt und hier entstehen neue Freundschaften.

Kompetenz erleben

Die gestoppte Zeit, erzielte Treffer oder gewonnene Punkte sind ein relativ einfaches Mittel, um Kompetenz zu erleben. Denn sie machen die Leistung messbar und mit früheren Resultaten vergleichbar. Notiert man sich die Zahlen, sieht man den Erfolg schwarz auf weiss.

Allerdings können manche Leute mit eindeutig messbaren Sportarten gar nichts anfangen. Vielleicht, weil sie sich oft zu hohe Ziele setzen und dann frustriert sind, wenn sie diese nicht erreichen. Oder weil sie sich sagen, dass sie nicht auch noch in der Freizeit Leistung erbringen wollen, wo ihr Alltag doch schon stressig ist.

Zum Glück ist Bewegung mehr als Wettkampf und Leichtathletik. Auch beim Yoga oder Tanzen bewegt man sich. Kompetenz kann man auch bei diesen Bewegungsformen erleben. Allerdings sind die Fortschritte oft nicht so augenfällig. Darum ist es von Vorteil, wenn man eine aufmerksame Lehrkraft hat, die individuelle Erfolge erkennt und lobend erwähnt.

> **AUFGABENBOX 5: MEINE KOMPETENZ IM SPORT**
>
> Notieren Sie: Bei welchen körperlichen Aktivitäten erlebe ich mich als kompetent? Wie merke ich, ob ich tatsächlich besser werde?
> Achten Sie auch auf diffuse Signale, die eher intuitiv sind. Haben Sie beispielsweise schon einmal gemerkt, dass eine Bewegung beim Tanz plötzlich «rund» lief? Oder dass Ihr Körper beim Skifahren von selber «wusste», was zu tun ist?

Autonomie erleben

Viele Aktivitäten in unserem Alltag sind fremdbestimmt. Wir müssen zu einer bestimmten Zeit zur Arbeit. Wir müssen die vom Chef vorgegebenen Aufträge erledigen. Oder wir müssen die Kinder rechtzeitig von der Krippe abholen. Viele erleben dieses Korsett als sehr einengend. Denn Menschen möchten lieber wollen als müssen. Darum sind Ziele, die man sich selber setzt, per se attraktiver als solche, die man von anderen aufgetragen bekommt.

Eigene Ziele kann man praktisch mit allen Bewegungsformen und Sportarten verfolgen. Bodybuilder wollen einen gestählten Körper. Wanderer wollen von A nach B kom-

3. Sich selber motivieren – Schritt 1

men oder auf den nächsten Aussichtspunkt gelangen. Und Fussballerinnen wollen das gegnerische Team besiegen. Zudem wohnt körperlicher Aktivität eine zusätzliche ganz spezielle Form der Autonomie inne: die Erfahrung, dass man mithilfe des eigenen Körpers Distanzen, Hindernisse oder andere Herausforderungen bezwingen kann. Dieses Gefühl kann extrem viel Kraft geben – das Gefühl, den eigenen Körper unter Kontrolle zu haben und sich bei Bedarf auf ihn verlassen zu können.

Auch das Trainingsumfeld kann das Erleben von Autonomie fördern: Studien der amerikanischen Selbstbestimmungsforscher Edward Deci und Richard Ryan zum Beispiel zeigen, dass das Mass an Autonomie unter anderem vom Kursleiter oder Trainer abhängig ist. Beteiligt er die Teilnehmenden an Entscheidungen, bietet er ihnen Handlungsspielräume und verwendet er keine «du musst» oder «ihr solltet», fühlen sie sich autonomer. In der Folge bleiben die Kursteilnehmer länger dran und erzielen letztlich bessere Leistungen als Sportler, die sich kontrolliert fühlen.

Extrinsische und intrinsische Motivation

Die Psychologie unterscheidet zwischen extrinsischer und intrinsischer Motivation. Die extrinsische Motivation liegt nicht in der Tätigkeit selbst, sondern kommt von ausserhalb – von einer anderen Person, von den Umständen oder vom Ergebnis, das man erwartet. Extrinsisch motiviert sind Sie also, wenn Sie sich bewegen, um fit und schlank zu werden oder um gesund und mobil zu bleiben. Ebenso, wenn Sie sich nur bewegen, weil Ihre Partnerin dies möchte, der Arzt dazu rät oder weil es zum guten Ton gehört. Wenn Sie hingegen Sport treiben, einfach, weil Ihnen das Sporttreiben an sich Spass macht und Sie sich dabei gut fühlen, dann sind Sie intrinsisch motiviert.

Studien zeigen, dass intrinsisch motivierte Handlungen viel intensiver und länger durchgeführt werden als extrinsisch motivierte. Vielleicht vertraten Sie bisher die Devise «bloss kein Sport» und können sich nicht vorstellen, dass man intensive körperliche Aktivität als angenehm empfinden

> **AUFGABENBOX 6: MEINE AUTONOMIE BEIM SPORT**
>
> Notieren Sie: Bei welchen körperlichen Aktivitäten erlebe ich Autonomie? Wann fühle ich mich selbstbestimmt? Welche Ziele sind für mich attraktiv? Und welche Herausforderungen würde ich gerne meistern?
>
> ....
> ....
> ....

kann. Man kann. Allerdings muss man die richtige Sportart für sich entdecken und unter Umständen braucht es eine Weile, bis man auf den Geschmack kommt. Darum: Bleiben Sie dran.

Simone F. hat Kreuzbeschwerden ...

... und trainiert dreimal in der Woche an Kraftgeräten. Die Übungen lindern ihre Schmerzen und sie weiss, dass sie dranbleiben sollte – wenn bloss das Training nicht so langweilig wäre. Sie überlegt, welche Sportarten ihr Spass machen könnten und gleichzeitig gut für den Rücken sind. Da sie Tempo und auch einen gewissen Nervenkitzel liebt, versucht sie es mit Inlineskaten und Kajakfahren. Bald verbringt sie viel mehr Stunden auf dem Fluss und auf den Blades, als sie zuvor an den Geräten trainiert hat: Der Erfolg lässt nicht lange auf sich warten – ihr Rücken macht grosse Fortschritte und bald ist sie praktisch schmerzfrei.

> Über die Hälfte der Befragten in der Studie «Sport Schweiz 2008» sagen, dass ihnen der Spass beim Sporttreiben besonders wichtig ist. Nur für fünf Prozent ist der Spassfaktor weniger wichtig oder gar unwichtig.

Und wie ist es bei Ihnen? Füllen Sie den Fragebogen auf der nächsten Seite aus. Je höher Ihre Werte, desto mehr Spass macht Ihnen körperliche Aktivität. Bei welchen Punkten haben Sie tiefe Werte erzielt? Was müssten Sie ändern, damit Sie in Zukunft auch hier einen höheren Wert ankreuzen könnten? Füllen Sie diesen Fragebogen zu einem späteren Zeitpunkt wieder aus. Und testen Sie verschiedene Aktivitäten auf ihren Spassfaktor.

Welches sind Ihre Motive?

Warum möchten Sie Sport treiben? Haben Sie das bisher Gelesene verinnerlicht, werden Sie antworten: «Weil ich gesund bleiben will. Und weil ich Spass haben will.» Mit diesen beiden Motiven sind Sie auf dem richtigen Weg. Allerdings gibt es noch weitere Gründe, die für mehr Bewegung sprechen. Lernen Sie sie kennen. Denn je mehr Motive Sie haben und je stärker diese sind, desto grösser wird Ihre Motivation.

Menschen unterscheiden sich in ihren Motiven. Was für Ihre Nachbarin ein grosser Antrieb ist, kann Sie unter Umständen überhaupt nicht vom Hocker locken. Darum müssen Sie in sich gehen und überlegen, welche Punkte im Zusammenhang mit Bewegung und Sport für Sie ein Anreiz sein könnten.

Die Auflistung auf Seite 77 unterstützt Sie bei dieser Suche. Sie basiert auf Antworten aus einer Studie, in der die Teilnehmenden nach ihren Beweggründen zum Sporttreiben befragt wurden. Aufmerksame Leserinnen und Leser werden einige Motive entdecken,

FRAGEBOGEN 5:
WIE VIEL SPASS HABE ICH BEI KÖRPERLICHER AKTIVITÄT?

Wie gut treffen folgende Aussagen auf Sie zu? Denken Sie beim Ausfüllen des Fragebogens entweder an körperliche Aktivität ganz allgemein oder an eine bestimmte Sportart, die Sie in Ihr Bewegungsprogramm einbauen wollen.

		7 6 5 4 3 2 1	
1.	Ich liebe es.	☐ ☐ ☐ ☐ ☐ ☐ ☐	Ich hasse es.
2.	Es interessiert mich.	☐ ☐ ☐ ☐ ☐ ☐ ☐	Es langweilt mich.
3.	Ich mag die Leute, mit denen ich dabei zusammentreffe.	☐ ☐ ☐ ☐ ☐ ☐ ☐	Ich mag diese Leute überhaupt nicht.
4.	Es absorbiert meine Gedanken.	☐ ☐ ☐ ☐ ☐ ☐ ☐	Es absorbiert meine Gedanken nicht.
5.	Ich setze mir meine Ziele selber.	☐ ☐ ☐ ☐ ☐ ☐ ☐	Andere geben mir die Ziele vor.
6.	Ich habe ein klares Ziel.	☐ ☐ ☐ ☐ ☐ ☐ ☐	Das Ziel ist eher schwammig.
7.	Ich sehe, dass ich Fortschritte mache.	☐ ☐ ☐ ☐ ☐ ☐ ☐	Ich nehme meine Fortschritte nicht wahr.
8.	Es macht mich glücklich.	☐ ☐ ☐ ☐ ☐ ☐ ☐	Es macht mich deprimiert.
9.	Ich finde es angenehm.	☐ ☐ ☐ ☐ ☐ ☐ ☐	Ich finde es unangenehm.
10.	Ich fühle mich dabei gut.	☐ ☐ ☐ ☐ ☐ ☐ ☐	Ich fühle mich dabei schlecht.
11.	Ich habe das Gefühl, dass ich meine Ziele erreichen kann.	☐ ☐ ☐ ☐ ☐ ☐ ☐	Ich habe nicht das Gefühl, dass ich meine Ziele erreichen kann.
12.	Ich bin nie frustriert dabei.	☐ ☐ ☐ ☐ ☐ ☐ ☐	Ich bin oft frustriert dabei.
13.	Es ist sehr befriedigend.	☐ ☐ ☐ ☐ ☐ ☐ ☐	Es ist sehr unbefriedigend.
14.	Andere loben mich für meine Leistungen.	☐ ☐ ☐ ☐ ☐ ☐ ☐	Meine Leistungen bleiben unbemerkt.
15.	Ich habe das Gefühl, ich gehöre dazu.	☐ ☐ ☐ ☐ ☐ ☐ ☐	Ich habe nicht das Gefühl, dass ich dazugehöre.
16.	Ich habe ein starkes Gefühl, etwas erreicht zu haben.	☐ ☐ ☐ ☐ ☐ ☐ ☐	Ich habe überhaupt nicht das Gefühl, etwas erreicht zu haben.
17.	Ich fühle mich akzeptiert.	☐ ☐ ☐ ☐ ☐ ☐ ☐	Ich fühle mich nicht akzeptiert.
18.	Es gibt nichts, was ich lieber tun würde.	☐ ☐ ☐ ☐ ☐ ☐ ☐	Ich würde lieber etwas anderes tun.

Quelle: Marcus, B. H.; Forsyth, L. H.: Motivating People to Be Physically Active (adaptiert)

die sich direkt aus den psychologischen Grundbedürfnissen ableiten lassen – andere kommen neu dazu.

> **Spass haben:** «Ich spiele einfach wahnsinnig gern.» – «Es macht Spass, mit dem Velo auf Entdeckungstour zu gehen.»
> **Freude an der Bewegung:** «Es ist herrlich, so flüssig den Hang hinunterzuwedeln.» – «Ich liebe es, den Ball über das Netz zu schmettern.»
> **Sich wohlfühlen:** «Ich liebe das Körpergefühl nach dem Schwimmen.» – «Habe ich genügend Bewegung, fühle ich mich gut in meinem Körper.»
> **Ausgleich:** «Wenn ich den ganzen Tag sitze, muss ich mich abends bewegen.» – «Beim Sport kann ich den Kopf durchlüften.»
> **Fitness:** «Ich habe lange Zeit körperlich nichts getan, jetzt fühle ich mich wieder richtig fit.» – «Ich komme jetzt wieder viel besser die Treppe hoch.»
> **Gesundheit:** «Seit ich Sport treibe, habe ich weniger Rückenschmerzen.» – «Mein Arzt meinte, ich müsse jetzt endlich etwas tun.»
> **Entspannung:** «Nach dem Sport fühle ich mich erfrischt.» – «Beim Joggen habe ich endlich mal ein paar Minuten für mich allein.»
> **Stressabbau:** «Beim Yoga kann ich richtig runterfahren.» – «Beim Spiel konzentriere ich mich so sehr auf den Ball, dass ich alles andere vergesse.»
> **Frische Luft:** «Abends muss ich einfach diesen Büromief loswerden.» – «Nach einem Sommerregen ist es am schönsten.»
> **Naturerlebnis:** «Ich liebe es, durch den Wald zu streifen.» – «Beim Wandern kann man unberührte Natur fernab von Seilbahnen und Teerstrassen entdecken.»
> **Körperliche Anstrengung:** «Ich mag das Gefühl, wenn ich nachher richtig kaputt bin.» – «Ich fordere mich gerne.»
> **Aussehen:** «Meine Figur habe ich dem Sport zu verdanken.» – «Ein trainierter Körper wirkt einfach attraktiver.»
> **Sportliches Können verbessern:** «Es macht Spass, etwas Neues zu lernen.» – «Es befriedigt mich, wenn ich mich auch bei Wellen auf dem Brett halten kann.»
> **Freunde:** «Ich treffe meine Freunde immer beim Sport.» – «Einer meiner Sportskollegen ist ein richtig guter Freund geworden.»
> **Gruppenaktivität:** «Nach dem Sporttreiben sitzen wir meist gemütlich zusammen.» – «Es ist toll, gemeinsam mit anderen im Team ein Ziel zu erreichen.»
> **Kommunikation:** «Ich freue mich immer auf den neusten Klatsch in der Garderobe.» – «Wir sind beim Laufen immer am Plappern.»
> **Menschen kennenlernen:** «Beim Sport ist es leicht, Kontakt zu finden.» – «Durch den Sport habe ich viele Leute kennengelernt.»

3. Sich selber motivieren – Schritt 1

> **Sportliche Ziele erreichen:** «Ich möchte einmal in meinem Leben einen Halbmarathon bestreiten.» – «Ich bin so stolz, dass ich den gelben Gürtel im Judo geschafft habe.»
> **Spannendes erleben:** «Bei den Wanderungen gibt es einfach immer viel zu entdecken.» – «Es läuft immer so viel, wenn wir mit dem Verein unterwegs sind.»
> **Sich mit anderen messen:** «Wir möchten das Turnier gewinnen.» – «Ich möchte schneller sein als meine Arbeitskollegin.»
> **Soziale Anerkennung:** «Die haben gestaunt, dass ich so gut war.» – «Meine Trainerin war zufrieden mit mir.»

> **Risiko und Abenteuer:** «Wenn ich über eine Schwelle fahre, spüre ich förmlich, wie das Adrenalin ins Blut schiesst.» – «Es ist der Nervenkitzel, der mich reizt.»
> **Selbstüberwindung:** «Meine eigene Trägheit zu besiegen, ist eine Herausforderung, die mich anspornt.» – «Wenn ich die Angst überwinden konnte, fühle ich mich super.»

Befragungen zeigen, dass Spass und Freude an der Bewegung sowie sich wohlzufühlen und einen Ausgleich zum Alltag zu haben wichtige Beweggründe fürs Sporttreiben sind. Ähnlich wichtig sind die Motive Fitness, Gesundheit, Entspannung und Stressabbau.

Was beeinflusst die Motive?

Geschlecht und Alter haben einen direkten Einfluss auf die Ausprägung der Motive. Für Männer ist es offenbar wichtig, sich mit anderen zu messen und Grenzen zu erfahren. Auch suchen Männer eher Risiko und Abenteuer. Dagegen nennen Frauen häufiger Motive wie Gesundheit oder Aussehen sowie Bewegungsfreude, Sich-Wohlfühlen, Stressabbau und Entspannung. Spass, Ausgleich und Fitness sind für beide Geschlechter gleich wichtig.

Leistungsbezogene Motive sowie Spannung und Nervenkitzel verlieren mit zunehmendem Alter an Bedeutung. Dafür werden

---

AUFGABENBOX 7: MEINE MOTIVSAMMLUNG

Notieren Sie: Welche Punkte haben bei mir etwas zum Klingen gebracht? Welche Sportarten fallen mir dazu spontan ein? Und wie würde ich auf Fragen nach meinen Motiven antworten?

....
....
....
....
....

Spass, Fitness und Gesundheit wichtiger. Interessant ist, dass der Wunsch nach Anschluss bei Menschen unter 20 und über 65 Jahren ausgeprägter ist als bei den anderen Altersgruppen. Vermutlich haben die im Berufsleben aktiven 20- bis 65-Jährigen genügend soziale Kontakte. Sie suchen dafür mehr Ausgleich, Entspannung und Stressabbau. Spass, Fitness und Naturerlebnisse sind offenbar in jedem Alter gleich wichtig. Erkennen Sie sich selber in Ihrer Geschlechts- und Altersgruppe? Wenn ja, haben Sie vielleicht eine Erklärung für die Ausprägung Ihrer Motive gefunden. Wenn nein, ist das auch kein Problem. Denn hier handelt es sich um Mittelwerte – Sie als Individuum können und sollen es sich leisten, nach Belieben davon abzuweichen.

FRAUEN, MÄNNER UND IHRE MOTIVE FÜR SPORT

In einer Studie in Tübingen wurden 800 Frauen und Männer gefragt, weshalb sie Sport treiben. Sie konnten auf einer Skala von 1 bis 5 angeben, ob die vorgegebenen Motive für sie zutrafen oder nicht.

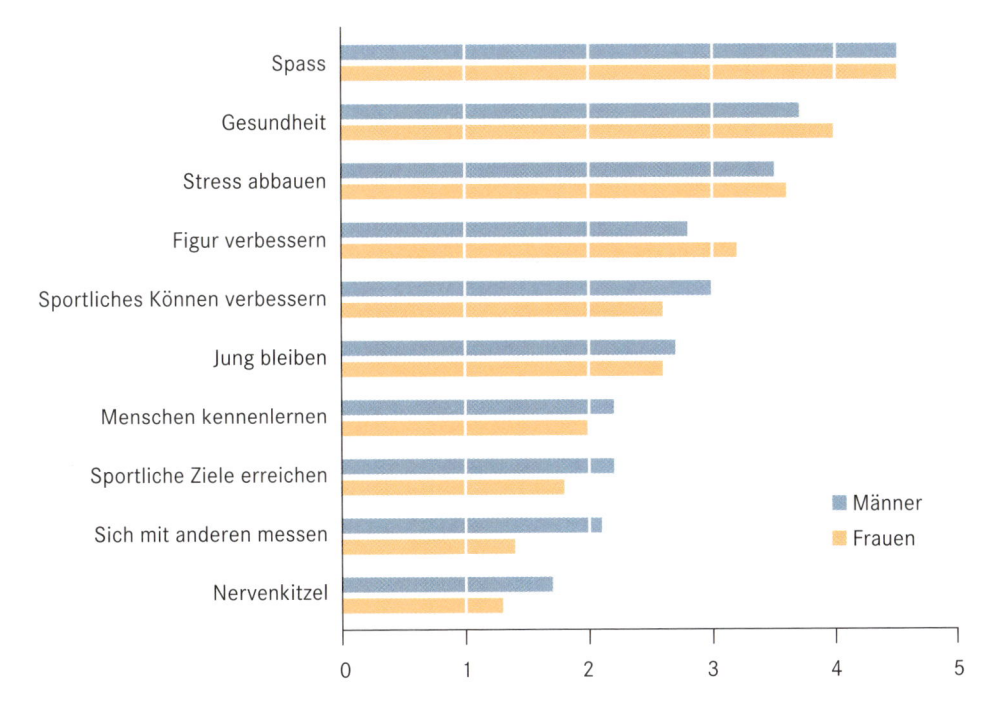

Quelle: Gabler, H.: Motive im Sport (adaptiert)

3.3 Vom Motiv zur Tat schreiten

Immer noch innere Widerstände? Machen Sie eine Kosten-Nutzen-Rechnung. Und erfahren Sie, warum Ihre Erwartungen entscheidend sind.

Es kann sein, dass Sie inzwischen eine riesige Motivsammlung haben. Und trotzdem können Sie sich noch immer nicht überwinden, mehr Sport zu treiben oder mehr Bewegung in Ihr Leben zu bringen. Damit sind Sie nicht allein. Gerade zu Beginn einer Handlung kann der innere Widerstand sehr gross sein. Dabei gilt: Je grösser der Widerstand ist, desto mehr Gründe brauchen Sie, um ihn zu brechen.

Darum ist wichtig, dass Sie sich die vielfältigen positiven Auswirkungen der Bewegung bewusst machen. Entdecken Sie auch ausserhalb der Gesundheitsdiskussion Punkte, die für mehr Sport oder Bewegung sprechen. Erkennen Sie den Mehrwert, den körperliche Aktivität für Sie persönlich hat. Denn je mehr Nutzen Sie sich versprechen, desto grösser wird Ihre Motivation.

Die Nutzen, die Sie mit Bewegung verbinden, lassen sich direkt aus Ihren Motiven ableiten. Allerdings kann man sie etwas spezifischer formulieren und sich dadurch den Wert der Bewegung deutlicher vor Augen führen – was wiederum die Stärke des Motivs erhöht.

Für die Motivation spielt der Nutzen eine entscheidende Rolle. Was aber als nützlich empfunden wird, ist von Mensch zu Mensch unterschiedlich.

Beziffern Sie den Nutzen

Halten Sie sich die vielfältigen positiven Auswirkungen von körperlicher Aktivität stets vor Augen. Sie geben Ihnen Kraft, um an Ihren Vorsätzen festzuhalten. Denken Sie dabei nicht nur an die gesundheitlichen Effekte, sondern auch an die positiven Auswirkungen auf Ihren Lebensstil und Ihre Lebensqualität. Der Nutzen ist ein zentraler Punkt, der Ihre Motivation steuert und vorantreibt.

Machen Sie sich die Risiken von Inaktivität klar

Auch das Vermeiden von Risiken kann ein Nutzen sein. Darum sollten Sie sich bewusst werden, welche Risiken mit Inaktivität verbunden sind (siehe auch Seite 18). Angst ist dabei durchaus kein schlechter Ratgeber.

Denn Angst ist ein starkes Gefühl, das ungeahnte Kräfte mobilisieren kann. Wer vor einer Prüfung steht und Angst vor dem Nichtbestehen hat, braucht unter Umständen weniger Überwindung, um sich hinzusetzen und zu lernen. Wer Angst hat, den Zug zu verpassen, schafft es innerhalb kürzester Zeit, seine Siebensachen zu packen. Und wer von einem Raubtier angegriffen wird und Angst um sein Leben hat, wird so schnell rennen wie noch nie zuvor.

Übertreiben Sie aber nicht mit der Sorge. Angst kann auch dazu führen, dass Sie sich überhaupt nicht mehr mit dem Thema beschäftigen wollen – auch nicht mehr im positiven, gesundheitsförderlichen Sinne. Das ist ein natürlicher Abwehrmechanismus, der die psychische Gesundheit schützt. Also: Dosieren Sie Ihre Sorge um Ihre Gesundheit klug und sorgen Sie sich nur gerade so viel, dass Sie nicht verdrängen müssen.

> Halten Sie sich die negativen Folgen Ihrer körperlichen Inaktivität vor Augen. Lassen Sie sich von der Angst um Ihre Gesundheit treiben, aber nicht überwältigen. Seien Sie sich bewusst: Es geht wirklich um Ihr Leben. Bloss werden Sie nicht von einem Säbelzahntiger angegriffen, sondern vom Bewegungsmangel. Er wird Sie nicht anspringen und in Stücke reissen, sondern langsam und stetig mit dem Zahn der Zeit an Ihnen nagen.

Machen Sie sich die Folgen Ihrer Inaktivität für andere klar

Wenn Kinder nicht essen wollen, greifen Eltern zuweilen zum uralten Trick: «Ein Löffelchen für Tante Doris, ein Löffelchen für Onkel Peter ...» Das Spiel funktioniert so gut, weil es manchmal einfacher ist, etwas für andere zu tun als für sich selber. Manchmal tun wir Dinge, die uns eigentlich gegen den Strich gehen, einfach, um anderen eine Freude zu machen. Oder wir nehmen Anstrengungen und Zusatzaufgaben auf uns, weil wir wissen, dass es uns braucht.

Dieses Prinzip können Sie auch als Antrieb gegen Inaktivität nutzen. Stellen Sie sich vor, welche Konsequenzen Ihr Bewegungsmangel für andere hat. Ihr Umfeld leidet vielleicht unter Ihrer schlechten Stimmung, die Sie mit genügend Bewegung deutlich verbessern könnten. Ihr Lebenspartner hat wahrscheinlich absolut keine Lust, Sie bereits mit 60 im Rollstuhl spazieren zu fahren. Ihre Familie braucht Sie, darum müssen Sie gesund bleiben. Und nicht zuletzt: Denken Sie auch daran, dass Sie mit Ihrer körperlichen Inaktivität ein schlechtes Vorbild für andere sind. Zum Beispiel für Kinder, für die Bewegung besonders wichtig ist – unter anderem, weil Studien zeigen, dass es Erwachsenen leichterfällt, aktiv zu sein, wenn sie bereits in der Kindheit viel Bewegungserfahrung sammeln konnten.

Werden Sie konkret

Finden Sie mit der folgenden Aufgabenbox Ihre eigenen Nutzen. Sie werden sehr wahr-

3. Sich selber motivieren – Schritt 1

> **AUFGABENBOX 8:**
> **NUTZEN, DEN ICH AUS MEHR BEWEGUNG ZIEHE**
>
> Reflektieren Sie das Gelesene einen Moment. Blättern Sie zurück zu Kapitel 1.2 (Seite 18) und schauen Sie sich Ihre Motivsammlung aus Kapitel 3.2 an (Seite 78). Lesen Sie die folgenden Sätze und notieren Sie möglichst viele eigene Beispiele.
>
> > Wenn ich mich zum Sport verabrede, erfahre ich immer das Neuste von meiner Kollegin.
> > Wenn ich etwas für meine Fitness getan habe, darf ich anschliessend mit gutem Gewissen schlemmen.
> > Wenn ich meine eigene Trägheit besiegen kann, stärke ich mein Selbstwertgefühl.
> > Wenn ich regelmässig Sport treibe, kann ich langfristig mein Gewicht reduzieren.
> > Wenn ich regelmässig aktiv bin, fühle ich mich auf die Dauer besser.
> > Wenn ich mich regelmässig bewege, bin ich ein gutes Vorbild für
> > ....
> > ....
> > ....
> > ....

scheinlich erstaunt feststellen, dass Sie noch viele weitere Motive entdecken, die für mehr Bewegung sprechen. Das rührt daher, dass Sie sich mit der Orientierung am Nutzen auf eine sehr konkrete Ebene begeben. Das macht es einfacher, Ihren Alltag, Ihre persönliche Situation und Ihre eigenen Wünsche miteinzubeziehen.

Wägen Sie die Kosten ab

Inzwischen sind Sie vom Nutzen regelmässiger Bewegung restlos überzeugt und müssten eigentlich hoch motiviert sein – und trotzdem haben Sie sich noch nicht im Fitnesszentrum angemeldet und auch das Fahrrad hat immer noch einen Plattfuss. Der Grund: Regelmässiges Sporttreiben und Bewegen ist nicht nur nützlich, sondern auch aufwendig. Es kostet etwas!

Damit sind längst nicht nur die Kosten für Sportartikel oder Kurse gemeint. Sport kostet auch Zeit. Sie haben beruflich viel zu tun, sind von der Familie beansprucht. Oder Sie wollen flexibel bleiben und sich nicht mit fixen Terminen blockieren.

Auch unangenehme Situationen wie Exponiertsein in einer Gruppe, der penetrante Geruch in der Garderobe oder starkes Schwitzen können als Kosten betrachtet werden. Kurz: Zu den Kosten gehört eigentlich alles, was Ihnen keinen Spass macht oder Sie in einer anderen Weise behindert und einschränkt.

WIE KOMMT MAN ZU EINEM ENTSCHEID?

Kosten
> Zeitaufwendig
> Zu anstrengend
> Ich habe nicht gern heiss und bin nicht gern verschwitzt.

Nutzen
> Bessere Gewichtskontrolle
> Stressabbau
> Weniger Probleme mit dem Cholesterin
> Mehr Selbstvertrauen

Die Theorie der Entscheidungsfindung (Decision-Making Theory) geht davon aus, dass Menschen immer zwischen Kosten und Nutzen eines Verhaltens abwägen. Sind die Kosten höher als der zu erwartende Nutzen, wird die Handlung unterlassen oder abgebrochen. Menschen, die sich auf einer höheren Stufe der Verhaltensänderung befinden, erkennen in der Regel mehr Nutzen als Kosten in der körperlichen Aktivität.

Quelle: Janis und Mann, 1977

Dabei gilt: Sind die Kosten höher als der Nutzen, wird eine Handlung in der Regel unterlassen oder abgebrochen. Trotzdem – oder gerade deshalb – sollten Sie die Kosten nicht verdrängen, sondern sich intensiv damit auseinandersetzen. Das gibt Ihnen einen Anhaltspunkt, welches für Sie der richtige Weg ist, um Ihre Pläne erfolgreich zu realisieren – zum Beispiel bezüglich der Wahl der Sportart oder des Umfelds. Vielleicht bringt Sie Ihre Abneigung gegen Umkleideräume auf die Idee, sich ein Velo zuzulegen und damit zur Arbeit zu fahren, statt in einen Verein einzutreten. Oder weil Sie nicht gern schwitzen, entdecken Sie Schwimmen, Wakeboarden, Surfen als Ihren Sport.

3. Sich selber motivieren – Schritt 1

Paula W. ist 69 …

… und hat sich bei einem Sturz die Hand gebrochen. Ihre Ärztin verschreibt ihr nach der Genesung ein Aufbautraining in einem medizinischen Fitnesscenter. Frau W. geht mit gemischten Gefühlen hin, da sie solche «Muckibuden» bloss aus dem Fernseher kennt. Ausserdem fürchtet sie sich vor weiteren Verletzungen, da sie nicht mehr so gut auf den Beinen ist und an Osteoporose leidet. Erstaunt stellt sie fest, dass es im Center gar keine Muskelmänner gibt. Im Gegenteil: Morgens zwischen 10 und 12 Uhr sind die Rentner in der Überzahl. Auch muss Paula W. keine gefährlichen Übungen machen – praktisch alle finden im Sitzen oder Liegen statt. Und die Therapeuten sind sehr freundlich und stehen ihr mit Rat und Tat zur Seite.

Wo sehen Sie die Kosten?

Überlegen Sie sich anhand der Aufgabenbox: Welche Punkte stellen für mich vor allem ein Problem dar? Welche kann ich allenfalls in Kauf nehmen? Wie muss ich mich

---

AUFGABENBOX 9:
KOSTEN, DIE ICH BEI REGELMÄSSIGER BEWEGUNG HABE

Was trifft für Sie zu? Kreuzen Sie an und fügen Sie weitere Punkte hinzu, die für Sie Kosten sind.

- ☐ Ich habe weniger Zeit für die Familie.
- ☐ Ich schwitze.
- ☐ Ich fürchte mich vor Verletzungen.
- ☐ Ich geniere mich, vor anderen Menschen Sport zu treiben.
- ☐ Ich finde kaum Zeit für die anderen wichtigen Dinge.
- ☐ Ich mag keine Anstrengungen.
- ☐ Ich langweile mich beim Sport.
- ☐ Ich fürchte mich vor einem neuen Misserfolg.
- ☐ ....
- ☐ ....
- ☐ ....
- ☐ ....
- ☐ ....

organisieren, damit möglichst wenig Kosten anfallen? Was könnte im schlimmsten Fall passieren?

Je konkreter Sie sich die Situation vorstellen, desto klarer werden Ihre Pläne und desto einfacher fällt Ihnen die Umsetzung. Sie befassen sich allmählich nicht nur mit dem Wozu, sondern auch mit dem Wie, dem Wo und dem Was – und haben damit einen weiteren wichtigen Schritt getan.

Stärken Sie Ihre Erfolgserwartung

Sitzen Sie vor dem Fernseher, wenn der Bildschirm schwarz bleibt? Gehen Sie arbeiten, wenn Sie dafür keinen Lohn erhalten? Oder sind Sie nett zu den Nachbarn, obwohl die nicht mal grüssen? Eben. Erhalten wir keine Gegenleistung für unsere Anstrengungen, lassen wir es in der Regel lieber bleiben.

Erwartung × Wert

Motivationspsychologen erklären dieses Phänomen mit sogenannten Erwartung-mal-Wert-Modellen. Sie besagen, dass Menschen sich immer dann gut motivieren können, wenn ihnen das Handlungsziel etwas wert ist. Ein Kind, dem ein leckerer Kuchen versprochen wird, wird brav sein. Eine Jugendliche, die eine wichtige Prüfung bestehen will, wird lernen. Ein Mann, der seine Angebetete verführen will, wird keinen Aufwand scheuen. Alle drei müssen allerdings mehr oder weniger davon überzeugt sein, dass sie ihr Ziel auch wirklich erreichen können (Erwartung). Sonst werfen sie die Flinte gleich ins Korn (siehe unten).

Der Wert eines Handlungsziels und die Erwartung, es erreichen zu können, sind also beide wichtig. Man kann sich die Erwartung-mal-Wert-Modelle auch als mathematische Gleichung vorstellen, die zu einer Handlung führt: $E \times W = H$. Dabei gilt die gleiche Regel wie bei allen Multiplikationen: Ist entweder die Erwartung oder der Wert gleich null, ist auch die Handlung gleich null ($1 \times 0 = 0$). Ein hoher Nutzen oder eine hohe Erwartung allein nützt also noch nichts – beides muss vorhanden sein, damit man wirklich zur Tat schreitet.

Erwartung-mal-Wert-Modelle lassen sich gut auf Sport und Bewegung übertragen. Sie müssen sich stets vor Augen führen, welch unschätzbaren Wert ein bewegtes Leben für Sie hat – und Sie müssen überzeugt sein, dass Sie Ihr Ziel erreichen können.

Selbstwirksamkeit

Psychologen nennen das Vertrauen in die eigenen Fähigkeiten Selbstwirksamkeit. Sie beschreibt die persönliche Erwartung, eine gewünschte Handlung selbst erfolgreich ausführen zu können. Diese Überzeugung bezüglich der eigenen Fähigkeiten bestimmt, wie ein Mensch fühlt, denkt, sich motiviert und handelt. Untersuchungen zeigen, dass Menschen mit einem starken Glauben an die eigene Kompetenz grössere Ausdauer bei der Bewältigung von Aufgaben, eine niedrigere Anfälligkeit für Angststörungen und Depressionen und mehr Erfolge in der Ausbildung und im Berufsleben aufweisen.

Interessanterweise ist die Selbstwirksamkeit unabhängig von den tatsächlichen Fähigkeiten einer Person. Das heisst: Unabhängig davon, ob man wirklich gut genug ist oder nicht, wenn man an sich glaubt, wird man mit grosser Wahrscheinlichkeit auch schwierige Aufgaben bewältigen. Leider gilt auch der umgekehrte Mechanismus: Menschen mit einer geringen Erwartung an ihre Selbstwirksamkeit bleiben hinter dem zurück, was sie eigentlich könnten.

Trauen Sie sich was zu!

Wie wichtig die eigene Erfolgserwartung ist, kann folgendes Beispiel illustrieren.

Laura T. glaubt fest daran, …

… **dass sie ihr Ziel, sich täglich 30 Minuten zügig zu bewegen, erreichen kann – auch dann, wenn sie sich müde fühlt oder ihr die Kinder besonders viel Arbeit machen. Sie weiss, dass sie eine gute Organisatorin ist und ihre Zeit sehr gut einteilen kann. Überzeugt von sich und ihrem Können nimmt sie ihren Vorsatz in Angriff. Ganz anders Petra L. Sie befindet sich in einer ähnlichen Lebenssituation wie Laura T. Auch sie möchte sich mehr bewegen, ist aber nicht sicher, ob sie ihr Bewegungsziel tatsächlich umsetzen kann. Sie hat sich in der Vergangenheit schon oft Dinge vorgenommen, die sie dann nicht realisieren konnte.**

Petra L. wird wahrscheinlich gar nicht erst versuchen, ihren Vorsatz umzusetzen. Denn sie glaubt nicht daran, dass sie dieser Herausforderung gewachsen ist. So ergibt sich für sie gar keine Möglichkeit, die eigenen Fähigkeiten zu testen und zu verbessern. Laura T. scheitert zu Beginn vielleicht auch, aber sie glaubt dank ihrer hohen Selbstwirksamkeit immer noch daran, dass sie ihr Ziel erreichen kann. So versucht sie es trotz anfänglicher Misserfolge erneut. Und da Übung bekanntlich die Meisterin macht, weiss sie mit der Zeit immer besser, welche Zeitfenster sich auftun und wie sie ihre Müdigkeit überlisten kann.

Wie ist es um Ihre Selbstwirksamkeit bestellt? Füllen Sie den nebenstehenden Fragebogen aus und finden Sie heraus, wie fest Sie daran glauben, Ihre Bewegungsabsichten in die Tat umsetzen zu können.

Strategien für mehr Selbstwirksamkeit

Ist es schlecht bestellt um Ihre Selbstwirksamkeit? Oder dümpeln Sie im Mittelfeld vor sich hin? Kein Problem. Die Selbstwirksamkeit lässt sich mit bestimmten Strategien erhöhen. Auf den nächsten Seiten lernen Sie diese Methoden kennen.

❓ FRAGEBOGEN 6: WIE GROSS IST MEINE SELBSTWIRKSAMKEIT IN BEZUG AUF EINEN AKTIVEREN LEBENSSTIL?

Kreuzen Sie an: Ich bin mir sicher/nicht sicher, dass ich eine geplante Sport- oder Bewegungsaktivität auch dann noch ausführen kann, wenn …

	Gar nicht sicher			Vielleicht sicher			Ganz sicher
… ich müde bin.	☐	☐	☐	☐	☐	☐	☐
… ich mich niedergeschlagen fühle.	☐	☐	☐	☐	☐	☐	☐
… ich Sorgen habe.	☐	☐	☐	☐	☐	☐	☐
… ich mich über etwas ärgere.	☐	☐	☐	☐	☐	☐	☐
… ich mich angespannt fühle.	☐	☐	☐	☐	☐	☐	☐
… Freunde zu Besuch da sind.	☐	☐	☐	☐	☐	☐	☐
… andere etwas mit mir unternehmen wollen.	☐	☐	☐	☐	☐	☐	☐
… meine Familie oder mein Partner, meine Partnerin mich beansprucht.	☐	☐	☐	☐	☐	☐	☐
… ich niemanden finde, der mit mir Sport treibt.	☐	☐	☐	☐	☐	☐	☐
… schlechtes Wetter ist.	☐	☐	☐	☐	☐	☐	☐
… ich noch viel Arbeit zu erledigen habe.	☐	☐	☐	☐	☐	☐	☐
… ein interessantes Fernsehprogramm läuft.	☐	☐	☐	☐	☐	☐	☐

Quelle: Skala «Selbstwirksamkeit zur sportlichen Aktivität» (SSA-Skala), Fuchs, R.: Psychologie und körperliche Bewegung

3. Sich selber motivieren – Schritt 1

☼ «Aber ich kann das nicht!» Stoppen Sie diese Stimme. Wenn Sie sich immerzu sagen, dass Sie etwas nicht können, schwächen Sie Ihren Glauben an sich selber.

Setzen Sie sich erreichbare Ziele

Für Menschen mit tiefer Erfolgserwartung ist es extrem wichtig, sich erreichbare Ziele zu setzen. Denn Misserfolge sind Gift, weil sie die negative Erwartung erst recht bestätigen.

Erfolge hingegen stärken die Selbstwirksamkeit: «Ich kanns ja doch.» Oder: «Wenn es diesmal klappt, kann ich es beim nächsten Mal auch.» Aber aufgepasst: Gerade für Bewegungseinsteiger ist es zum Teil schwer, sich erreichbare Ziele zu setzen, da ihnen die Bewegungserfahrung und das Körpergefühl fehlt. Mehr zum Thema erfahren Sie in den Kapiteln 4.1 und 5.2 (Seite 96 und 134).

Visualisieren Sie Ihre Ziele

Menschen mit tiefer Erfolgserwartung gehen in der Regel davon aus, dass sie ihr Ziel sowieso nicht erreichen. Dem können Sie entgegenwirken, indem Sie sich Ihren Erfolg bildlich vorstellen: wie Sie über die Ziellinie schreiten, wie Sie am Mittwochabend tatsächlich durch den Wald rennen oder wie Sie jeden Morgen die Treppe statt den Lift nehmen. In Gedanken führen Sie Ihre Absicht so bereits aus – und sind damit einen Schritt näher am Ziel.

Sie können sich auch in allen Farben ausmalen, wie gut Ihnen Bewegung tut und wie wohl Sie sich anschliessend fühlen werden. Baden Sie regelrecht in der Vorstellung, wie schön es sein wird, wenn Sie eines Ihrer langfristigen Ziele erreicht haben. Veranstalten Sie ein Kopfkino und legen Sie sich schöne Bilder zurecht. Zum Beispiel, wie Ihnen die Lieblingshose wieder passt oder wie gut Ihnen die definierten Muskeln stehen. Freuen Sie sich auf das, was kommt. Und vielleicht gelingt es Ihnen, durch die Vorfreude bereits ein paar Glücksmomente abzurufen. Mehr zu diesem Thema erfahren Sie in Kapitel 6.1. (Seite 160).

Suchen Sie sich Vorbilder

Das, was Sie sich wünschen, haben andere vor Ihnen auch schon geschafft. Und dies zum Teil unter widrigsten Umständen. Halten Sie sich an diesen Beispielen fest. Sie zeigen Ihnen, dass nichts unmöglich ist. Dass Sie Ihr Ziel erreichen werden, wenn Sie es wirklich wollen.

Vielleicht gibt es in Ihrem Umfeld jemanden, der erfolgreich mehr Bewegung in sein Leben gebracht hat. Wenn nicht, orientieren Sie sich an prominenten Beispielen: Der Medienguru Roger Schawinski etwa hat mit 52 Jahren begonnen, Marathon zu laufen – und das, obwohl er mit seinem Job über ein sehr knappes Zeitbudget verfügt. Vielleicht erinnern Sie sich an die Geschichte von Andreas Niedrig, der es in Hawaii unter die ersten

> **DIE STRATEGIEN FUNKTIONIEREN**
>
> Dass sich die Selbstwirksamkeit erhöhen lässt, beweist eine amerikanische Studie mit rund 2000 Schülerinnen. Die Hälfte von ihnen besuchte Schulen, an denen die Lehrkräfte den Sportunterricht so gestalteten, dass die Schülerinnen mehr Erfolgserlebnisse hatten (Interventionsgruppe). Zudem erfuhren diese Schülerinnen in einem Theorieteil, mit welchen Strategien sie ihre Selbstwirksamkeit erhöhen konnten. Die andere Hälfte der Schülerinnen besuchte Schulen, in denen der Unterricht normal weitergeführt wurde (Kontrollgruppe). Nach einem Jahr trieben die Mädchen der Interventionsgruppe mehr Sport als jene der Kontrollgruppe.

zehn schaffte – obwohl er zuvor als Junkie jahrelang Heroin konsumiert hatte. Die Schlagzeilen über Erik Weihenmayer, der den Mount Everest bestieg – obwohl er blind ist. Oder das Buch von Andreas Pröve, der mit einem Spezialrad durch Indien fuhr – obwohl er querschnittsgelähmt ist.

Liliane F. hat …

… durch einen 82-Jährigen zum Sport gefunden. Die 30-jährige Journalistin schrieb im Auftrag einer Regionalzeitung ein Porträt des ältesten Teilnehmers am Murtenlauf. Gerne hätte sie den Senior auf der 17 Kilometer langen Strecke zwischen Murten und Freiburg begleitet, aber dazu war sie nicht fit genug. Das gab der jungen Frau zu denken. Zudem beeindruckte sie der Senior nicht nur mit seiner Leistung, sondern auch mit seiner vitalen Ausstrahlung und positiven Lebenseinstellung. Sie sagte sich: So möchte ich auch einmal alt werden – und heute ist sie Mitglied bei einem Lauftreff.

Kosten Sie Ihre Erfolge so richtig aus

Menschen, die wenig Vertrauen in ihre Fähigkeiten haben, machen oft den Fehler, dass sie sich nur an ihre Misserfolge erinnern. Aber jede und jeder kann auf Erfolge zurückblicken – und seien es noch so kleine. Rufen Sie sich diese Situationen in Erinnerung. Nehmen Sie Erfolgserlebnisse bewusst wahr. Belohnen Sie sich dafür und geniessen Sie Ihren Erfolg. Erzählen Sie auch anderen davon. Und stellen Sie dabei Ihr Licht ja nicht unter den Scheffel. Eigenlob stinkt nämlich in diesem Fall überhaupt nicht. Schliesslich ist die Veränderung des Bewegungsverhaltens nun mal keine einfache Sache. Erklären Sie sich Ihren Erfolg mit Ihren Fähigkeiten und Ihrer Anstrengung. Sie haben es geschafft, weil Sie stark sind. Weil Sie Talent haben. Oder weil Sie es wirklich wollten.

3. Sich selber motivieren – Schritt 1

Gehen Sie geschickt mit Misserfolgen um

Misserfolge lassen sich nicht immer vermeiden. Passieren sie, gilt es, möglichst geschickt damit umzugehen. Einerseits können Sie Misserfolge als Lernsituationen betrachten: Aha, so hat es nicht geklappt – warum wohl nicht? Was muss ich ändern? Welche Lösungen gibt es?

Andererseits lassen sich Misserfolge auch relativieren. Eventuell lag das Resultat gar nicht in Ihrem Einflussbereich. Vielleicht hatten Sie einfach Pech. Oder es ist zu viel dazwischengekommen. Das bedeutet nicht, dass Sie die Schuld immer auf andere oder anderes schieben sollen. Aber seien Sie nicht zu streng mit sich selbst. Betrachten Sie Misserfolge als variable Ereignisse, die Sie beim nächsten Mal verändern können. Mehr zu diesem Thema lesen Sie in Kapitel 6.3. (Seite 184).

«Ob du glaubst, du kannst es, oder ob du glaubst, du kannst es nicht – du wirst auf jeden Fall recht behalten.»

Henry Ford (1863 bis 1947), Grossindustrieller

«WENN ICH ULTIMATE SPIELE, KÖNNTE DIE WELT UNTERGEHEN.»

ROMANO HOFMANN, 33, SPIELT FRISBEE BEI DEN ZÜRI ULTIMATE FLYERS.

Mit meinem BMI um die 30 bin ich theoretisch gar nicht fähig, Sport zu treiben. Dass ich trotzdem zweimal pro Woche ins Training gehe und an rund 20 Wochenenden im Jahr sportlich unterwegs bin, liegt an Ultimate. Dieser Sport ist mehr als Bewegung. Er ist eine Lebenshaltung. Ultimate ist Frisbee als Mannschaftssport: Sieben gegen sieben, wobei es gilt, die Scheibe mittels Pässen in die Endzone zu bringen – ähnlich wie beim American Football.

Die Stimmung ist aber völlig anders als beim Nationalsport der Amis. Es gibt kein Geschubse und Gefoule, denn Ultimate ist praktisch berührungslos und verzichtet auf Schiedsrichter. Jeder zeigt seine Fouls selber an. Das heisst, Fairness ist extrem wichtig – wohl ein Erbe der Hippies, die das Spiel Ende der 60er-Jahre erfunden haben. Darum gibt es bei Wettkämpfen nicht nur einen Preis für die Gewinner, sondern jeweils auch einen «Spirit-of-the-Game Award». Damit wird die Mannschaft ausgezeichnet, die den besten Spirit gezeigt hat – also fair gespielt hat und allgemein gut drauf war.

Ich war 25 Jahre alt, als ich Ultimate per Zufall entdeckte. Damals bewegte ich mich wenig und ich wusste, dass ich eigentlich etwas hätte tun sollen. Ich probierte es mit Joggen, fragte mich aber bald: «Warum soll ich rennen, wenn ich am Schluss wieder am gleichen Ort stehe wie zu Beginn?» Ich brauche Spiel, Action und Leute um mich herum.

Ultimate ist für mich wie eine Käseglocke: Wenn ich spiele, könnte die Welt untergehen, ich würde es nicht merken. An Wettkämpfen dreht sich alles um die Scheibe und den Spirit. So kann ich optimal abschalten. Einverstanden: An Montagen komme ich manchmal etwas müde ins Büro – dafür umso entspannter.

Zehn Jahre hatte ich keinen Frisbee mehr in der Hand gehabt, als ich zum ersten Mal Ultimate spielte. Heute nehme ich an internationalen Turnieren teil, wie zum Beispiel im vergangenen Jahr an der Beach-Weltmeisterschaft in Lignano, Italien. Das ist möglich, weil Ultimate eine Randsportart ist. Die Konkurrenz ist nicht riesig und die Community bleibt überschaubar. Jeder kennt jeden, auch über die Landesgrenzen hinweg. Wenn es sein müsste, würde ich wohl überall auf dieser Welt ein Bett zum Übernachten finden. Und übrigens habe ich auch meine Frau dank Ultimate kennengelernt.

In der Schweiz gibt es rund 20 Klubs. Ich bin bei den Züri Ultimate Flyers. Wir haben rund 30 Mitglieder, davon 12 Frauen. Die meisten sind zwischen 20 und 35 Jahre alt. Neue Gesichter werden gerne gesehen. Gerade auch weil Ultimate eine Randsportart ist, wird jeder potenzielle Neuzugang gefördert. Und vielleicht für Secondos interessant: Bei internationalen Turnieren gilt als Schweizer, wer seit mehr als zwei Jahren hier lebt.

In unseren Trainings hat es auch für weniger talentierte Spielerinnen und Spieler Platz – zumal man ja oft nicht nur offensichtliche Schwächen, sondern auch versteckte Stärken hat. Ich selber zum Beispiel bin wegen des Gewichts ein schlechter Läufer, kann das aber mit Taktik und Technik kompensieren. Und überhaupt: Hauptsache, der Spirit stimmt.

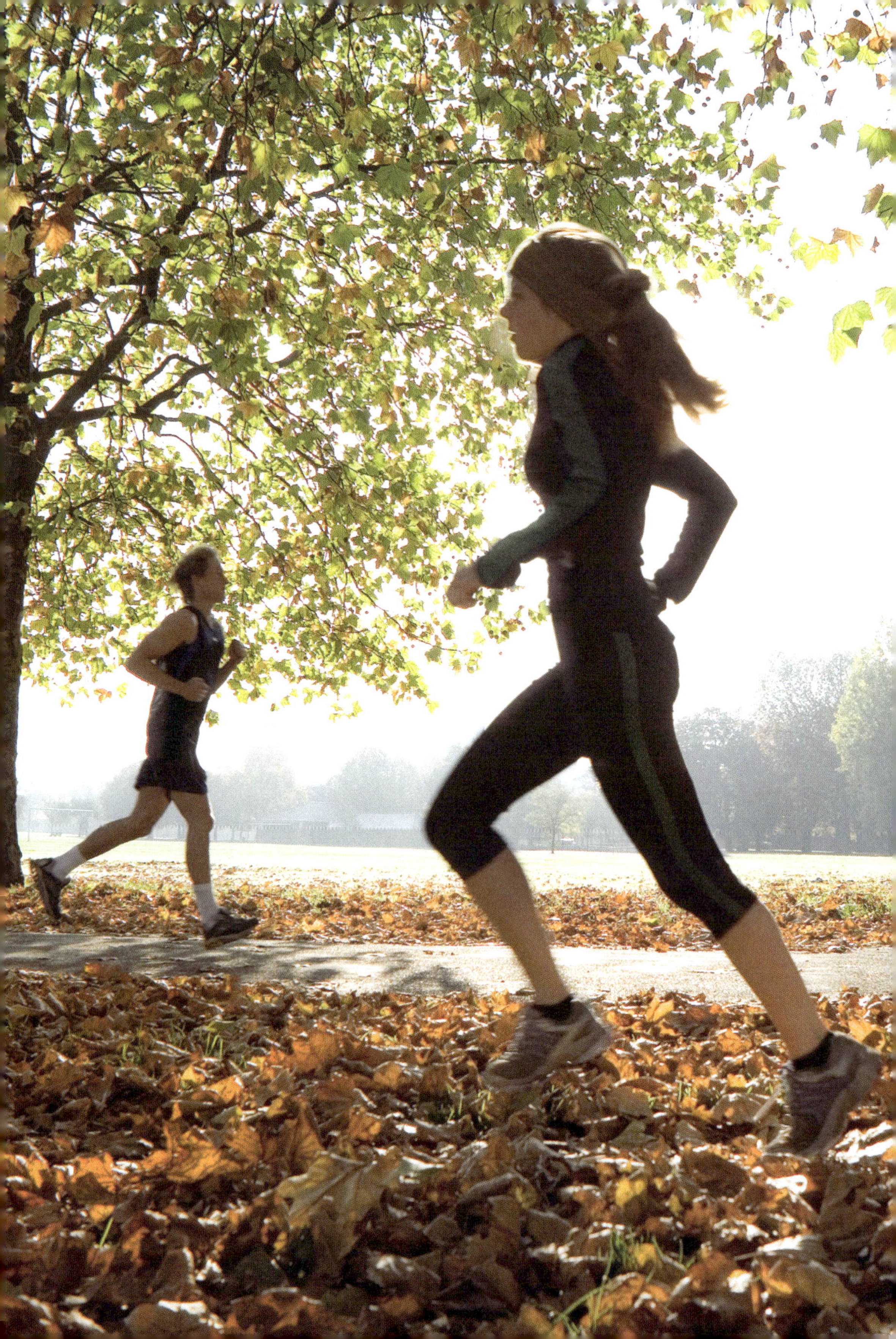

4

Anfangen – Schritt 2

Aller Anfang ist leicht – wenn man weiss, wie man die Sache anpacken muss. Lesen Sie in diesem Kapitel, wie Sie den Start in ein bewegtes Leben erfolgreich bewältigen.

4. Anfangen – Schritt 2

4.1 Die richtige Sportart für Sie

Knüpfen Sie an positive Erfahrungen an. Finden Sie die richtige Sportart. Lassen Sie sich inspirieren. Und schaffen Sie günstige Voraussetzungen.

Sie sind jetzt kurz davor, den Rubikon zu überschreiten (siehe Seite 65). Sie werden bald vom Planen zum Handeln übergehen. Sie haben sich informiert, Sie haben sich Gedanken über Kosten und Nutzen körperlicher Aktivität gemacht. Und Sie haben sich mit Ihren Motiven und Bedürfnissen auseinandergesetzt. Damit haben Sie den entscheidenden ersten Schritt getan. Bald werden die Würfel fallen und Sie werden zu Ihrem eigenen Feldherrn, der in den Kampf gegen die Trägheit zieht.

Doch eine wichtige Frage ist noch offen: Für welche Bewegungsform werden Sie sich entscheiden? Wollen Sie sich einfach im Alltag mehr bewegen oder wollen Sie sich mit einem Sportprogramm auf die Sprünge helfen? Welche Alltagsaktivitäten, welche Sportarten kommen für Sie infrage? Diese Entscheidung kann Ihnen niemand abnehmen. Im Gegenteil: Es ist extrem wichtig, dass Sie und nur Sie bestimmen, wie Sie sich bewegen. Die Wahl muss zu Ihrer körperlichen Verfassung, Ihrer Persönlichkeit, Ihren Bedürfnissen und Ihrer Lebenssituation passen. Und nicht zuletzt: Die gewählte Bewegungsform soll Ihnen Freude bereiten. Dieses Kapitel unterstützt Sie bei dieser wichtigen Entscheidung.

Knüpfen Sie an positive Erfahrungen an

Wurden Sie im Turnunterricht immer als Letzter oder Letzte gewählt? Waren Sie stets eine Niete in Leichtathletik? Litten Sie beim Kilometerlauf immer unter Seitenstechen? Vergessen Sie das. Sie sind jetzt erwachsen. Sie stehen an einem anderen Punkt.

Wenn Sie an die Vergangenheit anknüpfen wollen, dann nur an positive Erlebnisse. Die haben alle, auch Sie. In jeder und jedem von uns steckt ein Kind. Kinder sind neugierig, aufgeweckt und quirlig. Kaum müssen sie ein paar Minuten still sitzen, werden sie ungeduldig. Geben Sie diesem Kind Raum, lassen Sie es raus – und entdecken Sie die Freude an der Bewegung wieder.

Sind Sie als kleiner Knirps oft Rad gefahren? Waren Sie mit Ihren Eltern in den Bergen? Oder haben Sie tolle Nachmittage auf dem Fussballplatz verbracht? Ein Blick zurück lohnt sich: Solche positiv besetzten körperlichen Aktivitäten in der Kindheit können ein Anknüpfungspunkt für Sie sein. Bei diesen Bewegungsformen haben Sie Kompetenzen entwickelt und schöne Erfahrungen gemacht. Greifen Sie im Erwachsenenleben auf diesen Erfahrungsschatz zurück. Dabei müssen Sie nicht unbedingt genau die Bewegungsform wählen, an die Sie sich erinnern. Auf Bäume klettern, Verstecken spielen und Gummitwist sind nun mal eher Tätigkeiten für Kinder. Leiten Sie aber aus diesen Erfahrungen Erkenntnisse für sich selber ab, zum Beispiel: Ich mag Spielsportarten. Ich möchte mich in der Natur bewegen. Ich brauche etwas Nervenkitzel. Ich bin eher die Einzelsportlerin. Ich liebe koordinative Herausforderungen.

Was macht Ihnen Spass?

Unter Umständen haben Sie auch als Erwachsene positive Erfahrungen mit Bewegung gemacht. Fühlen Sie sich im Wasser gut? Mögen Sie frische Luft? Haben Sie in den letzten Ferien am Strand Federball oder Frisbee gespielt, auf Wasserskis gestanden oder ein E-Bike für eine Sightseeingtour gemietet?

Sind Sie erstaunt, wie geschickt Sie sich neulich beim Basketballspiel mit den Kindern angestellt haben? Was hat Ihnen dabei Freude bereitet? Spielen Sie gerne mit Bällen, freuen Sie sich über Treffer? Und welche anderen Sportarten könnten das, was Sie dabei als faszinierend empfinden, ebenfalls bieten?

Oder waren Sie beim Betriebsausflug positiv überrascht, wie viel Spass Ihnen das Schneeschuhwandern gemacht hat? Was hat sie daran gereizt? War es das Gefühl in der Gruppe, das Erlebnis in der Natur oder die Befriedigung, es von A nach B geschafft zu haben?

Aus der Beantwortung solcher Fragen erhalten Sie Hinweise, die Ihnen helfen, die für Sie passende Bewegungsform zu finden.

Nehmen Sie den Fitnesstest von Kapitel 2.1 hervor (Seite 38). Sind Sie eher der ausdauernde oder eher der kräftige Typ? Haben Sie eine gute Beweglichkeit oder sind Sie stärker in der Koordination? Wenn Sie sich auf Ihre Stärken konzentrieren, sind Ihnen Erfolgserlebnisse gewiss. Erfahren Sie sich als kompetent, wirkt sich dies zudem positiv auf Ihre Motivation aus. Sie können auch gezielt an Ihren Schwächen arbeiten. Denn hier warten ebenfalls Erfolge auf Sie – allerdings nur, wenn Sie sich wirklich immer nur mit sich selber vergleichen.

Finden Sie Ihre Anknüpfungspunkte

Eruieren Sie mit der Aufgabenbox auf der nächsten Seite die positiven Punkte, die Sie ganz persönlich mit Sport in Verbindung bringen. Egal, wie viele Punkte Sie ankreuzen und zusätzlich finden: Halten Sie sich Ihre Erinnerungen vor Augen. Denn diese positiven Erfahrungen können Ihren Start in ein bewegtes Leben erleichtern.

4. Anfangen – Schritt 2

> ### ✎ AUFGABENBOX 10: MEINE POSITIVEN ANKNÜPFUNGSPUNKTE AN SPORT UND BEWEGUNG
>
> Kreuzen Sie an, füllen Sie Lücken, die Sie ansprechen, und ergänzen Sie mit eigenen Punkten.
>
> ☐ Ich erinnere mich an eine schöne Wanderung mit der Familie.
> ☐ Früher habe ich mit meinen Freunden immer .... gespielt.
> ☐ In den Ferien habe ich schon ....
> ☐ Ich fühle mich wohl, wenn ....
> ☐ Eigentlich wollte ich schon immer einmal ....
> ☐ Ich glaube, ... würde mir Spass machen.
> ☐ Wenn ich nochmals jung wäre, würde ich ....
> ☐ Eine kurze Auffrischung und ich würde .... wieder recht gut hinkriegen.
> ☐ ....

Und falls Sie das Gefühl haben, dass Sie dem Sport wirklich nichts oder zu wenig abgewinnen können, lesen Sie die nächsten Abschnitte aufmerksam. Sie zeigen Ihnen, dass körperliche Aktivität mehr als bloss Sport ist.

Bauen Sie Bewegung in Ihren Alltag ein

Sport ist nur eine Form von körperlicher Aktivität. Auch Bewegung in der Freizeit, zu Transportzwecken, im und ums Haus oder bei der Arbeit bringt Sie in Schwung. Gerade für Bewegungseinsteiger lohnt es sich, die Bewegungsmöglichkeiten im Alltag auszuschöpfen. Denn für Anfänger ist die Gefahr gross, dass sie mit einem Sportprogramm sowohl ihren Körper wie auch ihre Motivation überfordern. Und wer bisher wenig körperlich aktiv war, kann seinen Puls mit zügig verrichteter Garten- oder Hausarbeit ohne Probleme auf Touren bringen – und damit einen grossen gesundheitlichen Nutzen erzielen.

Doch selbst, wenn Sie bereits sportlich aktiv sind, profitieren Sie von Bewegung im Alltag. Denn anders als für Sport muss man sich dafür nicht extra Zeit nehmen. Die Bewegung ist quasi ein Nebeneffekt der verrichteten Tätigkeit – und so kann man praktisch ohne psychische Anstrengung eine gute Basis für die körperliche Fitness legen.

Das Herz hat keine Augen. Es ist ihm egal, wie Sie sich bewegen – Hauptsache, Sie bewegen sich.

Tausendundeine Möglichkeit

Bauen Sie bewusst Bewegung in Ihren Alltag ein. Gehen Sie so viel wie möglich zu Fuss oder fahren Sie mit dem Velo – zur Arbeit, zum Einkaufen, zu Verabredungen. Tanken Sie in der Mittagspause frische Luft, drehen Sie eine Runde um den Häuserblock.

Lassen Sie sich von der Bewegungsfreude Ihrer Kinder anstecken und nutzen Sie den Wechsel der Jahreszeiten für verschiedene Aktivitäten: Bewegungsspiele im Park oder auf dem Spielplatz, spazieren, schwimmen, wandern, Schneemänner bauen oder zu Hause rumturnen. Damit bringen Sie nicht nur mehr Bewegung in Ihr Leben, sondern gehen Ihren Kindern auch mit gutem Beispiel voran.

Lassen Sie das Auto stehen und steigen Sie auf öffentliche Verkehrsmittel um. Das verhilft Ihnen automatisch zu mehr Schritten. Dabei können Sie Ihren Fussweg problemlos verlängern, indem Sie jeweils eine Station früher aussteigen. Auch stehen statt sitzen fordert Ihren Körper bereits intensiver – also setzen Sie sich im Tram nicht hin, bereiten Sie das Essen für die Familie im Stehen zu oder kaufen Sie sich ein Stehpult.

Und meiden Sie den Lift: Treppensteigen ist eine der besten Alltagsaktivitäten überhaupt, da man dabei überdurchschnittlich viele Kalorien verbrennt.

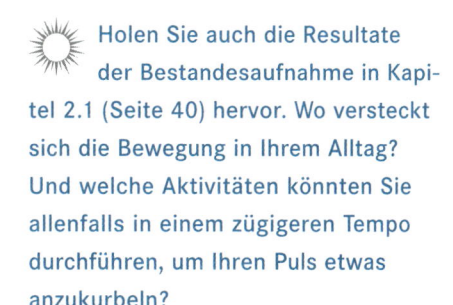

Holen Sie auch die Resultate der Bestandesaufnahme in Kapitel 2.1 (Seite 40) hervor. Wo versteckt sich die Bewegung in Ihrem Alltag? Und welche Aktivitäten könnten Sie allenfalls in einem zügigeren Tempo durchführen, um Ihren Puls etwas anzukurbeln?

Marius F. ist Hausmann ...

... und würde sich im Alltag gerne schneller bewegen. Doch sein Sohn zwingt ihn zum Schneckentempo. Der Kleine ist noch nicht lange auf den Beinen und möchte auf dem Spaziergang immer alles ganz genau betrachten. Die Lösung bietet schliesslich das Laufrad: Damit ist der Sohn bald so schnell wie der Vater im zackigen Schritt – und manchmal muss Marius F. sogar rennen.

Zählen Sie Ihre Schritte

Eine gute Methode, mehr Bewegung in Ihren Alltag zu bringen, sind Schrittzähler. Diese kleinen Geräte sehen aus wie Stoppuhren, werden auf Hüfthöhe am Hosenbund befestigt – und registrieren jeden Schritt. Die empfohlenen 30 Minuten Bewegung pro Tag entsprechen 10 000 Schritten. Haben Sie also zur Mittagszeit erst 2000 Schritte absolviert, wissen Sie, dass Sie noch etwas tun sollten. Schrittzähler eignen sich auch darum so gut, weil man damit messbare und erreichbare Ziele definieren kann. Ergibt Ihre persönliche Bestandesaufnahme zum Beispiel, dass Sie im Normalfall bloss 1500

4. Anfangen – Schritt 2

> **BEWEGUNG IM ALLTAG IST SO GESUND WIE SPORT**
>
> Der amerikanische Fitnesspapst Kenneth Cooper konnte mit einer Studie belegen, dass es keine Rolle spielt, ob man Sport treibt oder sich im Alltag genügend bewegt. Er begleitete 235 Männer und Frauen während zweier Jahre. Alle waren zu Beginn inaktiv. Die eine Hälfte der Teilnehmenden übte fortan eine intensive Sportaktivität aus, drei- bis fünfmal pro Woche in einem Fitnesscenter. Die andere Hälfte betrieb moderate Bewegungsaktivitäten wie zügiges Laufen für mindestens 30 Minuten an jedem Tag der Woche. Das Ergebnis: Nach zwei Jahren hatten beide Gruppen in gleichem Mass den Blutdruck gesenkt, das Körperfett reduziert und den gleichen Fitnesszuwachs erzielt.

Schritte pro Tag schaffen, kann Ihr erstes Zwischenziel bei 3000 Schritten liegen. Der Nachteil der Schrittzähler ist, dass sie bei gewissen Bewegungsarten nicht richtig zählen, da sich die Hüfte kaum bewegt – etwa beim Velofahren oder Inlineskaten.
Schrittzähler kosten zwischen 5 und 500 Franken und sind in Sportläden oder im Elektronik-Fachhandel erhältlich. Die einfachsten Modelle zählen die Schritte mechanisch und sind nicht computertauglich. Je teurer die Geräte, desto mehr Extras bieten sie – zum Beispiel die Berechnung der zurückgelegten Distanz oder der verbrannten Kalorien. Diese Angaben brauchen Sie aber nicht wirklich, vor allem auch deshalb nicht, weil sie oft ungenau sind: Die Schrittlänge variiert von Situation zu Situation und der Kalorienverbrauch ist von verschiedenen Faktoren abhängig (siehe nächste Seite).

Matthias B. hat Freizeitsportler ...

... schon immer als «heros in tights» (Helden in Strumpfhosen) verspottet. Und jetzt soll er auf ärztlichen Rat selber so eine Lachnummer werden? Ausgeschlossen! Statt Sport zu treiben, entschliesst er sich, mehr Bewegung in seinen Alltag zu bringen. Da Velofahren auch nicht sein Ding ist, bleibt eigentlich nur noch das Gehen. Matthias B. beschliesst, ab sofort die zwei Kilometer vom Bahnhof ins Büro morgens zu Fuss statt mit dem Bus zurückzulegen. Zudem nimmt er sich vor, am Montag und am Mittwoch über Mittag spazieren zu gehen, statt mit den Kollegen in der Kantine zu sitzen.

Das Risiko für einen hohen Body-Mass-Index (BMI) ist bei Fussgängern etwa 20 Prozent tiefer als bei Autofahrenden, bei Velofahrenden etwa 30 bis 40 Prozent. Das geht aus den Daten der Schweizerischen Gesundheitsbefragung hervor.

Motivieren Sie sich mit dem Kalorienverbrauch

Gehören Sie zu den Menschen, die auf den Lebensmittelpackungen gerne Kalorien zählen? Dann können Sie sich möglicherweise über den Kalorienverbrauch zu mehr Bewegung im Alltag motivieren. Das Gute dabei: Für einmal sind grössere Zahlen besser. Zur Illustration zeigt die Tabelle auf der nächsten Seite den Kalorienverbrauch eines 70 Kilo schweren Mannes bei verschiedenen Tätigkeiten.

Die Kalorienangaben sind Richtwerte, sie sind von verschiedenen Faktoren abhängig. Sind Sie weiblich und wiegen ebenfalls 70 Kilo, müssen Sie einige Minuten länger spazieren, um auf den gleichen Kalorienverbrauch zu kommen. Denn Frauen haben in der Regel eine geringere Muskelmasse als Männer und verbrennen darum etwas weniger Energie. Dasselbe gilt für ältere Menschen, da sich die Muskeln im Alter zurückbilden. Auch Personen, die leichter als 70 Kilo sind, müssen sich etwas länger bewegen, um den gleichen Wert zu erzielen – schliesslich schleppen sie weniger Gewicht mit sich herum und benötigen darum weniger Energie für die Bewegung. Sind Sie bereits heute schlank und rank, sollten Sie auf keinen Fall vergessen, die zusätzlich verbrauchten Kalorien wieder aufzunehmen – auch Untergewicht ist ungesund.

Berechnen Sie Ihren persönlichen Energiebedarf auf der Homepage der Schweizerischen Gesellschaft für Ernährung (www.sge-ssn.ch → Ratgeber und Tests → Tests).

Einverstanden: Niemand steigt pro Tag eine halbe Stunde Treppe. Aber rechnen Sie das Ganze mal an einem Beispiel durch. Ihr Bewegungsprogramm könnte zum Beispiel folgendermassen aussehen:

> 2 × 10 Minuten Velo fahren (15 km/h)	126 Kcal
> In der Mittagspause 15 Minuten spazieren	54 Kcal
> 2 × 4 Etagen Treppen steigen	20 Kcal
Total	**200 Kcal**

Mit einem moderaten Bewegungsprogramm, bei dem Sie täglich 150 bis 200 zusätzliche Kilokalorien verbrennen, reduzieren Sie Ihr Risiko für diverse Zivilisationserkrankungen wie Herz-Kreislauf-Probleme, Bluthochdruck oder Diabetes bereits um 35 bis 50 Prozent. Das zeigt eine Vergleichsstudie im Auftrag des United States Department of Health and Human Services.

> «Niemand weiss, was in ihm drinsteckt, solange er es nicht versucht hat herauszufinden!»
>
> Ernest Hemingway

4. Anfangen – Schritt 2

WIE VIELE KALORIEN WERDEN VERBRAUCHT?

Tätigkeit	Verbrauchte Kcal in		
	10 Min.	30 Min.	60 Min.
Sitzend lesen	15	46	91
Stehend lesen	21	63	126
Auto reparieren	41	123	245
Betten machen	39	118	236
Velo fahren (8 km/h)	52	155	309
Velo fahren (15 km/h)	63	189	377
Velo fahren (22 km/h)	110	329	658
Fenster putzen	43	129	258
Haus- oder Gartenarbeit (leicht)	37	111	221
Spazieren (3,3 km/h)	36	107	214
Gehen (6 km/h)	63	189	378
Holz hacken	74	222	444
Rasen mähen	47	140	280
Schnee räumen	80	241	481
Treppen steigen (abwärts)	69	207	413
Treppen steigen (aufwärts)	187	560	1120

Angaben für einen 70 Kilo schweren Mann   Quelle: www.gesuender-abnehmen.com

Mehr Tempo, höherer Kalorienverbrauch

Allgemein gilt: Je schneller Sie unterwegs sind, desto mehr Kalorien verbrauchen Sie – und zwar ein Vielfaches mehr. In der Tabelle illustrieren dies die drei verschiedenen Tempi beim Velofahren deutlich: Erhöht der 70 Kilogramm schwere Mann sein Tempo von 8 auf 15 km/h, verbraucht er pro halbe Stunde 34 Kalorien mehr. Steigert er sein

Tempo von 15 auf 22 km/h, sind es hingegen 140 Kalorien mehr – obwohl er das Tempo in beiden Fällen um 7 km/h erhöht hat.

Praktisch äussert sich dies in einem beschleunigten Atem und einem erhöhten Puls. Je schneller Sie unterwegs sind, desto mehr Sauerstoff brauchen Ihre Muskeln, um Energie zu verbrennen. Also muss Ihre Lunge optimal arbeiten und Ihr Herz kräftiger pumpen, um den eingeatmeten Sauerstoff schnell zu den Muskeln zu befördern.

Natürlich lässt sich das Tempo nicht beliebig steigern. Und vor allem kann man eine hohe Geschwindigkeit auch nicht lange aufrechterhalten. Darum ist es sinnvoller, ein mittleres Tempo zu wählen. Alltagsaktivitäten werden in der Regel eher zu gemächlich ausgeführt. Bei Sporteinheiten hingegen überfordern sich zu Beginn viele – dazu aber später mehr.

> Wählen Sie auf www.gesuender-abnehmen.com eine Aktivität aus, geben Sie Ihr Gewicht und die geplante Dauer ein und berechnen Sie die dabei verbrauchten Kalorien.

Hilfe aus dem Internet

Gehören Sie zu der Sorte Menschen, denen bereits das Wort «Sport» den Schweiss auf die Stirne treibt? Auch dann sollten Sie hier weiterlesen. Denn Sport ist nicht gleich Sport. Oft wird Sport mit dem früheren Turnunterricht gleichgesetzt. Dabei gibt es viel mehr Sportarten, als im normalen Schulbetrieb ausgeübt werden können. Das Angebot ist riesig und unglaublich vielseitig – mit etwas Glück lässt sich auch für Sie das Passende finden.

Sportliche Aktivitäten räumen der Bewegung Raum und Zeit ein. Gerade wenn Sie es nicht schaffen, genügend Bewegung in Ihren Alltag zu bringen, kann ein Sportprogramm die richtige Lösung sein. Sie müssen dann nicht ständig daran denken, die Treppe statt des Lifts zu nehmen oder wirklich genügend Schritte zu machen. Sie holen sich Ihre Dosis einfach mit einer Laufeinheit, einem Ballspiel oder einer Tanzstunde.

Onlinetests weisen den Weg

Eine Möglichkeit, neue Sportarten zu entdecken und gleichzeitig herauszufinden, ob diese für Sie infrage kommen, sind Tests im Internet. Einige Beispiele finden Sie auf den folgenden Seiten.

Meist genügen ein paar Dutzend Klicks und die interaktiven Tools spucken ein Testresultat aus. Das kann Ihnen einen Anhaltspunkt geben, Sie sollten aber nicht alles für bare Münze nehmen. Denn Testresultate basieren immer auf Daten, die im Hintergrund verrechnet werden. Sie persönlich würden einzelne Faktoren vielleicht anders definieren, stärker gewichten oder mit einer anderen Datenbasis arbeiten und kämen darum auf ein anderes Ergebnis als der Computer. Zudem sind die meisten Tools auf eine bestimmte Zielgruppe geeicht. Also glauben Sie nicht alles, was auf dem Bildschirm auftaucht, bleiben Sie kritisch – und vergessen Sie nicht, auf Ihre Gefühle zu hören.

☀ **Das Suchen lohnt sich.** Denn je besser eine Sportart zu Ihren Bedürfnissen und Vorlieben passt, umso grösser ist Ihre Motivation für das Sporttreiben – und desto weniger Überwindung und Willensanstrengung ist nötig.

Sporttypentest der Universität Bern

Wollen Sie herausfinden, welcher Sporttyp Sie sind? Dann beantworten Sie die 30 Fragen auf der Homepage des Instituts für Sportwissenschaft der Universität Bern. Der interaktive Test wird Sie einem von neun möglichen Typen zuordnen. Die Bestimmung der Sporttypen basiert in erster Linie auf den Bedürfnissen und Erwartungen, die mit dem Sporttreiben verbunden werden – wie Kontaktmöglichkeiten, Spass oder Ästhetik.

Die Wissenschaftler, die den Test entwickelt haben, gehen davon aus, dass es immer auf die Person selber ankommt, welche Bedürfnisse sie mit einer Sportart abdecken kann. Für den einen stehen beim Tanzen die Möglichkeiten zum Kontaktknüpfen im Vordergrund. Für die andere ist es wichtig, dass es Tanzturniere gibt, an denen sie sich mit Konkurrentinnen messen kann. Das heisst: In ein und demselben Sport können verschiedene Personen völlig unterschiedliche Dinge

entdecken. Darum verzichten die Forscher darauf, Ihnen konkrete Sportarten vorzuschlagen. Das Tool zeigt Ihnen jedoch auf, was für Sie beim Sporttreiben wichtig ist.

→ www.ispw.unibe.ch/sporttypen

Fitness-Typ-Test des Deutschen Olympischen Sportbunds

Der Test des Deutschen Olympischen Sportbunds umfasst rund 20 Fragen, die sich auf die Motive «Gesundheit und Fitness», «Spass und Geselligkeit», «Leistung und Wettkampf» sowie «Entspannung und Wohlbefinden» beziehen. Je nach Ausprägung der verschiedenen Motive schlägt der Test eine andere Vorgehensweise vor – zum Beispiel Anschluss an einen Verein oder Orientierung an Wettkämpfen. Es werden keine spezifischen Sportarten empfohlen. Auf derselben Seite finden Sie auch einen allgemeinen Fitnesstest, der Auskunft über Ihren Fitnesszustand gibt.

→ www.richtigfit.de (→ Training und Tests → Und welcher Fitnesstyp sind Sie?)

Sportarten-Kompass der Stiftung Radix

Sind Sie jung? Oder fühlen Sie sich zumindest so? Dann ist der Sportarten-Kompass der Stiftung Radix etwas für Sie. Er ist eigentlich für Jugendliche konzipiert, kann aber durchaus auch ein Wegweiser für Erwachsene sein. Mit rund 100 Fragen werden die individuellen Vorlieben und persönlichen Motive ermittelt – und als Ergebnis erhält man eine Auswahl von fünf verschiedenen Sportarten. Wo und wie Sie diese Sportarten ausüben können, erfahren Sie mit ein paar weiteren Klicks im integrierten Sportarten-Lexikon sowie in der Sportverein-Datenbank.

→ www.feelok.ch (→ Bewegung und Sport → Welt des Sports)

Fitnesstyp-Test der Zeitschrift «Focus»

Dieser Test ist recht unterhaltsam und führt relativ schnell zu einem Resultat. Sie müssen 15 Fragen beantworten, wobei Sie jeweils eine von fünf möglichen Antworten anklicken können. Als Testergebnis gibt es sowohl eine Einschätzung, wie Sie als Mensch ticken und was Ihnen generell wichtig ist, als auch Vorschläge für Sportarten, die für Sie interessant sein könnten.

Der Fragebogen wurde von der Sportwissenschaftlerin Doris Burger zusammengestellt. Sie ermittelt Vorlieben und Bedürfnisse, indem sie zum Beispiel nach der Vorstellung von einer Traumreise fragt, nach der Reaktion auf schlechte Witterung oder nach dem Ernährungsverhalten.

→ www.focus.de/gesundheit (→ Gesund leben → Fitness & Wellness → Tests)

Haben Sie das Gefühl, Nordic Walking und Aqua-Fit seien nur etwas für Rentner? Weit gefehlt. Auch Viktor Röthlin, Europameister im Marathon, baut diese Sportarten in sein Training ein.

4.2 Sportliche Vielfalt: Lassen Sie sich inspirieren

In der Schweiz gibt es eine Vielzahl von Organisationen, die sich für mehr Bewegung engagieren. Lernen Sie das Angebot kennen, lassen Sie sich auf die Sprünge helfen und erfahren Sie, für wen welche Sportarten besonders geeignet sind.

Sie werden staunen, wie umfangreich das Bewegungsangebot in der Schweiz ist (siehe auch die Links im Anhang). Egal, ob Sie jung, alt, schwanger oder übergewichtig sind: Für praktisch alle Bevölkerungsgruppen gibt es spezielle Angebote. Zudem engagieren sich zahlreiche Institutionen für mehr Bewegung und haben interessante Programme auf die Beine gestellt – zum Beispiel die Stiftung Vita Parcours, die Pro Senectute oder SchweizMobil.

Sport kann ganz schön günstig sein

Spezialschlittschuhe, Stock, Helm, Brust-, Bein- und Ellbogenschutz, Mitgliederbeitrag im Klub – Eishockeyspieler zahlen einiges für ihren Sport. Für viele andere Aktivitäten brauchen Sie keine spezielle Ausrüstung. Überlegen Sie sich, ob Sie wirklich etwas Neues anschaffen müssen. Für Bewegung in der Natur wie Walken, Laufen oder Wandern benötigen Sie zu Beginn nicht gleich spezielle Schuhe oder Kleidung. Für die ersten Versuche genügen Freizeitschuhe, die Ihrem Fuss Halt geben und bequem sind. Sobald Sie regelmässig unterwegs sind, ist die Anschaffung von geeigneten Schuhen und passender Kleidung empfehlenswert – und kann unter Umständen sogar eine Belohnung sein, wenn Sie sich eine gewisse Zeit an Ihre Vorsätze halten konnten.

Oft kann man Ausrüstungsgegenstände auch von Bekannten, Verwandten oder bei Vereinen ausleihen. Informieren Sie sich über Sportartikelbörsen in Ihrer Gemeinde und im Internet. Falls Sie teure Eintrittsgebühren für das Fitnesszentrum oder die Kletterhalle scheuen, weichen Sie auf eine Sportart aus, die man draussen ausüben kann. Oder werden Sie Mitglied in einem Verein. Vereine stellen oft die preiswerteste Möglichkeit dar, eine Sportart auszuüben. Denn die Leiter arbeiten in der Regel ehrenamtlich und das Material wird geteilt. Der Mitgliederbeitrag variiert je nach Verein und Sportart, im Durchschnitt sind es zwischen 50 und 200 Franken pro Jahr.

Mitglied werden im Sportverein

Sportlich sein kann man nicht nur als Fussballer, sondern auch als Fechterin, Kampfsportlerin oder Einradfahrer. In der Schweiz gibt es rund 21 000 Sportvereine – von den Ultimate Flyers (Frisbee-Teamsport) über die Salsola (Salsaverein Zentralschweiz) bis zu den Tellfins SLRG (Schwimmen, Unterwasser-Rugby) und Limmat-Nixen (Synchronschwimmen). 92 Prozent dieser Vereine nehmen laut einer Umfrage aus dem Jahr 2010 neue Mitglieder auf. Bevor man sich für einen Beitritt entscheidet, kann man bei den meisten Vereinen unverbindliche Schnuppertrainings besuchen. Um sich dafür anzumelden, reicht ein Griff in die Tasten oder zum Telefonhörer. Meist wird man überaus freundlich aufgenommen, da viele Vereine in den letzten 15 Jahren unter Mitgliederschwund gelitten haben.

Falls Sie sich trotzdem nicht allein in eine bestehende Gruppe wagen, nehmen Sie doch einen Freund oder eine Freundin mit. Welche Vereine es in Ihrer Umgebung gibt, erfahren Sie im Telefonbuch, im Internet, auf der Gemeindeverwaltung oder beim kantonalen Sportamt. Nützlich ist auch die Sportverein-Datenbank auf www.feelok.ch, die sich nach Sportart, Kanton oder Postleitzahl durchsuchen lässt.

Fühlen Sie sich zu unsportlich für einen Verein?
Viele Vereine bieten Einsteigerkurse für Anfänger an. Dort treffen Sie auf Leute, die dasselbe Niveau haben wie Sie – informieren Sie sich und Sie werden das richtige Angebot finden.

Wenn Sie mit Sport abnehmen möchten

Alle regelmässig ausgeführten körperlichen Aktivitäten verbrennen Energie und unterstützen dadurch das Abnehmen. Für Sporteinsteiger mit Gewichtsproblemen allerdings eignen sich vor allem Nordic Walking, Wandern, Velofahren, Schwimmen, Skilanglauf oder Aqua-Jogging. Diese Sportarten lassen sich auf tiefem Leistungsniveau durchführen und schonen die Gelenke. Dadurch sinkt die Gefahr, dass Sie sich überfordern oder verletzen. Zudem aktivieren Sie bei diesen Sportarten den ganzen Körper und grosse Muskelgruppen, was den Energieverbrauch erhöht.

Führen Sie die Aktivität bei tiefer Intensität – mit einem leicht beschleunigten Atem – wenn möglich eine halbe Stunde am Stück aus. Mit zunehmendem Training können Sie erst die Dauer und dann das Tempo steigern. Schliessen Sie sich am besten mit jemandem zusammen, der dasselbe Ziel verfolgt, und motivieren Sie sich gegenseitig. Aber eigentlich ist es gar nicht so wichtig, für welche Sportart Sie sich entscheiden. Es kann

4. Anfangen – Schritt 2

auch Faustkampf, Beachsoccer, Streetdance, Speedminton oder Kugelstossen sein: Hauptsache, Sie können sich mit der Bewegung anfreunden. Denn nur so bleiben Sie dran.

> Selbst wenn es Ihnen nicht gelingen sollte, mithilfe von Bewegung abzunehmen, Ihre Gesundheit profitiert auf jeden Fall. Das zeigt eine Studie des Cooper-Instituts in Texas. In der Untersuchung wiesen inaktive Personen mit einem BMI von über 30 ein dreimal so grosses Risiko auf, frühzeitig zu sterben, als ebenfalls stark übergewichtige, aber aktive Personen.

Wenn Sie am Anfang zunehmen

Lassen Sie sich nicht demotivieren, wenn Sie am Anfang sogar mehr auf die Waage bringen. Denn das ist ein Zeichen dafür, dass Ihre Muskeln wachsen – und wer mehr Muskeln hat, kann auf die Dauer mehr Fett verbrennen (siehe auch Seite 23).

Bedenken Sie auch, dass Sporttreiben hungrig macht. Das ist ein gesunder Hunger und Sie sollten sich nicht mit aller Kraft dagegen wehren. Versuchen Sie einfach, kein Junkfood zu essen, sondern sich gesund zu ernähren – viel Vollkornprodukte, Früchte und Gemüse, möglichst keine Süssgetränke, wenig Alkohol und nichts Frittiertes. Langfristig werden sich Energieaufnahme (Essen) und Energieverbrauch (Bewegung) auf ein gesundes Mass einpendeln: Dank dem aktivierten Stoffwechsel wird Ihr Körper wieder ein Gefühl für die richtige Menge entwickeln.

WIE VERMEIDET MAN MUSKELKATER?

Bewegungseinsteiger haben oft Muskelkater. Bei diesen Schmerzen handelt es sich um kleinste Verletzungen in den Muskelfasern. Das beste Mittel dagegen ist Vorbeugung: Wer ein Training beginnt, eine längere Trainingspause hinter sich hat oder eine neue Bewegung erlernt, sollte die Belastung tief wählen und langsam aufbauen. Ist der Muskelkater einmal da, lindern warme Bäder und leichte Bewegung die Schmerzen. Dehnungsübungen bringen hingegen nichts.

Manche Menschen mögen Muskelkater, denn er zeigt ihnen, dass da tatsächlich ein paar Muskeln vorhanden sind und dass sie richtig hart trainiert haben. Muskelkater erhöht die Fitness aber nicht. Im Gegenteil: Der Körper braucht länger, bis er sich erholt hat – und oft ist in der Folge ein Trainingsunterbruch nötig.

Rolf H. ist 51 …

… und übergewichtig. Er hat es schon mit Walken und Velofahren versucht, aber hat jeweils schnell wieder aufgegeben, weil es ihm einfach zu mühsam war. Erfolgreich ist er erst, als er sich ins Wasser wagt. Zwar hat er etwas Hemmungen, seinen korpulenten Körper in der Badehose zu zeigen, stellt dann aber schnell fest, dass er beim Aqua-Fit nicht der Einzige mit dickem Bauch ist. Die fixen Kurstermine helfen ihm dranzubleiben. Im Wasser fühlt er sich trotz seiner Körperfülle leicht. Und die Schwimmer im 25-Meter-Becken motivieren ihn schliesslich sogar, sich für einen Crawlkurs anzumelden.

Messen Sie sich gern mit anderen?

Bewegung und Sport kann auch heissen, sich ein sportliches Ziel zu setzen, körperlich etwas zu leisten oder sich mit jemand anderem zu messen. Dabei gilt: Je höher die Intensität einer Aktivität, desto mehr spüren Sie Ihren Körper und lernen Ihre persönlichen Grenzen kennen. Das kann eine bereichernde Erfahrung sein. Um Höchstleistungen abzurufen und sich mit anderen zu messen, eignen sich insbesondere Wettkämpfe.

Wie Sie bereits wissen, empfiehlt die Motivationspsychologie, sich nur mit sich selber zu vergleichen – also persönliche Fortschritte zu beobachten und sich nicht an anderen zu messen. Es gibt allerdings Leute, die sich sehr gerne mit anderen vergleichen und sich dadurch nicht demotivieren lassen. Im Gegenteil: Eine stärkere Konkurrenz stachelt sie richtiggehend an. Solche Persönlichkeiten lieben Wettkampfsituationen und wollen wissen, wer schneller, ausdauernder oder sonst wie leistungsfähiger ist.

Wettkampfanlässe

An Laufwettbewerben oder anderen Ausdauerevents können Sie Ihre Leistung direkt mit jener der anderen Teilnehmenden ver-

---

SPORT IM FITNESSZENTRUM

14 Prozent der Schweizer Wohnbevölkerung sind heute Mitglied in einem Fitness- oder Sportzentrum. Auf die Frage, wo der wichtigste Vorteil gegenüber der Mitgliedschaft in einem Verein liege, betonen die Mitglieder von Fitnesszentren:

> das Fehlen von Verpflichtungen (26 %)
> die höhere Flexibilität (18 %)
> die besseren Öffnungszeiten (13 %)

Die Unverbindlichkeit kann aber auch zum Problem werden. Je nach Studie sind zwischen 30 und 80 Prozent der Neumitglieder jeweils schon nach wenigen Monaten nur noch Karteileichen.

gleichen oder Ihre persönliche Bestzeit unterbieten. Auch bei vielen Kampf- und Spielsportarten finden Turniere statt. Ist der Ehrgeiz erst einmal geweckt, überfordern sich leistungsmotivierte Sporteinsteiger allerdings oft. Darum: Planen Sie auch Erholungsphasen ein und hören Sie auf Ihren Körper. Zwickende Sehnen oder Muskeln und anhaltende Müdigkeit sind ein Zeichen für Übertraining.

> Einen Überblick über mögliche Breitensportanlässe finden Sie beispielsweise unter:
> → www.datasport.ch
> → www.laufkalender.ch
> → www.swiss-athletics.ch

Am liebsten in der Natur

Die Schweiz ist eigentlich ein riesiges Fitnesszentrum, sie bietet so viele Möglichkeiten, sich im Freien zu bewegen. Dies zeigt sich unter anderem in den drei beliebtesten Sportarten der Schweizer: Radfahren, Wandern und Schwimmen – dem sogenannten helvetischen Triathlon.

Ein Vorteil vieler Outdoor-Sportarten ist, dass sie praktisch nichts kosten und dass man sich an keine Öffnungszeiten halten muss. Zudem wirkt Sport im Freien sehr entspannend. In der Natur mit ihren Gerüchen und Geräuschen können sich unsere Sinne bestens vom Lärm und Gestank der Zivilisation erholen.

Lassen Sie sich nicht von Kälte, Wind und Schnee abschrecken. Ziehen Sie sich warm an und schützen Sie sich gegen Nässe. Die Launen der Natur können richtig Spass machen. Für manche gibt es sogar nichts Schöneres, als bei Regen durch den Wald zu rennen. Und falls Ihnen bei all der Natur der soziale Aspekt fehlt, nehmen Sie doch einfach Freunde mit und nutzen Sie die Bewegungszeit für gute Gespräche.

SchweizMobil

Die Stiftung SchweizMobil steht für ein Netz von nationalen und regionalen Routen zum Wandern, Velofahren, Mountainbiken, Inlineskaten und Paddeln. Informationen über die ausgeschilderten Routen sowie Zugang zu Kartenmaterial erhalten Sie im Internet. Im Buchhandel sind zudem Führer zu den verschiedenen Sportarten erhältlich.

→ www.schweizmobil.ch

Vita Parcours

Vita Parcours sind markierte Rundstrecken von rund zwei bis drei Kilometer Länge in Naherholungsgebieten oder Wäldern. An 15 Stationen bieten sie standardisierte Übungen für Beweglichkeit, Geschicklichkeit, Kraft und Ausdauer. Tafeln erklären die Übungen. Gesamtschweizerisch gibt es rund 500 Anlagen.

DIE TOP 15 DER SCHWEIZERINNEN UND SCHWEIZER

Sportart	Anteil der 15- bis 74-Jährigen in der Schweiz
Radfahren, Mountainbiking	35,0 %
Wandern, Walking, Bergwandern	33,7 %
Schwimmen	25,4 %
Skifahren auf Pisten, Carven	21,7 %
Jogging, Laufen, Waldlauf	16,8 %
Fitnesstraining, Aerobic	14,0 %
Turnen, Gymnastik	11,7 %
Fussball, Street- und Beachsoccer	6,9 %
Snowboarden	4,7 %
Tennis	4,4 %
Skilanglauf	3,9 %
Tai-Chi, Qigong, Yoga	3,8 %
Tanz, Jazztanz	3,7 %
Krafttraining, Bodybuilding	3,4 %
Inlineskating, Rollschuhlaufen	3,4 %

Quelle: Bundesamt für Sport (Hrsg.): Sport Schweiz 2008. Das Sportverhalten der Schweizer Bevölkerung

Rund ein Fünftel der Bevölkerung nutzt die Vita Parcours. Zählungen ergaben, dass die Anlagen im Durchschnitt von 18 Personen pro Stunde besucht werden.
Wo sich der nächste Parcours in Ihrer Umgebung befindet, erfahren Sie im Internet, auf der Gemeinde oder beim Sportamt.

→ www.vitaparcours.ch

Im Sport Entspannung und Erholung finden

Bewegung bedeutet nicht nur Anstrengung, Anspannung und Leistung. Auch bei langsamen Bewegungsformen wird der Körper aktiviert und kann sich regenerieren. Für Erholungsuchende eignen sich einerseits meditative Sportarten wie Yoga, Pilates oder

Tai-Chi, andererseits alle Outdoor-Sportarten, die sich bei tiefem Leistungsniveau ausüben lassen, zum Beispiel Wandern, Schneeschuhwandern, Radfahren, Inlineskaten. Auch Aktivitäten, die ein hohes Mass an Konzentration erfordern, wie Ballspiele, Tanzformen oder Kampfsportarten kommen infrage. Denn wer mit dem Kopf ganz beim Sport ist, vergisst den Stress und die Sorgen des Alltags garantiert für einen Moment.

SlowUp

SlowUp steht für autofreie Erlebnistage und Langsamverkehr. Für den Event werden jeweils rund 30 Kilometer Strasse für den motorisierten Verkehr gesperrt – wodurch Platz für Wanderer, Velofahrer und Inlineskater entsteht. In der Regel gibt es ein attraktives Rahmenprogramm, was das Ganze zu einem Volksfest werden lässt. Seit dem Start im Jahr 2000 als Vorevent der Expo.02 stiegen die Zahl der Veranstaltungen und die Zahl der Teilnehmenden stetig: Über 400 000 Personen nehmen jährlich an einem der mittlerweile 18 SlowUps teil.

→ www.slowup.ch

Beim Bewegen soziale Kontakte pflegen

Es gibt viele Möglichkeiten, sich in einer Gruppe zu bewegen: Bei Ausflügen in den Wald, in die Berge oder auf den Spielplatz, beim gemeinsamen Fussballspielen oder an Anlässen mit Musik und Tanz können Sie mit Freundinnen, Freunden und Bekannten viel Zeit in Bewegung verbringen. Motivieren Sie sich gegenseitig und vereinbaren Sie wenn möglich einen fixen Zeit- und Treffpunkt.

Lauf- und Walking-Strecken werden vorwiegend von den Gemeinden betreut. Kennen Sie in Ihrer Umgebung eine solche Strecke? Wenn nicht, informieren Sie sich bei der Gemeindeverwaltung oder auf dem Sportamt. Zusätzlich gibt es die sogenannten Helsana Trails. Näheres dazu finden Sie auf der Seite des Schweizerischen Leichtathletikverbands.

→ www.swiss-athletics.ch (→ Running)

> Wenn Sie jeden markierten Wanderweg in der Schweiz einmal begehen, legen Sie insgesamt 62 000 Kilometer zurück. Das entspricht eineinhalbmal dem Erdumfang am Äquator (mehr über Wanderwege unter www.swisshiking.ch).

Auch für Mannschaftsspiele wie Volleyball, Basketball oder Handball können Sie sich im Freundeskreis treffen. Die Organisation einer regelmässigen Spielgruppe ist keine Hexerei. Sie brauchen dafür nicht unbedingt eine Sporthalle. Treffen Sie sich mit Freundinnen, Kollegen und Bekannten auf frei nutzbaren, öffentlichen Plätzen wie Parks, Wiesen oder Spielfeldern. Bestimmen Sie einen Tag und eine Uhrzeit und gehen Sie regelmässig hin.

Viktor K. ist eigentlich …

… ein klassischer Teamsportler. Er vergisst sich im Spiel und mobilisiert für seine Mannschaft die letzten Kräfte. Leider kann er wegen seines beruflichen Engagements immer weniger Trainings besuchen und scheidet schliesslich ganz aus. Nach ein paar inaktiven Jahren machen sich körperliche Beschwerden bemerkbar. Viktor K. beginnt mit Joggen und Schwimmen, da diese Aktivitäten nicht an fixe Zeiten und Orte gebunden sind. Allerdings kämpft er mit Motivationsproblemen. Schliesslich stösst er im Internet auf die Gigathlon-Sportlerbörse und findet Anschluss in einem Team of Five. Zwar trainiert er nach wie vor allein, weiss aber, dass die vier Gigathleten in seinem Team auf ihn zählen.

→ www.gigathlon.ch

Neue Freundschaften schliessen

Bewegung bringt Menschen zusammen. Und gemeinsames Schwitzen verbindet. Denn für einmal spielen nicht die Sprache oder die Herkunft eine Rolle, sondern die gemeinsamen Aktivitäten und Erlebnisse. Darum sind Bewegung und Sport ideal, um Kontakte zu anderen Menschen zu knüpfen und neue Freundschaften zu schliessen.

SPORT FÜR SENIORINNEN UND SENIOREN

Die Pro Senectute ist der grösste Anbieter für Seniorensport. Pro Jahr werden rund 10 000 Kurse mit 100 000 Teilnehmern durchgeführt. Die 5000 registrierten Leiter erreichen in ihren Kursen und Sportanlässen insgesamt über 120 000 Personen. Die Stiftung hat eine Vielzahl von Sport- und Bewegungsangeboten. Am besten besucht sind Kurse für Gymnastik, Wandern oder Aqua-Fit. Trendsportarten wie Mountainbiken, Nordic Walking oder Schneeschuhlaufen erfreuen sich jedoch zunehmender Beliebtheit.

→ www.pro-senectute.ch (→ Angebote)

Eine Möglichkeit, neue Menschen kennenzulernen, ist der Beitritt zu einem Verein (siehe Seite 107). Die meisten Aktivmitglieder zählen der Turnverband, der Fussballverband und der Tennisverband. Sehr beliebt ist zudem der Schweizer Alpen-Club. Auch die Kurse von privaten Anbietern sind beliebte Treffpunkte für Anschlusssuchende – zum Beispiel bei der Klubschule Migros (www.klubschule.ch) oder in Fitnesszentren. Besonders gut eignen sich natürlich Tanzkurse aller Art, um neue Kontakte zu knüpfen. Speziell auf ältere Sporteinsteiger sind die Kurse der Pro Senectute zugeschnitten.

4. Anfangen – Schritt 2

JOGGEN IST NICHT FÜR ALLE DAS RICHTIGE

Es ist einfach, effektiv und günstig. Darum steht Joggen gleich nach dem helvetischen Triathlon – Radfahren, Wandern, Schwimmen – und Skifahren auf Platz 5 der beliebtesten Sportarten der Schweizerinnen und Schweizer. Für viele ist Joggen sogar der Inbegriff von Sport, weil man dabei in relativ kurzer Zeit überdurchschnittlich viele Kalorien verbrennt und mehr oder weniger den ganzen Körper trainiert.

Was aber selten erwähnt wird: Laufen ist auch eine der anspruchsvollsten Sportarten überhaupt. Zwar sind die Bewegungen recht einfach auszuführen, aber das Dranbleiben ist für Sporteinsteiger schwierig. Viele machen den Fehler, dass sie zu schnell unterwegs sind und sich dann nach 500 Metern schon schlapp fühlen. Das entmutigt und kann im schlimmsten Fall sogar zu Verletzungen führen.

Die Hälfte aller Jogger belastet sich zu hoch. Zur Überforderung neigen eher Männer als Frauen – und das vor allem, wenn sie in der Gruppe laufen. Das zeigt eine Studie der Sporthochschule Köln mit rund 350 Teilnehmern.

Wenns praktisch und einfach sein soll

Sind Zeit- und Freiräume ein Problem, empfehlen sich unter Umständen Sportarten oder Bewegungsformen, die man zu Hause ausüben kann – zwischendurch und ohne fixen Termin. Sie haben viele Möglichkeiten:

> Die Klassiker sind **Hometrainer** und **Cross Stepper.** Allerdings sind diese Geräte recht teuer und beanspruchen viel Platz.
> Es gibt auch Hilfsmittel, die in einer Schublade Platz finden – zum Beispiel **Springseil** und **Thera-Band.** Diese beiden einfachen Sportutensilien sind nicht zu unterschätzen: Das Springseil trainiert vor allem Ausdauer und Koordination, das Thera-Band Beweglichkeit und Kraft. Übungsanleitungen gibt es unter anderem im Internet.
> Auch auf der **Gymnastikmatte** lassen sich mit dem Eigengewicht viele Muskelgruppen trainieren – etwa mit Rumpfbeugen, Liegestützen und Kniebeugen. Auch hier finden sich im Internet weitere Ideen.
> Wenn das nicht reicht, können Sie zur Not auch mal zwei **PET-Flaschen** mit Wasser füllen und zu Hanteln umfunktionieren.

> Allenfalls empfiehlt sich eine **Stange im Türrahmen.** Clever ist eine variable Aufhängung, damit die Stange nicht nur für Klimmzüge genutzt werden kann, sondern auch, tiefer angebracht, für hohe Liegestütze oder zum Anbinden von Thera-Bändern.
> Wer beim Heimtraining den neusten Trend nicht verpassen will, kauft sich zwei **Smoveys.** Das sind tellergrosse Ringe, in deren Innerem vier Edelstahlkugeln stecken. Sie lassen sich durch kreisförmige Bewegungen in Schwingung versetzen – was zu Schwungmasse und Vibrationen führt.

Suchen Sie den Nervenkitzel?

Menschen unterscheiden sich stark bezüglich der Risiken, die sie eingehen. Während sich manche am wohlsten fühlen, wenn alles im bekannten Trott läuft und vorhersagbar ist, suchen andere ständig nach Abwechslung, Herausforderungen und Nervenkitzel. Psychologen nennen diese Eigenschaft auch «Sensation Seeking» (Sensationssuche). Die «Sensation Seekers» lieben im Beruf, in der Freizeit und eben auch im Sport ein gewisses Mass an Ungewissheit oder gar Gefahr. Das müssen nicht unbedingt Risiken im Sinn von Gesundheitsgefährdungen sein, sondern kann auch die Möglichkeit beinhalten, dass bei einer anspruchsvollen Bewegung mal etwas schiefläuft.

Gehören Sie zu dieser Sorte Mensch? Dann wäre Snowboarden, Freestyle, Kitesurfen, Klettern, Kajakfahren oder Downhillbiken eventuell etwas für Sie. Bei diesen sogenannten Risikosportarten kann man sich auch sehr gut entspannen und vom Alltag erholen. Denn sie finden draussen statt und erfordern gerade in brenzligen Situationen höchste Konzentration – wodurch alles andere in den Hintergrund tritt.

Brauchen Sie Spannung, möchten aber trotzdem nicht zu grosse Risiken eingehen, empfehlen sich Spielsportarten, bei denen das Ergebnis erst beim Schlusspfiff feststeht.

Etwas Neues lernen

Vielleicht haben Sie mit traditionellen Bewegungsformen schlechte Erfahrungen gemacht, langweilen sich dabei oder wollen einfach mal etwas Neues lernen. Dann könnte Ihnen Röhnradfahren (Kunstturnen im drehenden Rad), Geocaching (GPS-Schnitzeljagd), Capoeira (tanzartige Kampfsportart), Unterwasser-Rugby oder Boogie-Woogie gefallen. Der Nachteil solcher Exoten ist allerdings, dass es zum Teil schwierig wird, einen Klub oder Gleichgesinnte in Ihrer Nähe zu finden. Der Vorteil: Sie haben garantiert etwas zu erzählen und wahrscheinlich macht Ihnen das niemand so schnell nach.

Annina W. verbindet ...

... **praktisch nur negative Erlebnisse mit Bewegung. Allerdings liebt sie Musik und sieht darum im Tanz eine Chance für sich.**

Sie nimmt sich vor, während zweier Monate mindestens vier Probetrainings in verschiedenen Tanzstilen zu besuchen. Beim Jazzdance fühlt sie sich von der Choreografie überfordert, beim Afrodance gefällt es ihr in der Gruppe nicht und beim Zumba ist die Anreise zu lange. Doch schliesslich passt beim Bauchtanz alles.

Keine Ahnung, was Ihnen gefallen könnte?

Falls Sie immer noch keine Ahnung haben, welche Sportart Ihnen zusagen könnte, schauen Sie sich am besten im Internet um. Eine erste Anlaufstelle kann beispielsweise die «Liste der Sportarten» auf Wikipedia sein. Allein unter dem Buchstaben A finden Sie mehr als 20 Einträge – und mit einem Klick erhalten Sie weitere Informationen. Die Liste ist eine wahre Fundgrube und regt des Öfteren zum Schmunzeln an. Allerdings führt sie auch einige Sportarten auf, die nichts mit Bewegung zu tun haben. Etwas seriöser aufgebaut ist das Sportarten-Lexikon auf http://fitness.nachrichten-rss.de. Es umfasst über 500 Einträge.

> Nur Mut – die vielen Sportarten, die es gibt, kann man gar nicht alle kennen. Wissen Sie zum Beispiel, was Ultimate, Sepak Takraw oder Kendo ist? Die Auflösung finden Sie auf http://fitness.nachrichten-rss.de.

Gibts wirklich nichts Passendes für Sie?

Wenn es wirklich keine Sportart gibt, die Ihnen Spass machen könnte, bleibt eine letzte Möglichkeit: Wählen Sie eine Bewegungsform, die Ihnen eher mehr als weniger sympathisch ist und reichern Sie sie mit zusätzlichen Anreizen an. Nehmen Sie Freunde mit zum Sport. Plaudern Sie während des Trainings. Hören Sie Musik zum Spazieren. Belohnen Sie sich nach getaner «Arbeit» mit Wellness. Oder suchen Sie sich sonst etwas, das Ihr Grund für mehr Bewegung sein könnte.

Die Bewegungsform, die Ihnen Spass macht

Haben Sie auf den vorherigen Seiten eine oder mehrere Sportarten entdeckt, die für Sie infrage kommen? Testen Sie Ihre Auswahl auf den Spassfaktor mithilfe des Fragebogens in Kapitel 3.2 (Seite 76). Stellen Sie sich möglichst konkret vor, wie es sich anfühlt, diesen Sport auszuüben. Ist diese Vorstellung mit positiven Gefühlen verbunden, ist die Wahrscheinlichkeit gross, dass Sie lange Zeit Freude daran haben werden.
Testen Sie dann Ihre Wahl in der Realität. Definieren Sie eine bestimmte Anzahl Trainings oder Lektionen und setzen Sie sich eine Frist, bis wann Sie entscheiden, ob Sie weitermachen oder nicht. Hat die gewählte Sportart den Test nicht bestanden, analysie-

ren Sie die Hintergründe. Was hat Ihnen nicht gefallen? Warum fühlten Sie sich nicht wohl? Und was müsste anders sein? Die Antworten auf diese Fragen werden Sie einen Schritt weiterbringen und Sie bei der Wahl einer besser geeigneten Sportart unterstützen.

Jeanine K. weiss, ...

... dass sie sich mehr bewegen sollte, hat aber keine Ahnung wie. Da sie ein pragmatisch denkender Mensch ist, geht sie ihr Problem systematisch an. Sie informiert sich im Internet und fragt auf dem Sportamt, welche Bewegungsmöglichkeiten in ihrer Gemeinde und in der Nähe ihres Arbeitsorts existieren. Daraus erstellt sie eine Liste und markiert jene Sportarten, die ihr spontan sympathisch sind. Schnell stellt sich heraus, dass für sie keine Ballspiele infrage kommen und dass sie sich vor allem für Sportarten interessiert, über die sie wenig weiss. Sie besucht verschiedene Probetrainings, beurteilt die Sportart anschliessend nach den Kriterien «Spassfaktor», «Kurzweil» und «Wohlfühlen» – und bleibt schliesslich zu ihrem eigenen Erstaunen beim Fechten hängen.

4. Anfangen – Schritt 2

4.3 So schaffen Sie günstige Voraussetzungen

Die richtige Bewegungsform ist gefunden, jetzt geht es darum, sie in den Alltag einzubauen. Lesen Sie auf den folgenden Seiten, wie Sie sich selber auf Trab bringen.

Damit Sie Ihre Bewegungsabsicht erfolgreich umsetzen können, brauchen Sie gute Rahmenbedingungen. Sie können Ihr Umfeld aktiv mitgestalten, um sich optimale Startbedingungen zu schaffen. Organisieren Sie sich und treffen Sie Vorkehrungen – eine gute Vorbereitung wird Ihnen das Anfangen erleichtern.

Lösen Sie das Zeitproblem

Wenn man Menschen fragt, warum sie keinen Sport treiben oder sich nicht regelmässig bewegen, ist die häufigste Antwort: «Ich habe keine Zeit.» Dieses Problem kann man jedoch mit einem guten Zeitmanagement in den Griff bekommen.
Wollen Sie Ihren Umgang mit der Zeit verbessern, sollten Sie zuerst einmal schauen, wie Sie Ihre Zeit eigentlich verbringen – und darum mindestens eine Woche lang Protokoll führen. Am besten gehen Sie folgendermassen vor:

> Wählen Sie eine möglichst normale Arbeitswoche.
> Schreiben Sie genau auf, wie viel Zeit Sie für welche Aktivitäten und Aufgaben in Ihrem Leben verbrauchen – vom Aufstehen bis zum Schlafengehen.
> Am Ende der Woche analysieren Sie Ihr Aktivitätenprotokoll: In welchen Tätigkeiten versteckt sich Bewegung? Könnten Sie diese allenfalls schneller durchführen, um einen gesundheitswirksamen Effekt zu erzielen? Gibt es Dinge, die richtige Zeitfresser sind und die Sie gar nicht zwingend tun müssen? Trödeln Sie bei manchen Aufgaben? Oder gibt es Tätigkeiten, die Sie eigentlich gar nicht mögen – wie langes Fernsehen, langes Schlafen oder langes Vor-dem-Computer-Sitzen.
> Markieren Sie die Tätigkeiten mit Farben, die für verschiedene Prioritäten stehen – von «sehr wichtig» über «wichtig» bis «weniger wichtig».

Markieren Sie auch jene Tätigkeiten, die zur Kategorie «schlechte Gewohnheiten» gehören und die Sie in Zukunft vermeiden wollen.

Eine Vorlage für Ihr Aktivitätenprotokoll finden Sie im Anhang und im Internet unter www.beobachter.ch/fitness.

Wo hat die Bewegung Platz?

In einem nächsten Schritt füllen Sie den Plan für eine künftige Woche aus. Überlegen Sie, welche Tätigkeiten Sie zugunsten der Bewegung abkürzen oder unterlassen können. Legen Sie fest, zu welchem Zeitpunkt Sie sich wie und wie lange bewegen wollen. Erinnern Sie sich: Auch nur zehn Minuten da und dort steigern Ihr Wohlbefinden und bringen einen Nutzen für die Gesundheit. Zudem arbeitet man nach einer Bewegungseinheit oft konzentrierter und effizienter – und holt damit die scheinbar verlorene Zeit locker wieder auf.

Tragen Sie Ihre Bewegungstermine in Ihre Agenda ein. Geben Sie der Bewegung das gleiche Gewicht wie den anderen wichtigen beruflichen oder persönlichen Terminen. Denken Sie daran: Wer heute keine Zeit für Ausgleich und Bewegung findet, wird morgen Zeit für Krankheit reservieren müssen. Sport und Bewegung sind eine Investition in die Zukunft – und alles andere als eine Zeitverschwendung.

Erklären Sie Ihren Bewegungstermin zu einem heiligen Termin, an dem sich nicht rütteln lässt. Testen Sie Ihren neuen Stundenplan während einer Woche in der Realität. Und falls es nicht geklappt hat: Analysieren Sie die Gründe und finden Sie eine bessere Lösung.

Das Prioritätensetzen hat auch sonst positive Auswirkungen: Wenn Sie sich selbst als Verursacher der eigenen Handlungen wahrnehmen, statt sich durch äussere Umstände und Zwänge getrieben zu fühlen, fördert dies Ihr Selbstbewusstsein und Ihre Motivation. Ein Effekt, der in verschiedenen Studien nachgewiesen wurde.

Organisieren Sie Partnerhilfe

Die psychologische Forschung zeigt: Bei Verhaltensänderungen ist das soziale Umfeld für den Erfolg oder Misserfolg ausschlaggebend. Menschen, die soziale Unterstützung – etwa in Form von Zuspruch, Ermutigung oder praktischer Hilfestellung – erhalten, erreichen ihre Ziele häufiger als Menschen, die angeben, keine soziale Unterstützung zu erhalten oder zu benötigen.

«Was wir am nötigsten brauchen, ist ein Mensch, der uns zwingt, das zu tun, was wir können.»

Ralph W. Emerson, amerikanischer Philosoph und Schriftsteller

4. Anfangen – Schritt 2

Freunde, Ihre Familie und insbesondere der Lebenspartner, die Partnerin können Sie beim Kampf gegen die Trägheit unterstützen. Analysieren Sie zuerst die Situation: Wie verhält sich Ihr Partner, wenn es kritisch wird und Sie keine Lust zum Sporttreiben haben? Besteht die Möglichkeit, dass Sie Seite an Seite gegen die Inaktivität kämpfen und sich gemeinsam für mehr Bewegung entscheiden? Ist er jemand, der Ihre Bewegungsabsichten eher unterstützt oder eher behindert?

So oder so: Fordern Sie von Ihrem Partner, Ihrer Partnerin Hilfe ein. Erklären Sie, wie wichtig Bewegung für Sie ist, und zeigen Sie ihm oder ihr Möglichkeiten auf, Sie zu unterstützen:

> **Praktische Hilfe:** «Geh du zum Sport, ich schaue inzwischen zu den Kindern.»
> **Regulatorische Hilfe:** «Ich verwalte die Fernbedienung für dich.»
> **Rücksicht:** «Ich warte mit dem Abendessen, bis du von deinem Aerobic-Kurs zurück bist.»
> **Erinnern:** «Am Donnerstagabend können wir nicht ins Kino, da hast du deinen Sporttermin.»
> **Ermuntern:** «Geh doch zum Jazzdance, nachher wirst du dich gut fühlen.»
> **Ermutigen:** «Du hast schon so viel erreicht, gib jetzt nicht auf.»
> **Belohnen:** «Wenn du heute trotz Regen zum Waldlauf gehst, bekommst du nachher eine Massage.»
> **Mitmachen:** «Lass uns zusammen einen Tanzkurs besuchen.»
> **Trösten:** «Diese Woche konntest du deine Vorsätze nicht einhalten, aber nächste Woche klappt es sicher.»
> **Mitdenken beim Problemlösen:** «Was musst du ändern, damit du deine Vorsätze besser umsetzen kannst?»

Ist Ihr soziales Umfeld körperlich wenig aktiv und hat eine negative Einstellung gegenüber der Bewegung, wird es schwieriger. Bitten Sie Ihre Freunde oder Ihren Partner, Ihre Partnerin in diesem Fall, sich wenigstens neutral zu verhalten, damit Sie nicht ausgebremst werden.

Soziale Unterstützung kann darüber entscheiden, ob Sie Ihr Bewegungsziel umsetzen können oder nicht. Die Aktivierung Ihres Umfelds als Unterstützungssystem lohnt sich.

Seit ihrer Schwangerschaft ...

... kämpft Claudia H. mit Gewichtsproblemen. Sie weiss: Will sie die zusätzlichen Pfunde verlieren, muss sie mehr tun als Kinderwagen stossen. Bloss: Wann soll sie dafür Zeit finden, wenn ihr an manchen Tagen sogar die Viertelstunde zum Duschen fehlt? Nach einem Gespräch mit ihrem Partner beschliesst sie, jeweils dienstags und donnerstags schwimmen zu gehen, sobald er von der Arbeit nach Hause kommt. Der schöne Nebeneffekt: Kommt sie vom Hallenbad zurück, stecken die Kleinen meist schon im Pyjama und brauchen nur noch einen Gutenachtkuss. Und Claudia H.s Partner freut sich, dass sie nach dem Schwimmen guter Laune ist.

Schaffen Sie sich Starthilfen

Falls Sie schon etwas Bewegungserfahrung haben, wissen Sie: Ist man erst einmal unterwegs, kann einem der innere Schweinehund nicht mehr viel anhaben. Ist man draussen, erscheint einem das Wetter plötzlich weniger garstig. Konnte man dem Fernsehprogramm widerstehen und hat man es tatsächlich ins Training geschafft, kommt man nicht auf die Idee, der Flimmerkiste nachzutrauern. Und war man zuvor müde und lustlos, wirkt Bewegung oft energetisierend und erfrischend.

Gefährlich: die SOS-Frage

Das heisst: Der Moment vor der Bewegung ist der entscheidende Augenblick. Oft stellt man sich da die Frage: «Soll ich oder soll ich nicht?» Psychologen sprechen in diesem Zusammenhang von der SOS-Frage. Taucht sie in Ihren Hirnwindungen auf, sollten alle Alarmglocken schrillen. Denn bei dieser Frage kann die Antwort immer auch negativ ausfallen.

Vom Fitnesszentrum ...

... über eine Vereinsmitgliedschaft bis zu Aerobic-Kursen – Christine M. hat schon alles probiert, um sich zu mehr Bewegung zu motivieren. Nichts hat wirklich funktioniert, denn nach ein paarmal ging sie meist nicht mehr hin. Letztes Jahr hat sie einen Jack-Russel-Terrier gekauft. Sie muss den Hund mindestens dreimal täglich Gassi führen. Und der kleine, quirlige Kerl freut sich über jeden zusätzlichen Spaziergang. Hat Christine M. heute keine Lust auf Bewegung, geht sie trotzdem raus – weil der Hund muss oder weil sie weiss, dass sie ihm damit eine Freude macht.

Eine Strategie gegen die SOS-Frage ist das Schaffen von Starthilfen. Sie sind so etwas wie ein erster Schritt zur Bewegung – und ist der erste Schritt getan, fällt der zweite meist nicht mehr so schwer. Legen Sie zum Beispiel Ihre Sportkleider schon am Vorabend bereit, wenn Sie am nächsten Morgen eine Bewegungseinheit planen. Gehen Sie direkt vom Büro ins Training, damit Sie gar keine Gelegenheit haben, es sich zu Hause gemütlich zu machen. Oder falls Sie sich tatsächlich zu müde fürs Training fühlen, machen Sie mit sich selber einen Deal, dass Sie es wenigstens zehn Minuten probieren – fangen Sie dann an, kommt der Schwung meist von allein. Selbstverständlich sind die Starthilfen abhängig von Ihren Lebensumständen und der von Ihnen gewählten Sportart oder Bewegungsform: Überlegen Sie sich also, welche Starthilfen für Ihre Situation passen – und testen Sie Ihre Ideen.

Natürlich kann die SOS-Frage trotz guter Starthilfen ab und zu aufkommen. Seien Sie darauf vorbereitet. Nehmen Sie sich vor:

> **DOPING FÜR DIE OHREN**
>
> Mit passender Musik sinkt die gefühlte Erschöpfung um rund zehn Prozent und die Leistung ist bis zu 15 Prozent höher als ohne Beschallung. Das zeigte eine Studie der britischen Universität Brunel. Ob die Musik passt oder nicht, ist weniger vom Stil, dafür mehr vom Tempo abhängig: Die Anzahl Schläge pro Minute sollte ungefähr dem Rhythmus der Bewegung entsprechen. Im Handel ist eine Vielzahl eigens zusammengestellter CDs erhältlich – etwa die «Brigitte Laut-CD», der «Adrenaline Junkie» oder «Musik zum Walking». Im Internet gibt es unzählige Playlisten, die ganz unterschiedliche Geschmäcker und Sportarten bedienen. Und natürlich kann man sich auch an beliebte Klassiker wie «Eye of the Tiger» von Survivor, «We Will Rock You» von Queen oder «TNT» von AC/CD halten. Aber Achtung: Auch wenn Sie sich mit solchen Liedern unbesiegbar fühlen, überfordern Sie sich trotzdem nicht.

«Wenn der SOS-Gedanke kommt, dann lache ich ihn aus und sage: Ich wusste, dass du kommst, aber ich lasse mich von dir nicht manipulieren.» Warum dies eine gute Strategie ist, erfahren Sie unter anderem in Kapitel 6.1 (Seite 164).

Barbara O. sollte ...

... aus gesundheitlichen Gründen jeden Tag mindestens 20 Minuten lang Rückenübungen machen. Sie ertappt sich dabei, dass sie die Übungen vergisst oder absichtlich verdrängt. Darum hat sie sich mehrere Starthilfen geschaffen. Kommt sie abends nach Hause, zieht sie sich gleich eine bequeme Hose an. Die Gymnastikmatte lehnt stets sichtbar und griffbereit neben dem Fernseher. Und startet Barbara O. zu Hause den Computer auf, fragt sie dieser: «Hast du deine Übungen heute schon gemacht?» Derselbe Satz ziert die Tür des Kühlschranks, den Spiegel auf der Toilette und die Oberfläche des Klubtisches, auf dem die Fernbedienung normalerweise liegt.

Treffen Sie Verabredungen

Wer allein Sport treibt, ist wie Robinson ohne Freitag. Als Einzelgänger ist man völlig auf sich gestellt und muss die Motivation aus sich selbst heraus entwickeln. Niemand ist da, der applaudiert. Der sich auf ein Treffen freut. Oder der auch mal sagt: «Ach, sei doch kein Frosch und kommt jetzt mit.» Zudem lassen sich Termine mit sich selbst kurzerhand verschieben und stellen damit ein gefundenes Fressen für den inneren Schweinehund dar. Gemeinsame Abmachungen hingegen verpflichten.

Es ist leichter, die Sportschuhe zu schnüren, wenn man weiss, dass da jemand wartet. Geteilte Erlebnisse bereiten mehr Freude. Und die Aussicht auf einen gemeinsamen Umtrunk nach dem Training kann Sie auch an schwierigen Tagen vom Hocker locken.

Darum: Verabreden Sie sich mit anderen Menschen zum Sport oder zur Bewegung. Solche Vereinbarungen stärken Ihre Motivation und unterstützen Ihre Willenskraft. Bei Mannschaftssportarten ist Ihre Anwesenheit im Training wichtig – nutzen Sie den Gruppenzwang als Motivationsspritze. Oder denken Sie beim Joggen daran, dass geteiltes Leid bloss halbes Leid ist. Am wirksamsten verpflichten Sie sich, wenn der gemeinsame Termin ohne Sie gar nicht stattfinden könnte – zum Beispiel das wöchentliche Badmintonspiel mit einer Freundin.

Martin T. arbeitet unregelmässig …

… und ist neu in der Stadt. Gerne würde er öfter mit anderen Sport treiben, aber die wenigen Leute, die er kennt, haben meist nicht kurzfristig Zeit oder interessieren sich nicht für dieselben Sportarten. Jetzt hat der 30-Jährige die Onlineplattform www.meet2move.ch entdeckt. Zwei oder drei Stunden, bevor er rausgeht, schreibt er jeweils eine Einladung, die via SMS an alle registrierten User geschickt wird, die sich ebenfalls für seine Sportart interessieren und im selben Quartier wohnen. Er gibt an, um welche Zeit er wo wartet – und ist jedes Mal gespannt, wen er dort trifft.

Nutzen Sie Veränderungen

Wenn sich der Alltag ändert, fällt es einem oft leichter, mit Gewohnheiten zu brechen. Zum Beispiel trinkt man auf Reisen plötzlich viel weniger Kaffee als zu Hause. Oder man bewegt sich nach einem Umzug am neuen Ort mehr als zuvor, ohne dass man sich gross überwinden muss. Natürlich gelingt dies vor allem dann gut, wenn die neue Umgebung besonders bewegungsfreundlich ist. Aber selbst wenn sich an den Möglichkeiten nicht viel ändert, kann ein Umzug das Bewegungsverhalten beeinflussen. Neue Lebenssituationen reissen uns aus dem Trott, machen uns offen für neue Einflüsse und wirken der Gewohnheit entgegen.

Bestätigt wurde dieses Phänomen in einer Studie von Todd Heatherton und Patricia Nichols (1994). Die beiden US-Psychologen untersuchten die Frage, wie es Menschen gelingt, bestimmte Aspekte ihres Lebens zu verändern – etwa Ernährungs- oder Bewegungsgewohnheiten. Von den erfolgreichen Änderungsversuchen der Studienteilnehmer standen 36 Prozent im Zusammenhang mit einem Umzug an einen neuen Wohnort, von den nicht erfolgreichen Änderungsversuchen dagegen nur 13 Prozent.

Sollten Sie also demnächst die Arbeitsstelle, den Wohnort, den Lebenspartner wechseln, die Betreuung Ihrer Kinder neu organisieren oder zu anderen Zeiten arbeiten, stehen Ihre Chancen besonders gut, Ihr Bewegungsverhalten nachhaltig zu verändern. Doch verwechseln Sie diesen Befund nicht mit der Mär vom richtigen Zeitpunkt. Sie müssen nicht warten, bis sich in Ihrem Leben etwas verändert, damit Sie aktiv werden können. Sie können Ihren Alltag selbst gestalten und bewusst Veränderungen vornehmen. Hinterfragen Sie Ihren Tagesablauf. Überlegen Sie, was Sie verändern müssen, damit Ihr Alltag in Bewegung kommt. Und wie Ihre Umgebung aussehen muss, damit Sie körperlich aktiv sind.

Vor einem Jahr …

… beschloss Paul W., den Fernseher aus der Wohnung zu verbannen. Das hat sein Leben verändert. Er hatte plötzlich viel mehr Zeit und langweilte sich sogar hin und wieder. Das motivierte ihn, sich nach anderen Freizeitbeschäftigungen umzusehen. Auch sehnte er sich plötzlich nach mehr Kontakt zu anderen Menschen – unbewusst hatte er dieses Bedürfnis mit Serienstars und anderen Fernsehgesichtern befriedigt. Nun ist er Mitglied im Turnverein und hat dort seine neue Freundin kennengelernt.

Verlangen Sie nicht zu viel von sich

Seien Sie nicht übermotiviert. Dieser Ratschlag mag Ihnen seltsam erscheinen, hat dieses Buch doch bisher versucht, Sie mit allen Mitteln zu mehr Bewegung zu motivieren. Fakt ist: Oft ist nicht die fehlende Motivation das Problem, sondern es sind die unrealistischen Pläne. Stark motivierte Menschen vergessen, dass es nicht so einfach ist, das Bewegungsverhalten zu verändern. Sie setzen sich zu hohe Ziele, scheitern in der Folge und schwächen so ihre Selbstwirksamkeit.

Optimismus ja, Übermut nein

Ein sonderbares Phänomen erschwert es zudem, den richtigen Schwierigkeitsgrad für die eigenen Ziele zu finden: Psychologen haben herausgefunden, dass Menschen in der planenden Phase optimistischer sind als in der abwägenden Phase (siehe Rubikonmodell Seite 67). Gerade dann also, wenn es darum geht, sportliche Ziele zu definieren, neigen die Menschen dazu, zu glauben, dass alles möglich sei. Wie es zu diesem «illusorischen Optimismus» kommt, ist noch Gegenstand von Untersuchungen. Als eine mögliche Ursache vermuten die Forscher die unterschiedliche Informationsverarbeitung in den beiden Phasen: Beim Abwägen werden möglichst viele Informationen gesammelt und neutral bewertet, beim Planen hingegen schränkt sich das Blickfeld ein und Informationen, die vom Ziel ablenken – also auch mögliche Bedenken –, werden ausgeblendet.

Eine weitere Ursache könnte die Selbstwirksamkeitserwartung sein, die sich mit der Umsetzung einer Absicht verändert: Die Aufnahme eines Fitnesstrainings etwa steigert das Selbstwertgefühl und die Selbstwirksamkeit. Das ist zwar grundsätzlich positiv, kann aber auch übermütig machen. Statt sich in kleinen Schritten vorwärtszubewegen, will man plötzlich riesige Sprünge machen, wodurch der Misserfolg programmiert ist – und es zu einem Jo-Jo-Effekt für die Selbstwirksamkeit kommt.

Seien Sie also vorsichtig, wenn Sie zu euphorisch werden. Sie dürfen und sollen zwar weiterhin daran glauben, dass Sie Ihr Bewegungsverhalten nachhaltig verändern können, sollten sich aber gleichzeitig bewusst sein, dass dies nur in kleinen Schritten und mit der nötigen Geduld geschehen kann.

In Siebenmeilenstiefeln vorwärtszurennen, überfordert nicht nur Ihre Willenskraft, sondern auch Ihren Körper: Zu Beginn eines Trainings muss sich der Organismus erst an die neuen Anforderungen gewöhnen. Dabei passt sich das Herz-Kreislauf-System schneller an als der Bewegungsapparat. Die Folge: Sie haben schnell mehr Puste und können dadurch das Tempo erhöhen, aber überfordern damit unter Umständen Ihre Bänder und Sehnen.

DAS RICHTIGE TEMPO

Viele Sporteinsteiger machen den Fehler, dass sie zu Beginn zu schnell unterwegs sind. Das macht Körper und Psyche fertig. Als Richtwert für ein moderates Tempo können Sie sich an 70 Prozent der maximalen Herzfrequenz orientieren. Die maximale Herzfrequenz ist abhängig vom Alter. Als Faustregel gilt:

> 220 – Lebensalter = maximale Herzfrequenz

Die maximale Herzfrequenz eines 50-Jährigen beträgt also:

> 220 – 50 = 170

Die ideale Herzfrequenz für sein Training liegt folglich bei 119 Schlägen pro Minute (70 Prozent von 170). Allerdings lässt diese Berechnung bloss eine grobe Einschätzung zu. Wollen Sie es genauer wissen, können Sie Ihre Werte bei einem Sportarzt oder in einem Fitnesszentrum testen lassen.

Sie brauchen aber nicht zwingend einen Herzfrequenz-Test oder einen Pulsmesser, um im idealen Bereich zu trainieren. Orientieren Sie sich an der **Plauderregel**: Können Sie beim Sport noch mühelos mit dem Nachbarn reden, ist Ihr Puls im grünen Bereich.

«DAS DURCH-DEN-SCHNEE-GESCHIEBE FINDE ICH SCHÖN.»

SABINE OLFF, 39, FAND ÜBER UMWEGE AUF DIE LANGLAUFLOIPE.

Zu meinen ersten Gehversuchen auf Langlaufskis wurde ich gezwungen. Im Rahmen meines Sportstudiums absolvierte ich einen zweiwöchigen Skikurs in Klosters – die Abschlussprüfung konnte nur bestehen, wer auch zwei Tage auf Langlaufskis gestanden hatte.

Das Gemurre war gross. «Langlaufen ist langweilig und nur was für alte Leute», empörte sich mindestens jeder Zweite von uns Sportstudenten. Wir wollten lieber auf unseren Abfahrtsskis die Hänge runterrasen. Wohl, um uns ein bisschen mehr Respekt vor dieser «Alte-Leute-Beschäftigung»

einzuflössen, liessen uns unsere Skilehrer dann mit den langen, dünnen
Lättli unter den Füssen zuerst einen kleinen Hang hinunterfahren.
Ich zählte mindestens ein Dutzend Stürze und hatte plötzlich gehörig
Achtung vor jedem, der souverän auf diesen Brettern steht.

Derart «gebodigt» standen wir dann auf der Loipe. Wir lernten den klassischen Stil, der deutlich einfacher zu beherrschen ist als die Skating-Technik, und reihten uns in der Spur auf, die zwei umgekehrten Schienen gleicht. Die ersten Gehversuche waren genau das: Gehversuche. Ich schob den rechten Ski um 20 Zentimeter nach vorne, dann den linken, den rechten und so fort. Ganz langsam schoben wir uns auf einer leicht ansteigenden Loipe durch die Winterlandschaft – unter schneebedeckten Bäumen, zugefrorenen Bachläufen entlang, über eine im Sonnenlicht glitzernde Hochebene. Alles war friedlich und abgesehen von unserem eigenen Geplappere war es absolut ruhig. Kein Lift, der rappelte, und auch keine Schneebar mit Musik. Und anders als bei einer Ski- oder Schneeschuhtour in der Stille gibts beim Langlaufen keine Lawinengefahr.

Ich hatte Mühe, es mir einzugestehen, aber schon dieses langsame Durch-den-Schnee-Geschiebe fand ich auf seine Art schön. Aus dem Schieben wurde am Nachmittag ein verhaltenes Gleiten, an Tag zwei dann schon ein dynamisches Gleiten mit aktivem Bein- und Armeinsatz. Die Lernkurve ging rasant schnell nach oben. Und: Das war Ausdauersport vom Feinsten – wer langläuft, spricht viele verschiedene Muskelgruppen an. Ich hatte angebissen und war gewillt, noch mehr zu lernen. Ich wollte ab sofort in jedem Winterurlaub nicht mehr nur die Hänge runtersausen, sondern auch mit eigener Muskelkraft Kilometer um Kilometer die Schneelandschaft «erfahren».

Das liegt inzwischen zwölf Jahre zurück. Dem Langlaufen bin ich treu geblieben, die Abfahrtsskis dagegen stehen immer häufiger im Keller. Und zu jedem Saisonauftakt verbinde ich Langlauf mit Wellness: ein Wochenende zusammen mit Freunden in einem feinen Hotel und mit Lehrer. Vor sechs Jahren habe ich es derart angeleitet gewagt, aufs Skaten umzusatteln – wohl weil diese Skater immer so dynamisch an mir vorbeiglitten.

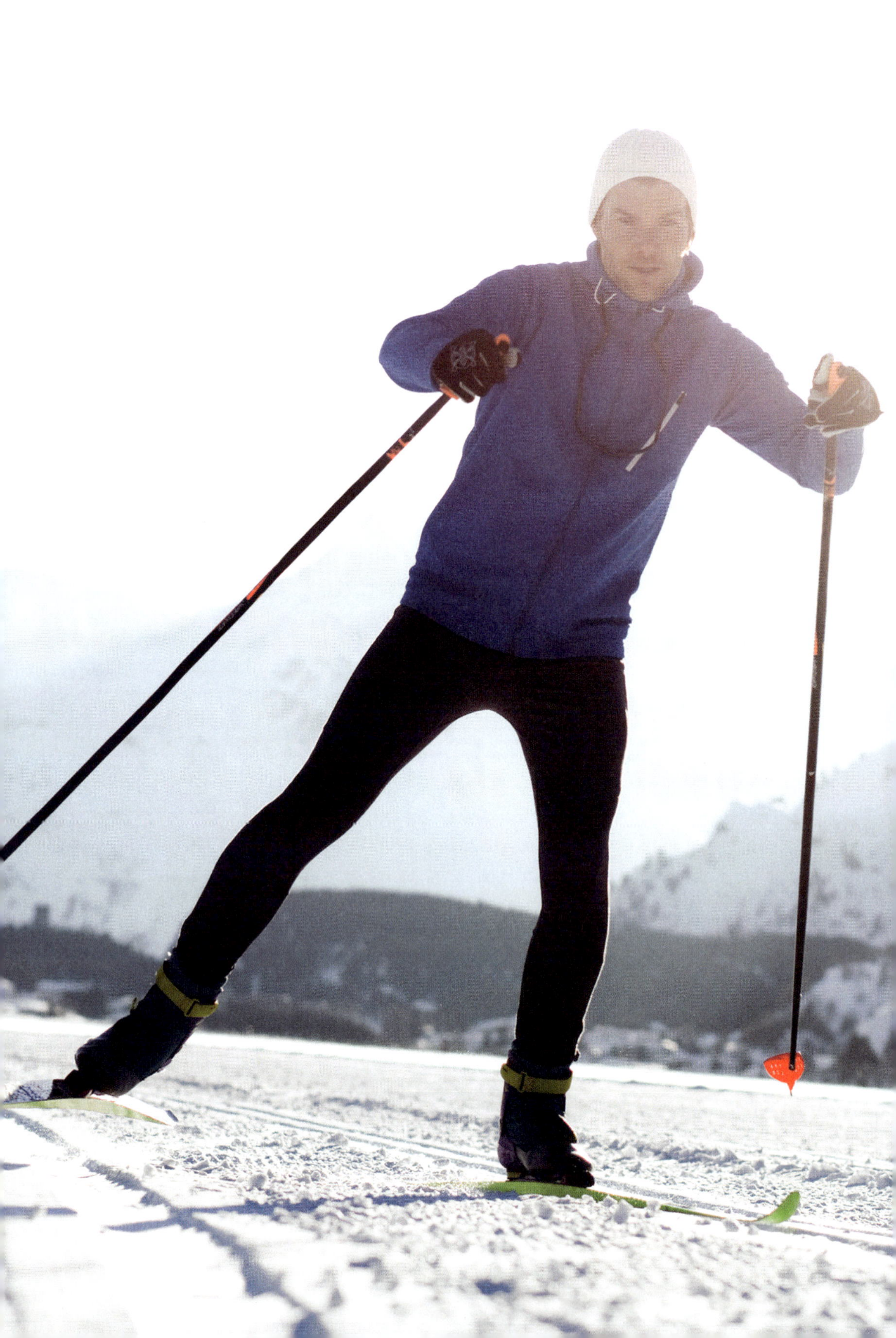

5

Den Willen stärken – Schritt 3

Es gibt keine willenlosen Menschen. Die Frage ist bloss, was Sie wirklich wollen – und was nicht. Lernen Sie das Wesen der Willenskraft kennen und finden Sie heraus, wie aus einem Wunsch ein Wollen wird.

5. Den Willen stärken – Schritt 3

5.1 Was ist Willenskraft?

Wer einen Vorsatz erfolgreich realisieren will, braucht ein klares Ziel und einen guten Plan. Dieses Kapitel unterstützt Sie dabei, Ihre Absicht genau zu definieren und Schritt für Schritt zu planen.

Man kann es nicht leugnen: Sport macht nicht immer Spass. Aktivitäten wie Treppensteigen, Radfahren oder Krafttraining können richtig anstrengend sein. Und manchmal hat man einfach keine Lust, ist schlecht gelaunt oder müde. In diesen Momenten brauchen Sie Willenskraft; Psychologen sprechen auch von Volition. Sie kommt immer dann zum Einsatz, wenn innere oder äussere Widerstände überwunden werden müssen.

Solche Widerstände in Bezug auf Bewegung sind etwa die Angst vor einem Sturz, die Müdigkeit nach einem anstrengenden Arbeitstag oder verlockende Alternativen wie Fernsehen und Lesen. Wie gut wir diese Widerstände überwinden können, entscheidet mitunter der Wille. Dabei gilt: Es gibt keine willenlosen Menschen. Die Frage ist bloss, was Sie wirklich wollen – und was nicht.

> *«Wo ein Wille ist, ist auch ein Weg.»*
>
> *Sprichwort*

Die zwei Formen des Willens

Wenn Psychologen vom Willen sprechen, unterscheiden sie zwischen Selbstregulation und Selbstkontrolle.

Selbstregulation

Diese Form des Willens kann als eine Art «innere Demokratie» bezeichnet werden. Viele, auch widersprüchliche Stimmen werden gehört – widersprüchliche Gefühle, konkurrierende Einstellungen und unterschiedliche Werte. Sie werden miteinander «verrechnet» und als Ergebnis dieser «Abstimmung» wird eine Entscheidung getroffen, die von der «Regierung» umgesetzt wird.

Ein Beispiel: Eine Sportlerin nimmt sich vor, am Mittwochabend auf den Vita Parcours zu gehen. Doch dann regnet es, sie fühlt sich müde und zudem könnte sie auch den Wäscheberg abbauen oder endlich die Steuererklärung ausfüllen. Es gehen ihr zahlreiche Gedanken durch den Kopf. Solche, die gegen

> **DER WILLE KANN SICH ERSCHÖPFEN**
>
> Menschen haben eine begrenzte Willenskraft. So kann Selbstkontrolle in einem Verhaltensbereich die Kontrolle in einem anderen behindern. Das zeigt ein Experiment, in dem Versuchspersonen sich zuerst einen emotionalen Film (lustig oder sehr traurig) ansehen mussten. Eine Hälfte der Probanden erhielt die Anweisung, möglichst keine Emotionen zu zeigen: Sie mussten sich anstrengen, nicht zu lachen bzw. keine Trauer zu zeigen. Die andere Hälfte durfte den Gefühlen freien Lauf lassen. Anschliessend sollten alle aus einem Intelligenztest so viele Aufgaben wie möglich lösen. Das Ergebnis: Die Versuchspersonen, die während des Films ihre Gefühle unterdrücken mussten, gaben früher auf und zeigten schlechtere Leistungen als diejenigen, die ihre Emotionen ausleben durften – ihr Wille war durch die vorgängige Aufgabe bereits erschöpft.

den Vita Parcours sprechen: «Eigentlich wäre es jetzt schöner, vor dem TV zu entspannen.» – «Draussen ist es sicher kalt.» – «Ich habe noch so viel zu tun.» Und solche, die dafür sprechen: «Sport ist gut für meine Gesundheit.» – «Nachher werde ich mich erfrischt fühlen.» – «Beim letzten Mal, als es zu regnen anfing, hats mir trotzdem Spass gemacht.» Welche Seite gewinnt, ist abhängig von der Zahl und Qualität der Argumente.

Manchmal braucht es Selbstkontrolle

So attraktiv und erstrebenswert die Demokratie – die Selbstregulation – auch ist, sie hat Nachteile: Es besteht die Gefahr, dass gewisse Ziele langfristig zu kurz kommen, weil es fast immer zu viele Gegenstimmen gibt. Sportliche Ziele sind hierbei besonders gefährdet, denn sie sind mit Anstrengung verbunden und werden daher oft als weniger attraktiv empfunden als andere Ziele – wie etwa vor dem Fernseher sitzen und Chips essen.

In solchen Momenten ist es nützlich, wenn man auf die Selbstkontrolle zählen kann. Diese zweite Form des Willens ist nichts anderes als Selbstdisziplin. Sie funktioniert wie eine «innere Diktatur». Alle Stimmen, die nicht unmittelbar hilfreich für die Zielerreichung sind, werden stummgeschaltet. Damit wird ein Teil der «Regierung» unterdrückt – zum Beispiel jener, der lieber faulenzen als Sport treiben möchte (siehe auch Seite 160).

Sparsam mit dem Willen umgehen

Selbstregulation und Selbstkontrolle kosten Energie: Es ist anstrengend, auf so viele Stimmen zu hören oder manche bewusst zu unterdrücken. Roy Baumeister, ein Sozialpsychologe an der Florida State University, vergleicht die menschliche Willenskraft mit einem Muskel, der mit zunehmender Beanspruchung ermüdet. Darum müssen Sie haushälterisch damit umgehen. Schonen Sie Ihre Willenskraft, indem Sie eine Bewegungsform finden, die Ihnen Spass macht und Sie möglichst wenig Überwindung kostet. Und setzen Sie Ihren Willen gezielt und punktuell ein. Sie müssen Ihre Kräfte bündeln. Dazu gehört, dass Sie einen Vorsatz fassen, klare Ziele stecken, möglichst konkrete Pläne schmieden – und sich darauf konzentrieren.

Das Gute daran: Die Willenskraft verbraucht sich nicht nur, sondern mit zunehmendem Gebrauch des Willens stellt sich auch ein Trainingseffekt ein – wie bei einem Muskel eben. Mit der Zeit wissen Sie, wie klare Ziele und gute Pläne aussehen. Dann brauchen Sie weniger Energie, um sich zu fokussieren und Ihre Vorsätze umzusetzen. Diese Erfahrung unterstützt Sie nicht nur bei Ihren Bewegungszielen, sondern auch im Alltag und im Berufsleben.

Nicht zu viele Anliegen aufs Mal

Da sich die Willenskraft erschöpfen kann (siehe Kasten auf der vorangehenden Seite), ist es unter Umständen hinderlich, wenn Sie beispielsweise planen, mehr Bewegung in Ihr Leben zu bringen und gleichzeitig eine Diät zu machen. In diesem Fall haben Sie zwei Ziele, die beide viel Willenskraft benötigen. Beide Ziele fordern Ihre volle Aufmerksamkeit – und da Sie diese zweiteilen müssen, besteht die Gefahr, dass Sie nicht genügend Kraft aufbringen.

Nun ist es aber in der Praxis so, dass Ärzte oft gleichzeitig zur Veränderung des Bewegungs- wie auch des Ernährungsverhaltens raten, da dies für die Gesundheit besser ist. Falls Sie gleichzeitig beide Ziele verfolgen wollen oder müssen, sollten Sie sich der Herausforderung zumindest bewusst sein. Oder es allenfalls mit dem deutschen Staatsmann Otto von Bismarck halten, der sein Erfolgsprinzip wie folgt beschreibt: «Ich jage nie zwei Hasen auf einmal.»

Die Krux mit den Vorsätzen

Inzwischen haben Sie sich gedanklich eigentlich schon in Bewegung gesetzt. Sie haben die Vor- und Nachteile von verschiedenen Sportarten und Bewegungsformen abgewogen, wissen, wie Sie sich in Zukunft bewegen möchten, und haben einen Vorsatz gefasst. Vielleicht wollen Sie mehr Treppen steigen, sich einem Verein anschliessen oder einen Tanzkurs belegen. Das ist gut. Allerdings wissen Sie auch, dass das mit den Vorsätzen so eine Sache ist: Viele Dinge, die wir uns vornehmen, realisieren wir nie – die Klassiker sind Neujahrsvorsätze.

Das soll Ihnen aber nicht den Wind aus den Segeln nehmen, denn es gibt Vorsätze und Vorsätze. Den Beweis dafür liefert eine Studie an der Universität Zürich. Studierende wurden gefragt, was sie sich für die Weihnachtsferien vorgenommen hatten. Sie mussten einen einfachen und einen eher schwierigen Vorsatz nennen und angeben, ob sie bereits am Planen waren, wann, wo und wie sie das Projekt angehen wollten. Nach den Weihnachtsferien wurde geprüft, in welchem Umfang die Absicht in die Tat umgesetzt worden war.

Das Ergebnis bei den schwierigen Projekten: Zwei Drittel der Studierenden, die einen Plan für die Umsetzung ihrer Absicht gehabt hatten, hatten ihren Vorsatz realisiert. Von den Studierenden ohne Plan war nur ein Viertel erfolgreich. Ein anderes Bild zeigte sich bei den einfach auszuführenden Vorhaben: Unabhängig davon, ob ein Plan vorhanden war oder nicht, hatten 80 Prozent der Studierenden den Vorsatz realisiert.

Für Sie heisst das: Sie haben anspruchsvolle Ziele, also brauchen Sie einen Plan – und dieser Plan sollte möglichst einfach sein.

Zwei Drittel der ernst gemeinten Neujahrsvorsätze werden nicht umgesetzt, weil sie zu vage formuliert wurden.

5. Den Willen stärken – Schritt 3

5.2 Diese Ziele führen zum Erfolg

Bevor Sie sich ans Planen machen, müssen Sie das Ziel allerdings nochmals genau betrachten. Sie wollen sich mehr bewegen und haben auch schon eine Idee, auf welche Art Sie sich mehr bewegen wollen. Das reicht aber noch nicht. Ihr Ziel muss viel klarer und konkreter sein.

Menschen brauchen Ziele, an denen sie sich orientieren können. Denn nur wer weiss, wohin er will, kann den richtigen Weg einschlagen. Und erinnern Sie sich: Willenskraft braucht Energie. Wenn Sie nicht genau wissen, was Sie wollen, verzetteln Sie sich und verpuffen sinnlos Treibstoff.

Wenn alle Ziele so aussehen würden wie der Punkt auf der Zielscheibe im Schiessstand, wäre das Leben relativ einfach. Ein solches Ziel ist klar zu erkennen, liegt in der Regel tatsächlich in Schussweite und man kann es problemlos ins Visier nehmen. Im Leben gibt es aber auch Ziele, die langfristige Projekte darstellen und sich daher nur über Zwischenziele erreichen lassen. Es gibt Ziele, die mit anderen Zielen in Konflikt stehen. Und es gibt Ziele, die schlichtweg unerreichbar sind.

Zum Glück können Sie Ihre Ziele aber selbst wählen und gestalten. Und Sie können sie so setzen, dass sie möglichst wie eine Zielscheibe wirken. Lesen Sie auf den nächsten Seiten, wie Ihre Bewegungsziele aussehen sollten, damit Sie erfolgreich sind.

Realistische Ziele

Erfolgreiche Ziele sind realistische Ziele. Sie sollten weder zu schwierig noch zu leicht sein. Wird ein zu schwieriges Ziel gesteckt, ist es von Anfang an unerreichbar und wirkt daher eher demotivierend. Es wird gar nicht erst in Angriff genommen oder führt zu Misserfolg, was die Selbstwirksamkeit mindert und einer negativen Erfolgserwartung Vorschub leistet.

Setzt sich zum Beispiel eine Laufanfängerin das Ziel, in sechs Wochen den Marathon unter vier Stunden zu laufen, wird sie nach kurzer Zeit feststellen, dass dieses Ziel für sie unerreichbar ist. Vielleicht beginnt sie gleich mit einer langen Laufeinheit und hat in der Folge Schmerzen oder gar Verletzungen. Oder aber sie nimmt das Training erst gar nicht auf, weil sie genau weiss, dass sie

> **AUFGABENBOX 11:**
> **MEIN REALISTISCHES BEWEGUNGSZIEL**
>
> Halten Sie fest, welches Ziel Sie in der gewählten Sportart oder in Ihrem Alltag erreichen wollen – und können.
>
> ....

scheitern wird. In beiden Fällen wird ihr Fazit lauten: «Marathon ist nichts für mich.» Ein viel realistischeres Ziel für eine Anfängerin wäre, in einem Jahr einen Zehnkilometerlauf zu absolvieren – und allenfalls zu einem späteren Zeitpunkt einen Halbmarathon in Angriff zu nehmen.

Auch zu leichte Ziele können ein Problem sein. Sie stellen keine Herausforderung dar und sind deshalb nicht attraktiv. Ein geübter Skifahrer etwa langweilt sich am Idiotenhügel. Hat er keine Möglichkeit, auf anderen Pisten zu fahren, wird er sich wohl lieber gleich auf die Sonnenterrasse setzen.

Margrit S. ist übergewichtig …

… und hat seit ihrer Schulzeit praktisch keinen Sport mehr gemacht. Die 42-Jährige möchte sich einer Walking-Gruppe anschliessen, doch nach zwei Mal geht sie bereits nicht mehr hin. Es ist ihr einfach zu anstrengend. Sie weiss: Nordic Walking würde ihr gefallen, aber nicht bei diesem Tempo und über diese langen Distanzen. Zu ihrem Glück gibt sie nach dem ersten Misserfolg nicht auf, sondern setzt sich ein realistischeres Ziel. Sie nimmt sich vor, zweimal pro Woche eine halbe Stunde in gemächlichem Tempo mit den Stöcken unterwegs zu sein. Zudem kann sie eine Freundin dazu überreden, mitzukommen. Ein halbes Jahr später sind die beiden genügend fit, um sich einer Gruppe anzuschliessen.

Spezifische Ziele

Erfolgreiche Ziele sind konkrete Ziele. In einer Vielzahl von Studien hat sich gezeigt, dass spezifische Ziele wie: «Ich will mich jeden Tag 30 Minuten zu Fuss bewegen», zu besseren Leistungen und grösseren Fortschritten führen als unspezifische Ziele wie: «Ich gebe mein Bestes und will mich mehr bewegen.» Die Umsetzung eines spezifischen Ziels lässt sich besser planen. Man sieht ständig, wie weit man noch vom Erfolg entfernt ist. Vielleicht erkennt der Bewegungseinsteiger, dass er die 30 Minuten an einem normalen Tag gar nicht schaffen kann. Also macht er sich Gedanken darüber, wie

5. Den Willen stärken – Schritt 3

SPORTUHREN: DIE TRAINER AM HANDGELENK

Die aktuelle Generation von Sportuhren misst nicht nur Puls, Tempo und Distanz, sondern bietet auch Coaching-Funktionen. Der elektronische Trainer unterstützt seine Träger beim Definieren der aktuellen Leistungsfähigkeit, beim Setzen von Zielen und Erstellen von Trainingsplänen. Gemäss einem Testbericht des Schweizer Magazins für Ausdauersport «FitforLife» eignen sich für Einsteiger vor allem «micoach pacer» von Adidas sowie «Nike+ Sportwatch GPS». Diese beiden Geräte lassen sich relativ einfach bedienen und die Daten können über die Webseiten der Anbieter verwaltet werden. Dort können sich die User auch einem virtuellen Laufteam anschliessen und für verschiedene Wettbewerbe Kilometer sammeln.

Wer Freude an Gadgets hat und seine Leistungen und Fortschritte auch grafisch dargestellt betrachten möchte, ist damit sehr gut bedient – für alle anderen ist der normale Lauftreff oder die reale Walking-Gruppe wahrscheinlich die bessere und günstigere Wahl.

---

er den Alltag verändern könnte. Oder er entdeckt günstige Gelegenheiten und Zeitfenster, weil er aktiv danach sucht. Unspezifische Ziele hingegen bleiben diffus. Es ist nicht klar, was erreicht werden soll, und so zeigen sich auch keine Lösungsansätze.

Spezifische Ziele sind auch darum erfolgreich, weil sie oft motivierend wirken. Vielleicht schafft der Bewegungseinsteiger täglich problemlos 20 Minuten. Er weiss: «Wenn ich mich noch ein wenig mehr anstrenge, erreiche ich mein Ziel.» Im Idealfall ist er bald so weit und erhält so ein positives Feedback. Erreicht er das Ziel nicht, hat er zumindest eine klare Rückmeldung. In der Folge kann er überlegen: «Warum habe ich mein Ziel nicht erreicht? Und was muss ich tun, damit es beim nächsten Mal klappt?»

Im Sport ist es relativ leicht, spezifische Ziele zu definieren. Denn viele Sportarten lassen sich in Zahlen messen: Trefferquoten, Laufzeiten oder Sprunghöhen geben Auskunft darüber, ob Sie Ihr Ziel erreicht haben – oder wie viel noch fehlt. Das fördert auch das Erleben von Kompetenz (siehe Seite 73).

AUFGABENBOX 12: MEIN BEWEGUNGSZIEL, GANZ KONKRET

Formulieren Sie Ihr Bewegungsziel, möglichst spezifisch.

....

Lang- und kurzfristige Ziele

Ziele können lang- und kurzfristig gesetzt werden. Der grösste Leistungseffekt entsteht in der Regel aus einer Kombination von beidem.

Die übergeordneten, längerfristigen Ziele geben an, wo der Weg hinführen soll. Sie sind stark, gross und strahlen wie ein Leuchtturm schon aus der Ferne. Für eine Anfängerin im Salsa kann dies zum Beispiel der öffentliche Auftritt mit der Gruppe sein, der irgendwann in der fernen Zukunft stattfinden wird.

Wer jedoch nur langfristige Ziele hat, läuft Gefahr, von ihnen erdrückt zu werden. Sie können wie ein Berg wirken, der einfach zu hoch ist. Die kurzfristigen Ziele ermöglichen immer wieder kleine Erfolge, die belohnend wirken und das Selbstvertrauen stärken. Auch lässt sich der Fortschritt an diesen Zwischenzielen besser messen. Und komplexe Aufgaben lassen sich in einzelne Schritte zerlegen, die wiederum Zwischenziele darstellen. All dies wirkt sich positiv auf die Verfolgung des langfristigen Ziels und auf die Leistung aus. So wird die Salsatänzerin erst den Grundschritt lernen, dann einige einfache Figuren, am Schluss eine ganze Choreografie – und ist schliesslich bereit für den grossen Auftritt.

Schon als Bub …

… träumte Hans W. vom Kilimandscharo. Mit 60 will er sich seinen Traum erfüllen und den höchsten Berg Afrikas besteigen. Allerdings hat er alles andere als eine sportliche Figur und fühlt sich auch nicht besonders fit. Ein Jahr vor seinem runden Geburtstag meldet er sich deshalb für einen Check-up bei der Sportärztin an. Diese gibt zwar grünes Licht, warnt aber gleichzeitig vor den vielen Höhenmetern

---

AUFGABENBOX 13: MEIN LANGFRISTIGES ZIEL UND DIE ZWISCHENZIELE

Unterteilen Sie Ihr langfristiges Bewegungsziel in kurzfristige Zwischenziele – bis Ende nächster Woche, bis Ende Monat, bis in sechs Monaten und bis in einem Jahr.

Mein langfristiges Ziel: ....
Zwischenziel 1:   Bis .... werde ich ....
Zwischenziel 2:   Bis .... werde ich ....
Zwischenziel 3:   Bis .... werde ich ....

und der dünnen Luft. Sie rät ihm dringend, sich im Alltag mehr zu bewegen und ein leichtes Ausdauertraining aufzunehmen. Mit Blick nach Afrika steigt Hans W. auf öffentliche Verkehrsmittel um, kauft sich eine Regenausrüstung, radelt jeden Morgen sieben Kilometer zum Bahnhof und abends wieder zurück.

Öffentliche und sichtbare Ziele

Öffentliche Ziele sind wie ein Vertrag: Ist es einmal gesagt, dass Sie jetzt wirklich etwas tun wollen, fühlen Sie sich verpflichtet – insbesondere wenn Sie das Urteil anderer wichtig nehmen und nicht als Schwätzer dastehen wollen.

Sichtbare Ziele beugen vor allem dem Vergessen vor. Indem Sie Ihr Ziel aufschreiben und den Zettel in die Sporttasche legen, werden Sie jedes Mal daran erinnert, wenn Sie Ihre Sportkleider anziehen. Heften Sie einen zweiten Zettel an den Kühlschrank, wird auch Ihr Lebenspartner, Ihre Partnerin daran erinnert und wird Ihnen allenfalls sagen: «Es ist Zeit fürs Training.»

Öffentliche und sichtbare Ziele sind oft auch spezifischer und realistischer. Denn indem man sich anderen mitteilt oder seine Gedanken aufschreibt, wird vieles fassbarer und durchdachter. Auf dem Papier offenbaren sich allfällige Widersprüche schwarz auf weiss. Und sind die Ziele sichtbar und öffentlich, können Mitmenschen kritische Fragen stellen und vielleicht auch konstruktive Inputs geben.

Sie können sogar so weit gehen, dass Sie mit jemandem einen Vertrag abschliessen – am besten gleich schriftlich. Zum Beispiel: «Wenn ich pro Woche nicht mindestens zweimal joggen gehe, muss ich die ganze nächste Woche abwaschen.» Ihre Mitbewohner werden sich über den Deal freuen und gerne kontrollieren, ob Sie den Vertrag tatsächlich einhalten. Die psychologische Forschung zeigt: Solche «sozialen Verträge» sind hochwirksam. Sie werden mit Erfolg in der Verhaltenstherapie eingesetzt.

Lernziele statt Leistungsziele

Ziele können lern- oder leistungsorientiert sein. Lernziele sind die besseren Ziele, weil sie beim Lernzuwachs und der Kompetenzsteigerung ansetzen. Dabei vergleicht man sich nicht mit anderen, sondern immer bloss mit sich selber. Sie wollen beispielsweise Ihren Tanzstil verbessern, Ihre persönliche Bestzeit brechen oder die Anzahl Schritte pro Tag erhöhen. Wenn Sie beim Vergleich mit sich selber ansetzen, setzen Sie sich realistischere Ziele und haben eher Erfolgserlebnisse. Das motiviert – und könnte der Grund dafür sein, dass Menschen mit Lernzielen gemäss Studien mehr trainieren und

---

> **AUFGABENBOX 14:**
> **MEIN BEWEGUNGSVERTRAG**
>
> Machen Sie Ihr Bewegungsziel öffentlich und sichtbar.
>
> **Vertrag**
>
> Ich, ..., verpflichte mich, mich ab .... regelmässig zu bewegen, indem ich ....
>
> Halte ich diese Abmachung ein, gönne ich mir alle zwei Wochen ....
>
> Halte ich diese Abmachung nicht ein, spende ich jede Woche, in der ich das Ziel verfehle, zehn Franken an ein Hilfswerk.
>
> Ich, ... (Coach), verpflichte mich, sie/ihn in diesem Vorhaben bestmöglich zu unterstützen.
>
> Datum:
> Unterschriften:
>
> Quelle: www.active-online.ch

---

beharrlicher sind als diejenigen mit Leistungszielen.

Leistungsziele sind weniger gut, weil sie dem Vergleich mit anderen standhalten müssen: Man will im Tanz eine bessere Stilnote als die Teamkollegin, man will das Rennen gewinnen oder so viele Schritte pro Tag absolvieren wie der supersportliche Nachbar. Menschen mit Leistungszielen betrachten ihre Fähigkeiten meist als stabil – im Sinn von «ich kanns» oder «ich kanns nicht». Weil es dazwischen nichts anderes gibt, werden Misserfolge als bedrohlich empfunden.

Wer sich hingegen an Lernzielen orientiert, betrachtet Misserfolge als lernrelevante Informationen, die zeigen, was er oder sie anders machen muss, um den nächsten Schritt zu bewältigen.

> **Der Vergleich mit sich selber macht persönliche Lernfortschritte sichtbar, führt zu einer realistischeren Zielsetzung und steigert längerfristig die Leistung. Der Vergleich mit anderen hingegen führt zu Versagensängsten und hemmt die Motivation.**

5. Den Willen stärken – Schritt 3

LERNZIELE KONTRA LEISTUNGSZIELE

Lernziel	Leistungsziel
Ich will die fünf Kilometer zwei Minuten schneller laufen als im letzten Training.	Ich will schneller laufen als meine Laufpartnerin.
Ich will in diesem Match mindestens zweimal den Ball zurückgewinnen und drei wirklich schöne Pässe spielen.	Ich will ebenso viele Tore schiessen wie der Captain.
Ich will bei gestreckten Beinen mit den Fingern den Boden berühren können.	Ich will ebenso beweglich sein wie die Yogalehrerin.
Ich will mich dreimal pro Woche 30 Minuten bewegen.	Ich will genauso sportlich sein wie mein Nachbar.

Lernziele sind so kraftvoll, dass sich sogar Profisportler, die in ihrer Sportart zu den Weltbesten gehören, daran orientieren. Von Golfprofi Tiger Woods zum Beispiel stammt folgende Aussage: «Ich messe den Erfolg nicht an meinen Siegen, sondern daran, ob ich jedes Jahr besser werde.»

AUFGABENBOX 15: MEIN LERNZIEL

Formulieren Sie Ihr persönliches Bewegungsziel als Lernziel.
....

Annäherungsziele statt Vermeidungsziele

Skifahrer wissen: Man sollte immer dorthin blicken, wo man hinwill. Anfänger machen zuweilen den Fehler, dass sie aus lauter Angst vor dem Hindernis auf den nächsten Baum starren – und dann auch meist dort landen.

Wählen Sie die richtige Zielscheibe

Nach dem gleichen Prinzip funktionieren Annäherungsziele: «Ich will mehr Sport treiben», und Vermeidungsziele: «Ich darf nicht mehr inaktiv sein.» Sie halten uns zwei unterschiedliche Zielscheiben vor die Nase: eine, die wir treffen wollen, und eine, die wir auf keinen Fall treffen sollten.

ANNÄHERUNG KONTRA VERMEIDUNG

Annäherungsziel	Vermeidungsziel
Ich will meiner Gesundheit Sorge tragen.	Ich will nicht krank werden.
Ich will die Strecke schaffen.	Ich will vermeiden, vorher abbrechen zu müssen.
Ich will 10 000 Schritte am Tag absolvieren.	Ich will nicht, dass ich (wieder) scheitere.

> Wird ein Ziel als **Annäherungsziel** formuliert, arbeitet man auf etwas hin, das man erreichen will. Man konzentriert sich auf ein positives Ergebnis. Dabei verfolgt man in der Regel nur einen Weg und kann die vorhandene Energie fokussiert einsetzen.

> **Vermeidungsziele** hingegen verlangen, dass man sich von einem unerwünschten Endzustand entfernt. Dabei müssen immer mehrere Alternativen berücksichtig werden, damit das Unerwünschte nicht eintritt – die Skifahrerin muss sich entscheiden, ob sie links oder rechts am Baum vorbeifahren will oder ob sie zunächst einfach das Tempo drosselt. Dies erfordert viel psychische Energie, die zudem nicht gebündelt eingesetzt werden kann.

Vermeidungsziele sind auch deshalb nutzlos, weil sie die Aufmerksamkeit auf das Nichterreichen lenken. Sie halten einem ständig ein negatives Ereignis vor Augen. Dies führt zu Versagensängsten, die sich negativ auf die Motivation auswirken und so die Zielerreichung sabotieren. Zudem fühlt es sich einfach nicht gut an, Dinge zu tun, nur weil man sonst negative Konsequenzen zu erwarten hätte.

Zahlreiche Studien belegen den negativen Effekt von Vermeidungszielen. So wurde festgestellt, dass Vermeidungsziele bei schwierigen Aufgaben zu einer geringeren Ausdauer führen als Annäherungsziele. Sie schwächen die intrinsische Motivation, wirken sich negativ auf die Leistung aus und beeinträchtigen die Lebenszufriedenheit sowie das emotionale Wohlbefinden.

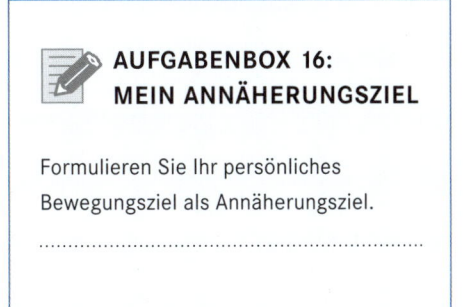

AUFGABENBOX 16: MEIN ANNÄHERUNGSZIEL

Formulieren Sie Ihr persönliches Bewegungsziel als Annäherungsziel.
....

5. Den Willen stärken – Schritt 3

Möglichst konfliktfreie Ziele

Ziele können miteinander in Konflikt stehen. Eltern, die möglichst viel Zeit mit den Kindern verbringen möchten, sich aber auch mehr bewegen wollen, erleben unter Umständen einen solchen Zielkonflikt. Sie können sich nicht zweiteilen und am Abend mit den Kindern Eile mit Weile spielen und sich gleichzeitig mit Freunden zum Stepptanz treffen. Für welche der beiden Handlungen sie sich auch entscheiden, eines der Ziele werden sie nicht erreichen. Das macht unzufrieden und verbraucht viel Energie. Die beiden gegensätzlichen Ziele sind wie zwei Mannschaften, die an den zwei Enden eines Seiles ziehen. Im schlimmsten Fall ziehen beide gleich stark und es bewegt sich gar nichts. Keines der Ziele wird realisiert.

So vermeiden Sie Zielkonflikte

Machen Sie sich in einem ersten Schritt bewusst, welche Ziele mit Ihrem Bewegungsziel in Konflikt stehen könnten. Oft sind Zielkonflikte verbunden mit Zeitknappheit und Ansprüchen von einem selber oder von anderen: Bei der Arbeit sind Überstunden angesagt, der Partner will lieber ins Kino oder Sie selber wollen möglichst perfekt sein und immer alle Ansprüche erfüllen, die andere an Sie stellen.

Eine Möglichkeit, mit Zielkonflikten umzugehen, ist der Versuch, Ziele miteinander zu vereinen. Möchten Sie zum Beispiel viel Zeit mit Ihren Kindern verbringen, kann die Lösung darin bestehen, sich gemeinsam mit ihnen zu bewegen – also Joggen mit dem Kinderwagen oder ein Bewegungsspiel mit dem Nachwuchs.

Doch nicht immer ist es möglich und sinnvoll, Ziele miteinander zu vereinen. Dann gilt es, Prioritäten zu setzen und Zeitinseln zu schaffen. Was ist Ihnen wichtiger? Wie viel Zeit wollen Sie welchem Ziel widmen? Nicht immer muss die Bewegung erste Priorität haben – aber vielleicht doch zweimal in der Woche. Oder können Sie das Problem lösen, indem Sie Arbeit delegieren oder Ihre Ansprüche an sich selber revidieren? Indem Sie diese Fragen klären, vermeiden Sie Frustrationen und Enttäuschungen und optimieren Ihre Planung.

Irina S. hat zwei kleine Kinder …

… und kann sich unmöglich drei Stunden pro Woche Zeit für Sport nehmen. Sie hat aber herausgefunden, dass sich der nahe Vita Parcours recht gut mit einem Spaziergang kombinieren lässt. Während sie die Übungen macht, schläft das Baby im Idealfall im Kinderwagen und die vierjährige Tochter versucht mitzumachen. Zwar beanspruchen die beiden Mädchen immer wieder ihre Aufmerksamkeit, aber Irina hat Improvisationstalent – zwischendurch stemmt sie einfach mal ein Kind.

> **AUFGABENBOX 17: MEINE ZIELKONFLIKTE**
>
> Notieren Sie, welche Ziele mit Ihrem Bewegungsziel in Konflikt stehen. Was könnten Sie dagegen tun?
>
> Mein Bewegungsziel: ....
> ....
>
> Konfliktziel 1: ....
> ....
> Lösung: ....
> ....
> Konfliktziel 2: ....
> ....
> Lösung: ....
> ....

Die Psychologinnen Melissa Guerrero Witt und Wendy Wood konnten in einer Studie aufzeigen, dass Menschen, die an einem 14-tägigen Fitnessprogramm teilnahmen, ihre Fitnessziele umso besser erreichen, je weniger sie während dieser Zeit von anderen Zielen in Anspruch genommen wurden.

Sind Ihre Ziele SMART?

SMART ist ein Kunstgebilde aus den Anfangsbuchstaben der Wörter: spezifisch, messbar, attraktiv, realistisch und terminiert. Diese Kriterienliste wurde ursprünglich für Ziele im Projektmanagement entwickelt und ist unter anderem deshalb praktisch, weil der englische Bergriff «smart» so viel wie klug bedeutet und daher leicht zu merken ist. Die SMART-Regeln sind so erfolgreich, weil sie die wichtigsten Grundsätze in ein und derselben Checkliste abbilden. SMART ist ein Instrument, das Sie jederzeit abrufen können, wenn Sie Ihre Ziele auf ihre Tauglichkeit überprüfen wollen.

> **S**pezifisch – Ziele sollten so genau wie möglich sein: konkret und präzise.
> > Ich will mich im Alltag mehr bewegen. Darum werde ich keine Treppe mehr auslassen.
> > Ich will meine Beweglichkeit verbessern und melde mich darum gleich morgen für einen Yogakurs an.
> > Ich will den Silvesterlauf in Zürich absolvieren und darum will ich bis Ende Jahr so fit sein, dass ich 8,6 Kilometer am Stück rennen kann.
> **M**essbar – Ziele müssen messbar sein. Messbarkeit funktioniert als Feedback-Element, das Auskunft darüber gibt, ob ein Ziel erreicht wurde oder nicht.
> > Ich will jeden Tag 10 000 Schritte machen, die ich mit dem Schrittzähler aufzeichne.
> > Ich will bei gestreckten Beinen meine Zehen mit den Händen berühren können.

5. Den Willen stärken – Schritt 3

> Wenn ich im Training sieben Kilometer am Stück schaffe, bin ich dem Ziel schon sehr nahe. Und wenn ich mit einer Finisher-Medaille nach Hause gehe, habe ich es geschafft.

> **A**ttraktiv – Ziele sollten einen gewissen Reiz haben, etwa weil sie eine Herausforderung darstellen oder weil das Erreichen des Ziels Spass macht.
>> Ich werde mich besser fühlen und stolz auf mich sein, wenn ich jeden Tag 10 000 Schritte schaffe.
>> Yogis haben eine gute Ausstrahlung und Körperhaltung. So möchte ich auch wirken.
>> Ich wollte schon immer einen Volkslauf machen. Ich will spüren, wie es ist, unter Applaus zu rennen und am Schluss eine Medaille zu haben.

> **R**ealistisch – Ziele müssen möglich sein.
>> Bisher habe ich 7000 Schritte pro Tag gemacht. 3000 mehr schaffe ich wahrscheinlich, wenn ich den Lift konsequent meide und jeweils eine Busstation früher aussteige.
>> Ich habe weder Verletzungen an meinen Sehnen noch an meinen Muskeln. Darum steht dem Ziel eigentlich nichts im Weg.
>> Ich kann schon drei Kilometer am Stück rennen. Bleibe ich jetzt dran und gehe regelmässig joggen, sollte ich die Silvesterlaufdistanz bis Ende Jahr schaffen.

> **T**erminierbar – zu jedem Ziel gehört eine klare Terminvorgabe, bis wann es erreicht sein muss. Das schafft Verbindlichkeit und ermöglich wenn nötig rechtzeitige Strategieanpassungen.
>> Ab morgen versuche ich, mein Bewegungsziel von 10 000 Schritten täglich zu erreichen.
>> Nach 20 Lektionen möchte ich so weit sein.
>> Der Lauf findet Ende Jahr statt.

Studien zeigen, dass die Begriffe «müssen» und «sollen» zu einer geringeren Zielbindung führen als Formulierungen mit «wollen». Der Grund dafür: «Ich muss» oder «ich sollte» – das tut man für andere oder, um sozialen Normen zu genügen. «Ich will» ist aktiv und selbstbestimmt. Selbstbestimmte Ziele werden konsequenter und mit mehr Freude verfolgt.

Wie gut lässt sich Ihre Aktivität messen?

Sportarten, bei denen sich die Leistung in Zahlen ausdrücken lässt, sind relativ einfach messbar. Trefferquote, Laufzeit oder Sprunghöhe geben Auskunft darüber, ob Sie das Ziel erreicht haben oder nicht. Bei Bewegungsformen wie Gymnastik oder Tanz wird es schon schwieriger. Hier müssen Sie sich auf die geschärfte Aufmerksamkeit und das

> **AUFGABENBOX 18:
> MEIN SMART-ZIEL**
>
> Wenden Sie die SMART-Checkliste auf die von Ihnen gewählte Aktivität an:
>
> Mein Bewegungsziel: ....
> ....
>
> **S**pezifisch: ....
> ....
>
> **M**essbar: ....
> ....
>
> **A**ttraktiv: ....
> ....
>
> **R**ealistisch: ....
> ....
>
> **T**erminiert: ....
> ....

kompetente Feedback der Kursleiterin verlassen oder auf Ihre eigene Wahrnehmung anhand des Spiegelbilds vertrauen. Hilfreich kann auch eine Videoanalyse sein. Werden zwei Aufnahmen zu verschiedenen Zeitpunkten gemacht, wird der Fortschritt eins zu eins sichtbar. Wollen Sie allgemein herausfinden, ob Sie fitter geworden sind, können Sie sich am Ruhepuls orientieren (mehr darüber auf Seite 20).

5. Den Willen stärken – Schritt 3

5.3 Den Willen in Handlung umsetzen

Im Idealfall wissen Sie nach dem letzten Kapitel genau, was Sie wollen. Jetzt ist es nur noch ein kleiner Schritt zu Ihrem vollständigen Bewegungsplan. Denn Pläne sind eigentlich nichts weiter als konkretisierte Ziele.

Ohne Pläne läuft im Berufsleben nichts. Architekten benötigen einen Bauplan, Manager einen Jahresplan, Lehrer einen Lehrplan. Pläne sind Handlungsanleitungen. Sie zerlegen Ziele in einzelne Arbeitsschritte und zeigen, was zu tun ist. Wie hoch muss die Mauer werden? Welche Projekte sollen in Angriff genommen werden? Was müssen Schülerinnen und Schüler im sechsten Schuljahr lernen?

Dabei gilt: Je schwieriger die Aufgabe, desto mehr lohnt es sich, die Pläne schriftlich festzuhalten.

Ihr Handlungsplan, ganz konkret

Ein guter Handlungsplan ist ein Plan, den Sie sich leicht einprägen und ohne psychische Anstrengung abrufen können. Er ist konkret und beantwortet die wichtigsten W-Fragen – was, wie, wann, wie lange, wo und mit wem. Für eine Sporteinsteigerin, die sich

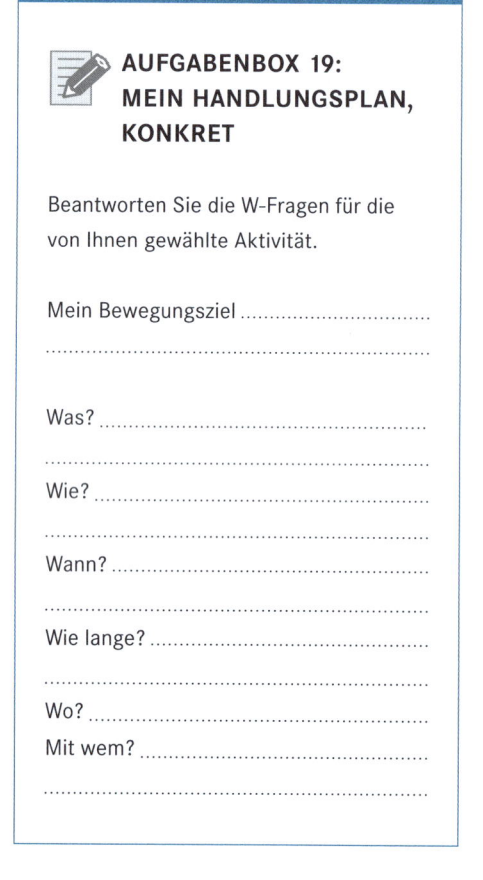

> **AUFGABENBOX 19:**
> **MEIN HANDLUNGSPLAN, KONKRET**
>
> Beantworten Sie die W-Fragen für die von Ihnen gewählte Aktivität.
>
> Mein Bewegungsziel ....
> ....
>
> Was? ....
>
> Wie? ....
>
> Wann? ....
>
> Wie lange? ....
>
> Wo? ....
> Mit wem? ....

mehr bewegen will, können die Antworten zum Beispiel lauten:

> Was? Nordic Walking
> Wie? Mit Stöcken
> Wann? Dienstag- und Donnerstagabend um 19 Uhr
> Wie lange? 30 Minuten
> Wo? Am Waldrand
> Mit wem? Am Dienstag in der Gruppe, am Donnerstag mit Viktor

Hat die Sporteinsteigerin diese Fragen für sich beantwortet, wird sie allenfalls auf Probleme aufmerksam. Sie merkt, dass sie sich erst noch Walking-Stöcke beschaffen und den Kinotermin am Donnerstagabend verschieben muss. Oder aber es wird ihr bewusst, dass sie sich nicht genügend informiert hat und gar nicht weiss, wo sich die Nordic-Walking-Gruppe jeweils trifft. So wird sie bereits vor der eigentlichen Handlung aktiv, organisiert sich und schafft optimale Startbedingungen.

Durch das Konkretisieren wird die Absicht auch vorstellbar. Die Sporteinsteigerin sieht sich eventuell bereits am Dienstagabend in der Gruppe den Waldrand entlangstapfen – und ist damit der Bewegung auch mental einen Schritt näher.

BEISPIEL WOCHENPLAN

	Mo	Di	Mi	Do	Fr	Sa	So	Gesamttotal
Morgen	10 Min. Kraftübungen zu Hause			10 Min. Kraftübungen zu Hause				
Nachmittag			25 Min. Inlineskaten				20 Min. Velofahren	
Abend					20 Min. zur Freundin und zurück	40 Min. Tanzen in der Disco		
Total	10 Min.		25 Min.	30 Min.		40 Min.	20 Min.	125 Min.

5. Den Willen stärken – Schritt 3

Aufschreiben bringts

Am besten schreiben Sie Ihren Plan auf ein separates Blatt Papier und hängen ihn an einer Stelle auf, wo Sie ihn immer wieder sehen. Denken Sie jetzt nicht: «Ja, ich habe schon verstanden, worum es geht. Und es reicht, wenn ich mir das einfach merke.» Es ist ein Unterschied, ob Ihr Plan bloss in Ihrem Kopf existiert oder tatsächlich schwarz auf weiss vorhanden ist (siehe auch Seite 57).

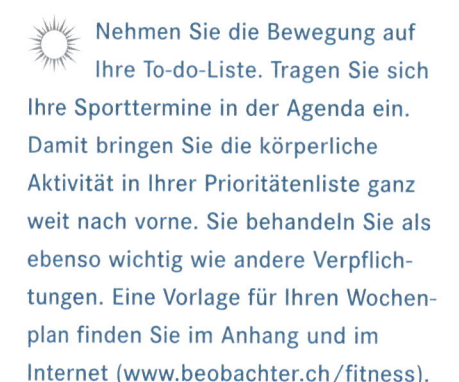

> **Nehmen Sie die Bewegung auf Ihre To-do-Liste. Tragen Sie sich Ihre Sporttermine in der Agenda ein. Damit bringen Sie die körperliche Aktivität in Ihrer Prioritätenliste ganz weit nach vorne. Sie behandeln Sie als ebenso wichtig wie andere Verpflichtungen. Eine Vorlage für Ihren Wochenplan finden Sie im Anhang und im Internet (www.beobachter.ch/fitness).**

Formulieren Sie Wenn-dann-Sätze

Inzwischen sind Sie nicht nur topmotiviert, sondern haben auch das Ziel klar vor Augen und einen Superplan. Trotzdem zögern Sie vielleicht noch oder es passiert Ihnen immer wieder, dass Sie Ihre Absicht doch nicht in eine Handlung umsetzen können. Psychologen sprechen von der Intentions-Verhaltens-Lücke – dem Abgrund zwischen gesetztem Ziel und tatsächlichem Verhalten.

Die Brücke über dem Abgrund

Diese Lücke stellt eine der grössten Fallgruben auf dem Weg zum bewegten Leben dar. Ein guter Plan und ein klares Ziel sind bereits mehr als die halbe Brücke über den Abgrund. Damit auch der letzte Schritt gelingt, haben Psychologen ein einfaches, aber erstaunlich wirksames Instrument entwickelt – sogenannte Implementierungsintentionen. Das Prinzip ist so einfach, dass man die Experten für die Psyche sogar verdächtigen könnte, absichtlich ein schwieriges Wort dafür gewählt zu haben. Implementierungsintentionen sind nichts anderes als Wenn-dann-Sätze, die festlegen, wann man wie reagiert – also eigentlich ganz einfache Pläne. Sie funktionieren immer nach dem gleichen Schema:

> WENN Situation X eintritt, DANN werde ich Verhalten Y zeigen.
>> WENN ich in ein anderes Stockwerk gehen muss, DANN nehme ich die Treppe.
>> WENN ich morgen früh aufstehe, DANN hole ich das Thera-Band aus der Schublade und mache meine Übungen.

Es funktioniert wirklich

Dass der Trick funktioniert, beweisen zahlreiche Studien. Die britische Psychologin Sarah Milne etwa verglich gemeinsam mit Kollegen das Bewegungsverhalten von Personen, die Implementierungsintentionen in

> ### ✎ AUFGABENBOX 20: MEINE WENN-DANN-SÄTZE
>
> Formulieren Sie so viele Wenn-dann-Sätze für Ihre Bewegungsabsicht, wie Sie brauchen.
>
> Wenn ....
> ....,
> (hier Situation, Wochentag und Uhrzeit eintragen)
>
> dann ....
> ....
> (hier Ihre Handlung eintragen)

Wenn-dann-Sätze schafften es bloss 38 Prozent. Ähnliche Resultate wurden bei Studien zur Medikamenteneinnahme, Krebsvorsorge oder Aktivität nach Gelenkoperationen erzielt.

Warum aber haben diese einfachen Sätze eine derart grosse Wirkung? Wenn-dann-Sätze verknüpfen eine Situation mit einer Handlung und funktionieren damit ähnlich wie Gewohnheiten. Auch schlechte Angewohnheiten, etwa: «Wenn ich nach Hause komme, dann schnappe ich mir ein Bier und leg mich aufs Sofa», sind in Form von Wenn-dann-Sätzen in unseren Köpfen abgelegt – wobei in diesem Fall sowohl das Ablegen wie auch das Abrufen unbewusst geschieht.

Wollen Sie ein neues Verhalten lernen, ist es von Vorteil, wenn Sie sich aktiv um eine Um- oder Neuformulierung bemühen. Wenn-dann-Sätze haben zudem die gute Eigenschaft, dass man sie sich besonders gut merken kann – unter anderem, weil sie sehr konkret sind und man sowohl die Situation wie auch die Handlung vor dem inneren Au-

Form von Wenn-dann-Sätzen formuliert hatten, mit dem von Personen, die bloss eine Absicht hatten im Stil von: «Ich will mich regelmässig bewegen.» Das Ergebnis: 91 Prozent der Probanden mit Implementierungsintentionen realisierten ihr Vorhaben – ohne

---

HILFE FÜR HIRNVERLETZTE

Wenn-dann-Sätze bewähren sich sogar bei Menschen mit Hirnverletzungen am Frontallappen. Das zeigten Studien des Psychologen Peter Gollwitzer von der New York University. Patienten mit solchen Hirnverletzungen haben meist Probleme mit bewussten Handlungen, voll automatisierte funktionieren jedoch unverändert gut. Mithilfe der Wenn-dann-Sätze konnten sie beinahe problemlos handeln. Das lässt laut Gollwitzer darauf schliessen, dass Wenn-dann-Vorsätze sehr rasch zu gewohnheitsmässigem, automatisiertem Verhalten verhelfen.

5. Den Willen stärken – Schritt 3

«Sie brauchen eine klare Vision von dem, was Sie tun wollen – und müssen dranbleiben.»

Roger B. Smith, US-Unternehmer

ge deutlich sieht. So bleibt das Gehirn auf Stand-by: Die vorher definierte Situation ist ständig im Gedächtnis aktiviert und tritt der Zeitpunkt ein, wird die Handlung quasi automatisch ausgelöst – eben fast wie eine Gewohnheit. Schliesslich haben Sie bereits entschieden, wie Sie handeln wollen, wenn die Situation eintritt. Damit können Sie die gefährliche SOS-Frage elegant überspringen (siehe auch Seite 121).

Belohnen Sie sich

Belohnen und Bestrafen sind Grundprinzipien der Pädagogik. Gute Lehrkräfte wissen allerdings, dass Zuckerbrot viel besser wirkt als die Peitsche. «Wenn ihr gut arbeitet, dann gibts eine Überraschung. Wenn ihr brav seid, dann machen wir noch ein Spiel. Wenn wir das Thema rechtzeitig abschliessen können, haben wir Zeit für einen Ausflug.» Und auch Lob und Anerkennung sind Belohnungen: «Super. Gut gemacht. Weiter so!» Solche Sätze gehören ins Schulzimmer wie das Amen in die Kirche.

Werden Sie Ihr eigener Erzieher. Machen Sie einen Deal mit sich selber. Klopfen Sie sich auf die Schulter, wenn Sie Fortschritte machen. Und tun Sie sich etwas Gutes, wenn Sie ein Ziel erreicht haben. Erleben Sie diese Momente bewusst, geniessen Sie Ihren Erfolg. Gerade für Bewegungseinsteiger ist diese Technik besonders zu empfehlen. Denn zu Beginn empfindet man körperliche Aktivität häufig eher als Bestrafung – als mühsam und anstrengend. Positiv erlebte Effekte wie weniger Stress oder ein besseres Körpergefühl stellen sich oft erst langfristig ein. Bis Sie in den Genuss dieser natürlichen Belohnung kommen, sollten Sie sich mit anderen Zückerchen austricksen.

Belohnung funktioniert unter anderem deshalb so gut, weil sie als Verstärker auf Ihr Verhalten wirkt. Um dieses Prinzip zu erklären, bietet sich ein kleiner Ausflug in die Verhaltenspsychologie an – zur klassischen Konditionierung und zur Gegenkonditionierung.

Konditionierung: Pawlows Hund

Eine der wichtigsten Lerntheorien geht auf den russischen Mediziner Iwan Pawlow zurück. Eigentlich interessierte sich Pawlow für Verdauungsdrüsen und er wunderte sich, warum Hunde in bestimmten Situationen besonders viel Speichel produzieren. Der Forscher stellte fest, dass Zwingerhunde immer dann zu geifern begannen, wenn sie die Schritte ihrer Pfleger hörten. Er vermutete, dass das Geräusch der Schritte für die Hunde mit Fressen verbunden war. Um seine

Hypothese zu prüfen, gestaltete er 1905 ein aussagekräftiges Experiment: Immer bevor die Hunde gefüttert wurden, liess er einen Glockenton erklingen. Mit der Zeit verbanden die Hunde den Glockenton ebenfalls mit Futter und begannen bei seinem Erklingen zu geifern – auch wenn noch gar kein Futter in Sicht war. Dieses Phänomen bezeichnete Pawlow als Konditionierung. Er stellte fest, dass man einen reflexauslösenden Reiz (Futter) an einen neutralen Reiz (Glockenton) koppeln und so den Reflex (Geifern) auslösen kann, ohne dass der reflexauslösende Reiz, das Futter, im Spiel ist. Pawlow erkannte eines der wichtigsten Lernprinzipien – das klassische Konditionieren.

Was aber haben die pawlowschen Hunde mit Bewegung zu tun? Im Verlauf Ihres Lebens haben auch Sie gelernt, gewisse Reize mit bestimmten Reaktionen zu verbinden. Sie kombinieren den Reiz «Feierabend» eventuell mit der Reaktion «Fernsehen», «Treppenhaus» mit «Liftfahren» oder «Stress» mit «Essen». Nun sind Sie aber Ihrem Muster nicht hilflos ausgeliefert. Sie können dem Reiz eine neue Reaktion folgen lassen. Schliesslich sind Sie kein von Reflexen gesteuerter Hund, sondern ein denkendes Subjekt. Allerdings müssen Sie das neue Verhalten erst erlernen – und hier kommt die Gegenkonditionierung ins Spiel.

Gegenkonditionierung mit Verstärker

Die Gegenkonditionierung ist eine Methode der Verhaltenstherapie, die davon ausgeht, dass Fehlverhalten erlernt ist und daher auch wieder verlernt werden kann. Zur Erklärung des Prinzips eignet sich besonders gut das Beispiel des Pferdes, das vor dem Sattel scheut, weil es das lederne Ungetüm mit einem schlechten Erlebnis verbindet. Zeigt man dem vierbeinigen Patienten den Sattel immer wieder, ohne dass dabei etwas Negatives geschieht, verliert das Pferd seine Angst mit der Zeit.

Das Verlernen der Angst kann mithilfe der operanten Konditionierung, einem weiteren Lernprinzip, beschleunigt werden. Dabei wird ein Verstärker (Operator) in Form einer Belohnung eingesetzt: Jedes Mal, wenn das Pferd den Sattel sieht, erhält es einen Zucker – der negative Reiz (Sattel) wird mit einem positiven Reiz (Zucker) verbunden und die negative Reaktion (Angst) weicht einer positiven Erwartungshaltung (lecker). Das kann so weit gehen, dass das Pferd sogar freudig herbeitrabt, wenn es den Sattel sieht.

Nutzen Sie diese Methode für sich. Kombinieren Sie den negativen Reiz mit einem positiven, das Anstrengende mit dem Angenehmen. Sie können zum Beispiel während Ihrer Lieblingssendung trainieren – auf der Gymnastikmatte, dem Hometrainer, mit dem Springseil. Oder Sie machen die Velotour zu einem schönen Ausflugsziel, treffen Ihre Freunde auf einen Schwatz beim Spaziergang.

5. Den Willen stärken – Schritt 3

Die Methode funktioniert auch, wenn gewisse Reize immer zu einer für die Bewegung negativen Reaktion führen – Feierabend zu Fernsehen oder Stress zu Essen. Belohnen Sie sich, wenn Sie dieses Reiz-Reaktions-Schema durchbrechen können. Die Belohnung wirkt dabei als Verstärker für die positive Reaktion, die Bewegung.

Marco S. ist ein Sportfan, ...

... er liebt Tennis, Fussball und Eishockey. Allerdings frönt er dem Sport ausschliesslich als Zuschauer – meist mit Chips und Bier vor dem TV. Eines Tages beschliesst der 48-Jährige, dass es so nicht mehr weitergehen kann. Er ersteigert auf Ricardo einen günstigen Hometrainer und stellt diesen vor den Fernseher. Er nimmt sich vor, jeden Mittwochabend zum Fussball, jeden Sonntagabend zum «Sportpanorama» und mindestens einmal pro Woche zu einem weiteren Sportereignis in die Pedale zu treten. Wenn er den Plan tatsächlich realisiert, will er sich Ende Monat mit dem neuen Trikot seines Lieblingsvereins belohnen.

Was sind gute Belohnungen?

Mit welchen Zückerchen Sie sich zu mehr Bewegung verführen können, müssen Sie selber herausfinden. Vielleicht lockt Sie die Aussicht auf einen Kinoabend, einen Theaterbesuch oder einen anderen Ausflug aus der Reserve. Allenfalls können Sie Ihren inneren Schweinehund mit einer Massage, einem Vollbad oder anschliessendem Fernsehen austricksen. Für andere wiederum eignen sich eher materielle Belohnungen: ein hübsches Kleid, eine CD oder ein neuer Einrichtungsgegenstand. Auch eine Extraportion Pasta, ein feines Dessert oder ein Nachtessen auswärts können einen Anreiz darstellen. Schliesslich dürfen Sie mit gutem Gewissen zuschlagen, wenn Sie sich genug bewegt haben. Haben Sie ein Gewichtsproblem, sollten Sie einzig darauf achten, dass Sie nicht mehr Kalorien zu sich nehmen, als Sie verbraucht haben.

Und ganz wichtig: Belohnen Sie sich nicht, wenn Sie das Ziel nicht erreicht haben. Das würde Sinn und Zweck der Belohnung logischerweise untergraben. In einem solchen Fall gilt es vielmehr, das Ziel zu überdenken. War es zu hoch gesteckt? Müssen Sie allenfalls Zwischenziele finden und sich kleinere Belohnungen gönnen, wenn Sie diese erreicht haben?

Regina K. war erst 55, ...

... als sie einen Herzinfarkt erlitt. In der Folge nahm sie an einem Rehabilitationsprogramm teil. Mit dem Ergometer und dem Laufband hat sie sich bis heute nicht richtig angefreundet, allerdings hat sie während des dreimonatigen Programms zwei weitere Frauen mit Herzproblemen kennengelernt. Nach dem offiziellen Ende des Programms setzen die drei Leidensgenossinnen das Training gemeinsam fort. Sie nehmen ihr Schicksal inzwischen mit Humor: Während sie strampeln und schwitzen, wird immer viel geschwatzt und gelacht – und anschliessend belohnen sich die drei meist mit einem gemeinsamen Ausflug in die Innenstadt.

> Eine 60 Kilogramm schwere Hausfrau, die viermal wöchentlich eine Stunde Ausdauersport betreibt, kann einiges mehr essen, ohne zuzunehmen, als eine unsportliche Frau mit vorwiegend sitzender Tätigkeit. Der bewegte Alltag der Hausfrau sowie die regelmässige Aktivität sorgen für einen täglichen Bonus von circa 800 Kalorien – was eineinhalb Tafeln zartester Milchschokolade entspricht.

Aktivieren Sie Ihren Autopiloten

Bisher haben Sie vor allem erfahren, wie man schlechte Gewohnheiten bricht. Sie können die Macht der Gewohnheit aber auch nutzen, um Ihr Bewegungsziel zu unterstützen. Sind Sie an etwas gewöhnt, brauchen Sie nicht ständig neu zu überlegen, ob Sie es nun tun sollen oder nicht (SOS-Frage). Sie tun es einfach. Diese Selbstverständlichkeit spart viel Energie und Willenskraft (siehe auch Seite 131).

Damit Ihr neues Bewegungsverhalten zu einer Gewohnheit werden kann, braucht es Wiederholungen. Verzichten Sie mehrere Wochen auf das Liftfahren, steuern Sie mit der Zeit automatisch auf die Treppe zu. Auch mit dem Velo zur Arbeit zu fahren, kann zur Gewohnheit werden: Man tritt morgens aus dem Haus, geht – ohne weiter darüber nachzudenken – zum Rad und fährt los.

> Denken Sie an die Macht der Gewohnheit, wenn Sie wieder einmal geneigt sein sollten, Ihre Vorsätze zu brechen: Je öfter Sie eine Handlung ausführen, desto einfacher wird sie Ihnen in Zukunft fallen.

Allerdings sind Wiederholungen nicht die einzige Voraussetzung. Es ist auch wichtig, dass man die Handlungen wenn möglich immer zur gleichen Zeit und am selben Ort ausführt. So wird eine bestimmte Situation mit einem bestimmten Verhalten verknüpft – die allmorgendliche Gymnastik im Wohnzimmer, das Tennisspiel am Samstag um zehn Uhr mit dem Nachbarn oder der Spaziergang über Mittag. Die Gewohnheit, jeden Morgen vor dem Frühstück zehn Minuten Yoga zu machen, kann sogar so stark werden, dass die Morgensituation regelrecht nach den Übungen verlangt.

Auch erfahrene Eltern nutzen diese Erkenntnis. Sie wissen: Wenn es ihnen gelingt, bei den Hausaufgaben eine gewisse Rhythmik aufzubauen – von der Schule heimkommen, Zvieri essen, eine halbe Stunde Entspannung, Hausaufgaben, Spiel –, kann das Hausaufgabenmachen Gewohnheitscharakter annehmen und ist dadurch nicht mehr Gegenstand mühsamer Diskussionen.

Achten Sie darum auf Ihren Rhythmus. Verknüpfen Sie Ihr Bewegungsziel mit einem festen Termin und einer bestimmten Situation und aktivieren Sie so Ihren Autopiloten.

> Gewohnheiten bilden das Fundament unseres Alltags. Aus Tagebuchstudien ist bekannt, dass ungefähr 45 Prozent des Alltagsverhaltens fast jeden Tag am selben Ort wiederholt werden – etwa die Frühgymnastik, der Mittagsschlaf oder das Anschauen der TV-Spätnachrichten.

Zu guter Letzt: Schreiben Sie alles auf

Haben Sie alle Aufgaben in diesem Kapitel ausgeführt, haben Sie einen gewaltigen Schritt getan. Sie haben nun eine konkrete Vorstellung, was Sie wollen und wie Sie vorgehen werden. Fassen Sie Ihr Bewegungsziel, Ihren Plan und die dazugehörigen Wenn-dann-Sätze nochmals auf einem separaten Blatt zusammen. Achten Sie auf die Beantwortung der W-Fragen und auf die Art, wie Sie die Ziele formulieren.

Dieses Papier ist Ihr Handlungsplan für die Zukunft. Platzieren Sie es an einer exponierten Stelle, damit Sie täglich daran erinnert werden und Ihr Plan für andere sichtbar ist. Vielleicht fertigen Sie Kopien an, damit Sie Ihren Plan an mehreren Orten deponieren können. Betrachten Sie das Papier als einen Vertrag, den es zu erfüllen gilt. Um dies zu unterstreichen, können Sie es auch einer Vertrauensperson aushändigen und diese bitten, zu kontrollieren, ob Sie Ihren Plan tatsächlich einhalten (siehe auch Seite 138).

> Ihr umfassender Handlungsplan ist die Kombination der Aufgabenboxen 19 und 20. Im Anhang und im Internet finden Sie eine Vorlage dafür. Aber vielleicht möchten Sie für Ihren Vertrag mit sich selber lieber eine eigene Darstellung wählen, damit Sie gern auf dieses wichtige Papier schauen.

«MIT TANZEN KANN MAN DEN LEUTEN IMMER FREUDE BEREITEN.»

RUEDI BECK, 65 UND LEIDENSCHAFTLICHER TÄNZER, FAND NUR DANK DER LIEBE ZU SEINER FRAU AUFS PARKETT.

Ich und tanzen? Unmöglich! Hätte ich gesagt, wenn man mich mit 20 oder 30 danach gefragt hätte. Denn ich habe ein grosses Handicap: Ich habe kein Musikgehör. Nein, das ist kein Witz. Ich bin so unmusikalisch, dass mein Lehrer in der Sekundarschule erst dachte, ich wolle ihn veräppeln. Schliesslich gab er alle Hoffnung auf und dispensierte mich vom Musikunterricht – und sein Nachfolger tat es ihm nach einigen Versuchen gleich.

Fussball war seit meinem zwölften Lebensjahr mein Ein und Alles. Das Team, der Ball und das Spiel waren meine Beweggründe. Ich trainierte in der Regel zweimal pro Woche, spielte Zweit- oder Drittliga. Bis ich 36 Jahre alt war. Dann kam erst der Meniskus, später das Kreuzband.

Nach den Operationen musste ich mich neu orientieren. Ich versuchte es mit Volleyball und Turnen. Die rhythmischen Übungen beim Aufwärmen waren jeweils die schwierigsten Minuten. Musste ich den Hampelmann machen, sah das auch wirklich so aus. Denn hatten die anderen die Hände unten, hatte ich sie garantiert oben. Kurz: Ich war eine echte Lachnummer. Zum Glück kann ich über mich lachen.

Schliesslich kam der Tag, an dem meine Frau sagte: «Lass uns einen Tanzkurs machen.» Da war ich 45. Ich warnte sie, aber sie liess sich nicht davon abbringen. Der Anfang war harzig, sehr harzig. Es dauerte nicht Stunden, sondern ganze drei Kurse à acht Lektionen, bis ich mich etwas lockerer fühlte, bis ein Anflug von Freude aufkam. Dass ich so lange dranblieb, habe ich der Liebe zu meiner Frau zu verdanken – und wohl auch ihrer Geduld.

Auch Tänzer fallen nicht vom Himmel. Es braucht Übung, Übung, Übung. Bei den einen weniger, bei mir etwas mehr. Wer als Zuschauer eine ganze Choreografie betrachtet, ist schnell beeindruckt und denkt: «Das könnte ich nie.» Aber es sieht immer viel schwieriger aus, als es tatsächlich ist. Man lernt ein Stück ja nicht gleich als Ganzes, sondern arbeitet erst an einzelnen Schrittfolgen – step by step und am besten trocken, also ohne Musik. Auch beginnt man nicht mit einem Cha-Cha-Cha, sondern mit einem englischen Walzer – schön gemächlich eben.

Seit 20 Jahren tanze ich nun. Meine Frau muss mich schon lange nicht mehr aufs Parkett schleppen. Warum es mir gerade diese Sportart angetan hat? Dass Tanzen der Inaktivität und der Demenz im Alter vorbeugt, ist schön, aber für mich nicht unbedingt die Triebfeder. Viel wichtiger ist mir unser Verein, der TanzSportclub Wiedikon mit über 40 Mitgliedern. Ich bin ein geselliger Mensch und liebe es, gemeinsam mit anderen an etwas zu arbeiten. Tanzen ist zudem mit vielen schönen Momenten verbunden:
An Festen, in den Ferien oder bei meiner freiwilligen Arbeit im Altersheim – man kann den Leuten immer eine Freude bereiten. Und dann ist da diese spezielle Kombination von Kopf- und Beinarbeit, die beim Tanzen entsteht. Man muss sehr genau und konzentriert sein; gleichzeitig darf man sich aber nicht verkrampfen, muss locker bleiben, damit es harmonisch wirkt. Diese Herausforderung fasziniert mich. Vielleicht gerade, weil ich kein Naturtalent bin.

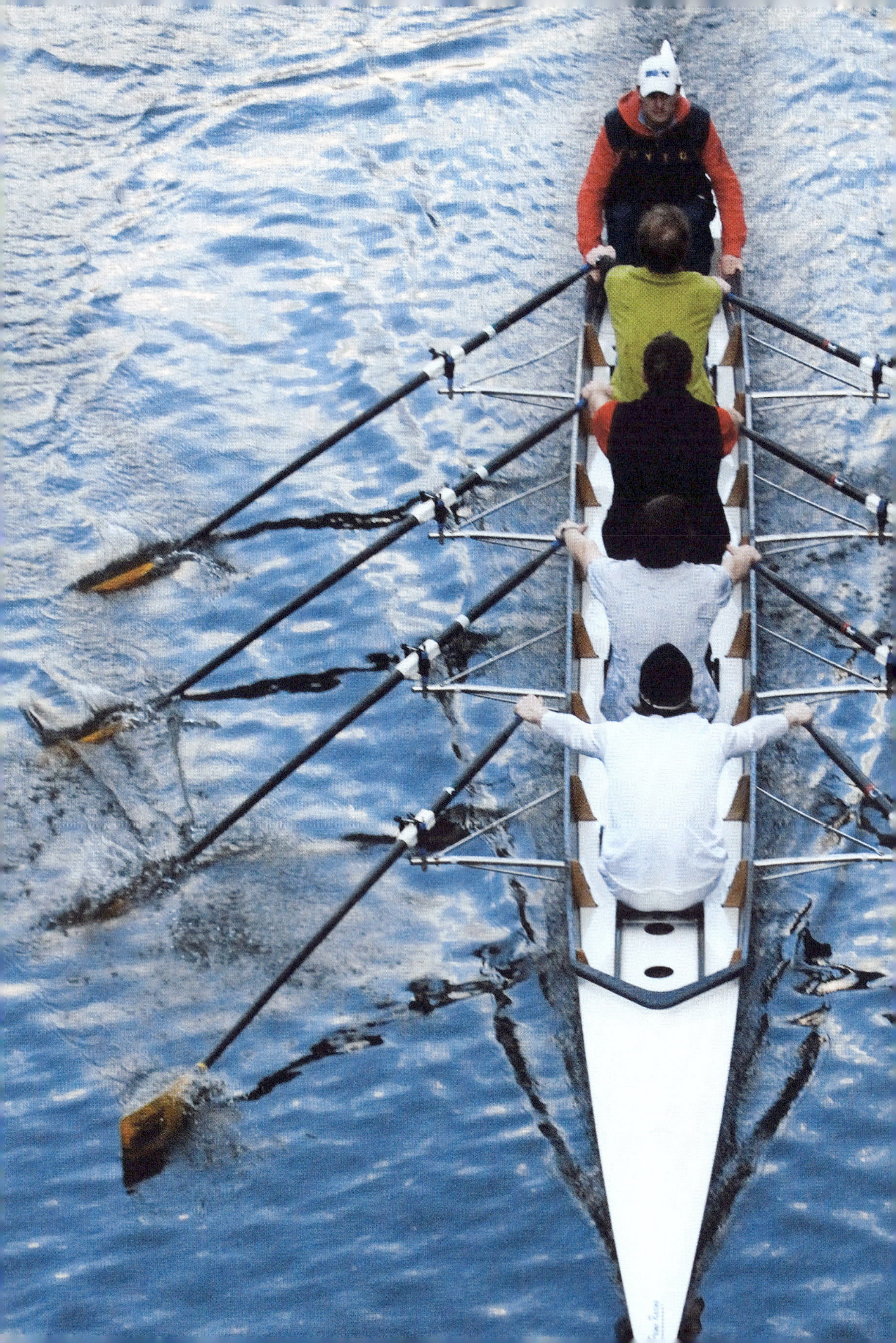

6

Dranbleiben – die Krönung

Wie bleiben Sie am Ball, wenn der Reiz des Neuen langsam verblasst? Wie halten Sie das Training aufrecht, wenn Schwierigkeiten auftreten? Und was können Sie tun, wenn Sie im entscheidenden Moment einfach keine Lust auf Bewegung haben? Dieses Kapitel bietet Antworten.

6.1 So stärken Sie Ihre Selbstkontrolle

Lernen Sie in diesem Kapitel Strategien kennen, die Ihre Fähigkeit zur Selbstkontrolle stärken. Entdecken Sie die Macht der Gefühle, erfahren Sie die Kraft von Selbstgesprächen und finden Sie heraus, wie Sie Ihre Barrieren überwinden.

Allmählich wird es richtig ungemütlich für Ihren inneren Schweinehund: Wahrscheinlich hat er sich schon ein paarmal winselnd in die Ecke verzogen, während Sie die Sportschuhe geschnürt haben. Ganz los sind Sie das faule Tier aber noch nicht. Es lauert in seinem Versteck und wartet, bis sich eine gute Gelegenheit ergibt, erneut anzugreifen – zum Beispiel, wenn die Selbstregulation versagt.

Wenn wieder was dazwischenkommt

Sie erinnern sich: Die Selbstregulation ist der demokratische Umgang mit den Stimmen, die für oder gegen das Bewegungsziel sprechen (siehe Seite 130). Klar definierte Ziele und ein guter Plan verstärken die bewegungsfreundlichen Stimmen. Es wird aber immer wieder Situationen geben, in denen andere Stimmen lauter sind. Ein Beispiel: Eine Sportlerin hat sich vorgenommen, jeden Mittwochabend ins Nordic Walking zu gehen (Bewegungsziel). An diesem Mittwoch jedoch regnet es in Strömen (Barriere). Obwohl die Sportlerin weiss, dass es jetzt wichtig wäre, auch dem Regen etwas Positives abzugewinnen (Motivation), entscheidet sie sich letztlich dafür, vor dem Fernseher zu bügeln – schliesslich sollte der Wäscheberg auch irgendwann abgetragen werden (konkurrenzierendes Ziel) und es läuft ein guter Film (attraktiveres Ziel).

Ist die Sportlerin an diesem Punkt angelangt, wird aus dem Nordic Walking an jenem Abend nichts mehr. Das sportliche Ziel ist überstimmt worden. Beherrscht die Sportlerin die Strategien der Selbstregulation gut, wird sie allerdings gleich einen neuen Plan formulieren – und sich zum Beispiel für den folgenden Tag zu einer bestimmten Zeit (wann) für eine bestimmte Strecke (wo) mit einem Kollegen (mit wem) verabreden.

Die Sportlerin hat aber noch eine andere Möglichkeit: Sie kann den Modus wechseln und von Selbstregulation auf Selbstkontrolle schalten. Sie erinnern sich: Selbstkontrolle zeichnet sich dadurch aus, dass nicht mehr alle Stimmen gehört werden, sondern nur noch jene, die für das Bewegungsziel sprechen (siehe Seite 131). Dabei handelt das Selbst wie ein Diktator, der die Opposition unterdrückt. Und darum steigt die Sportlerin schliesslich trotz Regen in ihre Sportschuhe.

Schlüsselwort Selbstdisziplin

Immer dann, wenn es besonders schwierig wird, ist es sehr nützlich, wenn man auf die Selbstkontrolle – besser bekannt als Selbstdisziplin – zurückgreifen kann. Gerade für Sportanfänger kann der diktatorische Umgang mit sich selber entscheidend zum Erfolg beitragen. Vielleicht muss man erst 1000-mal «selbstkontrolliert» aus dem eiskalten Wasser zurück aufs Surfbrett steigen, bevor Surfen überhaupt Spass macht. Und auf das Nordic Walking in der Gruppe kann man sich erst freuen, wenn man die Leute kennt und verinnerlicht hat, dass man sich nach dem Walken immer erfrischt fühlt. Die Stimmen, die für die Bewegung sprechen, vermehren sich mit zunehmender Übung und Erfahrung. Bis sie jedoch in der Mehrheit sind, braucht es etwas Durchhaltevermögen.

Wie steht es mit Ihrer Selbstkontrolle: Können Sie sich zu gewissen Handlungen zwingen, wenn es die Umstände erfordern? Werden Sie von anderen manchmal sogar für Ihre Selbstdisziplin bewundert. Oder kommt es vor, dass Sie sich sagen: «Da muss ich jetzt einfach durch.» Versuchen Sie sich an erfolgreich ausgeübte Selbstkontrolle in Ihrem Alltag oder im Berufsleben zu erinnern. Diese Erlebnisse führen Ihnen Ihre Selbstwirksamkeit vor Augen.

Doch selbst wenn Sie das Gefühl haben, Sie seien ein völlig willenloses Geschöpf, gibt es Hoffnung. Denn die Selbstkontrolle ist kein stabiles Persönlichkeitsmerkmal. Sie können Ihre Fähigkeit, sich selber zu kontrollieren, verbessern – lernen Sie auf den folgenden Seiten die wichtigsten Strategien dazu kennen.

Halten Sie sich das Ziel immer vor Augen

Eine Möglichkeit, die Selbstkontrolle zu stärken, ist das Visualisieren des Ziels. Dabei wird das Ziel im Idealfall so dominant, dass alle anderen Ziele daneben verblassen – und damit auch die bewegungshemmenden Stimmen verstummen. Viele Leistungssportler nutzen diese Technik, um gezielter zu trainieren oder im entscheidenden Moment die letzten Kräfte zu aktivieren. Marathonläufer Viktor Röthlin etwa stellt sich jeweils vor dem Wettkampf vor, wie er über die Ziellinie läuft und die Menschen ihm zujubeln. Werden seine Beine während des Wettkampfes schwer, greift er auf dieses Bild zurück und lässt sich davon vorwärtstreiben.

6. Dranbleiben – die Krönung

Der Marshmallow-Test

Erste Hinweise darauf, wie wichtig Bilder für die Selbstkontrolle sind, lieferte ein Test des US-Psychologen Walter Mischel in den 60er-Jahren. Er wollte herausfinden, wie es Menschen gelingt, eine kurzfristige Belohnung zugunsten einer mittel- oder langfristigen Belohnung auszuschlagen (Belohnungsaufschub). Weil Kinder noch über wenig Selbstkontrolle verfügen, rekrutierte Mischel seine Probanden an der Vorschule des Stanford Campus und legte vor den Augen der etwa vierjährigen Kinder ein Marshmallow hin. Er sagte ihnen, dass sie das Marshmallow gleich essen könnten, dass sie aber, wenn sie einige Minuten warten würden, sogar zwei haben könnten. Einige Kinder warteten nicht lange, sondern holten sich die Süssigkeit gleich. Andere warteten, einige von ihnen mussten beim Anblick der Marshmallows die Augen schliessen, um der Versuchung zu widerstehen.

Der Test wurde später unter ganz verschiedenen Bedingungen und mit unterschiedlichen Personengruppen wiederholt – einmal sahen die Probanden die kurzfristige und die langfristige Belohnung, einmal nur die eine oder die andere. Das Ergebnis: Personen, die nur die langfristige Belohnung direkt vor Augen hatten, konnten sich besser beherrschen als diejenigen, die auch oder nur die kurzfristige Belohnung sahen.

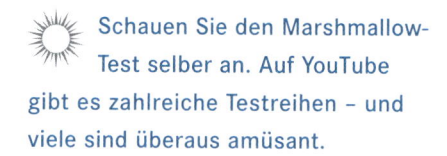

☼ **Schauen Sie den Marshmallow-Test selber an. Auf YouTube gibt es zahlreiche Testreihen – und viele sind überaus amüsant.**

> **AUFGABENBOX 21:**
> **MEINE VISUALISIERUNG**
>
> Welche mentalen Bilder können Sie für Ihr Bewegungsziel bereitstellen?
>
> Mein Bewegungsziel:
> ....
> ....
>
> Meine Bilder:
> ....
> ....

Wie lässt sich das Phänomen erklären? Wie bereits erwähnt, benötigt Selbstkontrolle viel Energie. Haben wir ein klares Ziel vor Augen, können wir unsere Kräfte bündeln. Dabei ist ein Ziel umso klarer, je anschaulicher es ist. Das liegt daran, wie unser Gehirn funktioniert: Man kann sich die grauen Zellen als Festplatte und Arbeitsspeicher eines Computers vorstellen. Tagein, tagaus muss dieser Computer eine unglaubliche Fülle an komplexen und abstrakten Informationen verarbeiten. Das verbraucht viel Speicherkapazität und Energie. Bilder dagegen kann das Gehirn viel einfacher verarbeiten, da sie ein anschauliches Ganzes darstellen. Dadurch können sie praktisch ohne zusätzlichen «Rechneraufwand» direkt gespeichert werden. Davon profitiert übrigens auch die Werbung, wenn sie uns mit schönen Bildern um den Finger zu wickeln versucht. Beim Visualisieren machen wir uns diesen Mechanismus zunutze – mit dem kleinen Unterschied, dass die Bilder nicht real sind, sondern nur vor unserem inneren Auge erscheinen. Das Gute daran: Mentale Bilder erhöhen nicht nur die Selbstkontrolle, sondern auch die Erfolgserwartung – und damit die Motivation (siehe auch Seite 85).

Nutzen Sie die Kraft der Bilder. Stellen Sie sich vor, wie Sie über die Ziellinie schreiten, wie Ihr Bauch straffer wird, wie Sie mit Ihrer Tanzgruppe auf der Bühne stehen. Wie gut Sie sich fühlen werden und wie stolz Sie auf sich sein können. Oder ersetzen Sie den Offroader aus der Autowerbung durch sich selber – und sehen Sie sich auf dem Velo durch eine wunderschöne Landschaft fahren. Die kurzfristige Belohnung der Inaktivität dagegen blenden Sie so gut wie möglich aus.

Mentales Kontrastieren

Doch aufgepasst: Wer sich seine Zukunft in den rosigsten Farben ausmalt, ist nicht auf Hindernisse vorbereitet und strengt sich weniger an. Gleichzeitig bringt es auch nichts, wenn man ständig daran denkt, was auf dem Weg zum Ziel schieflaufen kann. Dann nämlich lässt man es gleich ganz bleiben. Das hat die Hamburger Motivationspsychologin Gabriele Oettinger herausgefunden. Sie liess Universitätsabsolventen über ihre berufliche Zukunft nachdenken. Die Studienteilnehmer, die ihre Karriere sehr positiv sahen, waren sich ihrer Sache offensichtlich so sicher, dass sie zwei Jahre danach weniger Jobangebote erhalten hatten und schlechter bezahlt wurden als jene, die ihre Erfolgschancen moderat einschätzten. Ebenfalls schlecht schnitten die Absolventen ab, die ihre Zukunft eher negativ sahen und sich ständig überlegten, was alles schieflaufen könnte. Fazit: Weder Schwelgen noch Grübeln bringt etwas.

Oettinger empfiehlt deshalb einen dritten Ansatz, das mentale Kontrastieren. Diese Methode besteht darin, dass man sich etwas vorstellt, das man sich wünscht – und sich überlegt, wie weit man noch von diesem Ziel entfernt ist, welche Schritte zur Erreichung des Ziels nötig sind und welche Hindernisse sich einem allenfalls in den Weg stellen könnten. Konkret handelt es sich um einen Soll-Ist-Vergleich. Mit dieser Technik verliert man das Ziel trotz kritischer Gedanken nicht aus den Augen und erkennt gleichzeitig, was einen daran hindern könnte, den Wunsch umzusetzen.

Muriel V., eine junge Frau...

...mit zwei Kindern, nimmt sich vor, jeden Tag eine Stunde in den Kraftraum zu gehen. Schwelgt sie, sieht sie sich schon als durchtrainierte Fitness Queen

und ist enttäuscht, wenn sie nach zehn Tagen im Spiegel immer noch dasselbe Bild vorfindet. Grübelt sie, wird sie sich sagen: «Ich habe doch gar keine Zeit. Der Kraftraum ist so weit weg. Und als Mutter hat mans doppelt schwer.» Macht Muriel V. aber einen Soll-Ist-Vergleich, sieht sie zwar die Schwierigkeiten auch. Aber sie fragt sich: «Ist mein Ziel erreichbar? Wie muss ich mich organisieren, damit ich genügend Zeit finde? Wer kann mich unterstützen? Ist der Kraftraum wirklich der richtige Ort – oder gibt es eine Sportart, die mir gefällt und mit weniger Aufwand verbunden ist?»

Kontrollieren Sie Ihre Gedanken und Gefühle

Ihr Bewegungstermin rückt näher. Sie sollten sich langsam bereitmachen, da schleichen sich plötzlich gefährliche Gedanken in Ihren Kopf: «Eigentlich hätte ich Lust auf Fernsehen.» Oder: «Einmal fehlen ist doch nicht so schlimm.» Oder gar: «Ich habe schon so oft gefehlt, dass es sowieso keine Rolle mehr spielt.» An diesen Gedanken erkennen Sie, dass Sie sich im Selbstregulationsmodus befinden – und dass Ihr Ziel in Gefahr ist. Wenn Sie jetzt nicht aufpassen, werden Sie sich schon bald die gefürchtete SOS-Frage stellen: «Soll ich wirklich zum Sport gehen oder soll ich lieber nicht?» Lassen Sie es nicht so weit kommen. Stoppen Sie die negativen Gedanken rechtzeitig. Und schalten Sie so schnell wie möglich auf Selbstkontrolle um. Denn je länger Sie jetzt warten, desto lauter werden die bewegungshemmenden Stimmen – und desto mehr Kraft brauchen Sie, um sie zu unterdrücken.

Sagen Sie laut: «Stopp», oder lassen Sie vor Ihrem inneren Auge die rote Ampel aufleuchten. Rufen Sie sich aktiv in Erinnerung, wie wichtig die Bewegung für Ihre Gesundheit ist, wie gut Sie sich danach fühlen und wie Sie sich für Ihre Überwindung belohnen werden. Kurz: Hören Sie nur noch auf die Stimmen, die für die Bewegung sprechen.

Es hilft, wenn Sie in diesem Moment ein ernstes Wörtchen mit Ihrem inneren Schweinehund reden. Sagen Sie ihm: «Aus, fertig, Schluss. Hör mit deinem Gejammer auf. Du kannst mich nicht manipulieren. Ich tue, was ich mir vorgenommen habe.» Denken Sie das nicht bloss, sondern sprechen Sie es laut aus.

Warum Selbstgespräche funktionieren

Es mag Ihnen seltsam erscheinen, wenn Sie sich selbst laut sprechen hören. Selbstgespräche sind aber eine gute Methode, um die Gedanken zu kontrollieren. Kinder zwischen zwei und vier Jahren nutzen diese Strategie ohne Hemmungen. Vor allem wenn es gilt, besonders schwierige Aufgaben zu lösen, greifen sie gerne auf Selbstgespräche zurück. Das Artikulieren der Gedanken unterstützt sie dabei, Arbeitsschritte zu planen und auszuführen. Mit dem fünften Lebensjahr verlagert sich dieser lautstarke Dialog immer mehr nach innen und wird schliesslich überwiegend nur noch gedacht.

Dabei führen Selbstgespräche auch bei Erwachsenen zu besseren Ergebnissen. Den Beweis dafür liefert eine Studie von Dietrich Dörner und Ralph Reimann. Die beiden Psychologen liessen 17 Probanden eine Konstruktionsaufgabe jeweils allein lösen und beobachteten sie per Video. Bei dem Versuch zeigte sich ganz deutlich: Die besten Ergebnisse erzielten jene Studenten, die häufiger mit sich selbst geredet und Fragen an sich gerichtet hatten als die anderen Teilnehmer. Die Toplösung kam von einem Probanden, der während der 100 Minuten Bearbeitungszeit rund 60 Fragen an sich selbst gestellt hatte. Die schlechtesten Arbeiten dagegen stammten von Teilnehmern, die während dieser Zeit so gut wie stumm blieben.

Die Forscher vermuten, dass es uns dank Selbstgesprächen besser gelingt, unsere Aufmerksamkeit zu steuern – unter anderem, weil wir damit andere Gedanken, die vom Ziel ablenken würden, besser ausblenden können.

Apropos störende Gedanken: Selbstgespräche können auch deshalb nützlich sein, weil sie uns manchmal erst klarmachen, was wir überhaupt so denken. Vielleicht müssen Sie mit Erschrecken feststellen, dass durch Ihre Hirnwindungen oft Sätze rasen wie: «Ich schaff das nicht.» – «Mann, ich bin so ein Weichei.» – «Ich bin einfach eine Versagerin.» Wie Sie bereits wissen, schwächen solche negativen Gedanken die Erfolgserwartung und damit auch die Motivation. Zudem lenken sie vom Ziel ab. Finden Sie darum positive Formulierungen und ersetzen Sie die negativen Gedanken durch motivierende, zielorientierte Sätze, die Sie im Selbstgespräch festigen und verinnerlichen.

DREHEN SIE EIN MOTIVATIONS-VIDEO

Heute haben viele Computer und die meisten Handys eine kleine Videokamera eingebaut. Nutzen Sie diese Möglichkeit und drehen Sie einen persönlichen Motivationsfilm. Halten Sie vor der Kamera Ihre Motive, Ihre Ziele und Ihren Plan für mehr Bewegung fest. Sie können als Ihr eigener Coach agieren und sich gut zureden. Schauen Sie sich Ihr Video an, wenn Sie einen schwachen Moment haben sollten.

Wie Sie Ihre Gefühle steuern können

Auch Gefühle können uns vom Bewegungsziel ablenken. Wenn Sie sich vor dem Bewegungstermin müde, lustlos oder frustriert fühlen, ist die Gefahr grösser, dass sich negative Gedanken einschleichen und Sie sich die SOS-Frage stellen. Vor einem Sporttermin sollten Sie daher alles vermeiden, was

6. Dranbleiben – die Krönung

> **AUFGABENBOX 22: MEINE MOTIVATIONSSÄTZE**
>
> Erstellen Sie eine Sammlung von Sätzen, die Sie in eine positive Stimmung versetzen und motivierend wirken. Ihre Motivsammlung aus Kapitel 3.2 (Seite 78) hilft Ihnen dabei.
>
> \> Ich freue mich über
>
> ....
>
> \> Ich liebe es,
>
> ....
>
> \> Es fühlt sich gut an, wenn
>
> ....
>
> \> Ich werde so stolz sein, wenn
>
> ....
>
> \> Ich
>
> ....

träge macht – wie zu viel essen, sich auf das Sofa legen, einen Film anschauen oder Alkohol trinken. Aktivieren Sie sich stattdessen mit fetziger Musik, einem erheiternden Gespräch oder positiven Gedanken wie: «Ich werde im Training den ganzen Stress von heute vergessen.»

Manche Fitnesskurse setzen bewusst auf diese Art der Stimmungsregulation. Das Paradebeispiel ist Spinning, auch Indoor Cycling genannt. Gute Spinning-Instruktoren nehmen die Teilnehmenden in ihren Kursen mit auf eine Pässefahrt – und das, obwohl sie bloss auf einem Hometrainer im Fitnessstudio sitzen. Sie spielen Musik, die einen flotten Takt vorgibt, erzählen von Steigungen und Flachetappen und feuern die Gruppe an: «Du kannst es! Bleib dran! Gleich haben wir es geschafft!»

Dagmar K. hat für sich ...

... das ultimative Mittel gegen sportliche Müdigkeit gefunden. Wenn ihr Bewegungstermin näher rückt und sie sich etwas matt fühlt, schiebt sie eine CD von AC/DC in die Stereoanlage und hüpft für ein paar Minuten zu Hard Rock durch die Wohnung. Danach ist sie garantiert wach.

In Studien wurde nachgewiesen, dass die Selbstkontrolle im Verlauf des Tages abnimmt und insbesondere durch Müdigkeit geschwächt wird. Können Sie sich also abends jeweils schlecht überwinden, verlegen Sie Ihren Sporttermin probeweise auf den Morgen oder in die Mittagspause.

Kontrollieren Sie Ihre Umwelt

Machen Sie es sich möglichst leicht und passen Sie Ihre Umgebung Ihrem Ziel an. Platzieren Sie die Sportutensilien so, dass Sie ständig an Ihre Pläne erinnert werden und die Hürde für den Start in die Aktivität möglichst niedrig ist. Gegenstände, die Sie von Ihren Bewegungsabsichten abhalten könnten, sollten Sie dagegen aus Ihrem Blickfeld verbannen und den Zugang dazu erschweren. Konkret: Legen Sie die Fernbedienung ins oberste Regal Ihres Kleiderschranks und sorgen Sie dafür, dass die Gymnastikmatte ständig in Sichtweite ist.

Sinnvolles Platzieren macht Sportgegenstände nicht nur erreichbarer und erinnert Sie an Ihre Absichten, sondern sorgt auch dafür, dass Sie eine gewisse Sympathie dafür entwickeln. Den Beweis dafür liefert eine Studie von Robert Zajonc, Psychologieprofessor an der Universität Stanford. Er zeigte seinen Studenten immer wieder chinesische Zeichen, die für sie keinerlei Bedeutung hatten. Je länger der Versuch dauerte bzw. je öfter die Studenten die Zeichen sahen, umso besser war ihre Stimmung dabei. Derselbe Effekt erklärt, warum einem manche Songs am Radio zu Beginn gar nicht gefallen, mit der Zeit dann aber immer besser – man hat sie einfach schon oft gehört und mit der Vertrautheit wächst die Sympathie.

> Wollen Sie sich für eine Sportart begeistern, kann es nützlich sein, wenn Sie Ihren Arbeitsplatz oder Ihr Zuhause mit Postern ebendieser Sportart tapezieren. Wählen Sie möglichst dynamische und ästhetische Sujets aus.

Die lieben Mitmenschen

Zu Ihrer Umwelt gehören auch die Menschen, die Sie umgeben. Machen Sie sie zu Verbündeten und weihen Sie sie in Ihre Pläne ein (siehe auch Seite 119). Nicht alle Menschen in Ihrer Umgebung werden sich für Ihre Bewegungsabsichten begeistern. Aber auch Ihr soziales Umfeld ist keine Konstante, die in Stein gemeisselt ist. Suchen Sie sich Gleichgesinnte und gehen Sie den Miesmachern aus dem Weg.

Eine andere Möglichkeit ist, sich mit Argumenten zu wappnen: Wissen Sie beispielsweise, dass Ihre Freundin Sie mit den Worten: «Auch dieser Furz wird nicht lange dauern», auslachen wird, könnten Sie ihr von Ihren detaillierten Plänen und cleveren Strategien erzählen – wahrscheinlich ist sie sowieso bloss neidisch und fürchtet, dass sie nun niemanden mehr für Kaffeeklatsch und Kuchenessen hat.

Oder Sie greifen zur List: Wenn Sie wissen, dass Ihr Partner darüber lächelt, wie Sie Ihre kräftigen Beine in eine enge Sporthose stecken, wünschen Sie sich von ihm doch ein-

---

AUFGABENBOX 23: MEINE UMWELT

Welche Möglichkeiten sehen Sie, Ihre Umwelt bewegungsfreundlicher zu gestalten?

....

fach einen neuen Dress zum nächsten Geburtstag. Bringen Sie ihn dazu, Sie in Ihrem Sportziel zu unterstützen, und verwenden Sie dabei alle Mittel, die Sie auch für sich selber anwenden. Loben Sie ihn also dafür, wie gut Sie sich in den neuen Sportklamotten fühlen.

Protokollieren Sie Ihr Verhalten

Die Selbstkontrolle kann man auch mit der führenden Hand einer guten Vorgesetzten vergleichen. Sie hat 100 Mitarbeitende. Einige arbeiten sehr selbständig und zufriedenstellend (das sind Ihre guten Gewohnheiten). Diese Angestellten brauchen praktisch keine Unterstützung, um ihre Aufgaben zu erledigen. Und das ist gut so. Denn so kann sich die Vorgesetzte mehr um jene Mitarbeiter kümmern, die noch nicht lange im Betrieb sind (Ihr neues Bewegungsverhalten). Zu Beginn beanspruchen diese die volle Aufmerksamkeit der Vorgesetzten: Sie muss sie einarbeiten, auf Fehler aufmerksam machen und ihnen Tipps geben. Gleichzeitig gibt es auch noch Mitarbeitende, die in der Vergangenheit immer wieder Dummheiten angestellt haben (Ihre schlechten Gewohnheiten). Die Vorgesetzte muss diese vermehrt kontrollieren und im richtigen Moment korrigierend eingreifen. Zudem sind da unzählige Mails und Telefonate, die beantwortet werden wollen (das, was Sie täglich sonst

noch alles tun müssen). Kurz: Chef sein kann ziemlich anstrengend sein.

Was kann die Vorgesetzte tun, um ihren Job möglichst gut zu bewältigen, ohne dabei auszubrennen? Sie steuert Neueintritte so, dass sie nur einen Mitarbeiter aufs Mal einarbeiten muss (Konzentration auf ein Ziel), und sie macht sich Notizen, damit nichts vergessen geht (möglichst viel aufschreiben). Im Idealfall protokolliert sie die Arbeit ihrer Mitarbeiter. So kann sie beim Qualifikationsgespräch ein detailliertes Feedback über die Arbeitsleistung geben.

Werden Sie Ihr eigener Chef

Setzen Sie sich mit sich selber zum Gespräch hin, definieren Sie Ziele, formulieren Sie Handlungspläne und beobachten Sie Ihr Verhalten genau. Betrachten Sie Ihr neues Bewegungsverhalten als einen Schulabgänger, der zwar gute Voraussetzungen mitbringt, aber noch keine Ahnung vom Arbeitsleben hat. Er ist ein Rohdiamant, der erst noch geschliffen werden will. Darum braucht er Ihre volle Aufmerksamkeit. Seien Sie ein guter Chef: Geben Sie ihm ein kompetentes Feedback, beobachten Sie seine Fortschritte genau und greifen Sie nur dann ein, wenn es nötig ist. Und verzeihen Sie ihm Fehler – er ist ja noch so jung.

Protokolle sind ein gutes Instrument, um sich selber zu beobachten. Angenommen, Sie haben die Absicht, sich mehr zu Fuss zu bewegen und mit Nordic Walking zu begin-

DAS WOCHENPROTOKOLL

Mögliche Pläne	Bewertungsmöglichkeiten				
	Woche 1	Woche 2	Woche 3	Woche 4	Woche 5
Ich gehe am Dienstagabend (wann) mit meinem Mann (mit wem) und am Samstagnachmittag allein im Stadtpark eine halbe Stunde (wie lange) zum Walken (was).	50 %	0 %	100 %		
Ich nehme jeden Morgen (wann) zu meinem Büro im dritten Stock (wo) die Treppe statt des Lifts (was).	5	4	4,5		
Unter der Woche (wann) erledige ich Einkäufe im Supermarkt um die Ecke (wo) zu Fuss (was).	☺☺	☹	😐		

nen. Notieren Sie den dazugehörigen Plan auf einem Blatt Papier und lassen Sie Spalten für die kommenden Wochen frei. Hier können Sie jeweils eintragen, zu wie viel Prozent Sie Ihren Plan und damit Ihr Ziel erfüllt haben – wahlweise können Sie sich auch eine Note oder eine andere Auszeichnung geben.

☀ **Im Anhang und im Internet finden Sie eine Vorlage für Ihr eigenes Wochenprotokoll mit Prozentskala, auf der Sie eintragen können, wie gut Sie Ihr Ziel erreicht haben. Gestalten Sie Ihr Protokoll so, dass es Ihnen gefällt. So fällt es Ihnen leichter, es regelmässig auszufüllen.**

Was Protokolle bewirken

Ein solches Protokoll kann wahre Wunder wirken. Es bildet Ihr Bewegungsverhalten über eine längere Zeit ab und unterstützt damit das Dranbleiben:

> Es führt Ihnen vor Augen, dass es zwar wünschenswert ist, 100 Prozent zu erreichen, dass es aber auch nicht so schlimm ist, wenn Sie einmal nicht ganz so gut waren – schliesslich haben Sie in der kommenden Woche wieder eine neue Chance.
> Es fordert Sie auf, Ihr Verhalten zu reflektieren und zu bewerten. Damit sinkt die Gefahr, dass Sie Ihre Vorsätze vergessen oder gar verdrängen.

6. Dranbleiben – die Krönung

> Und nicht zuletzt: Das Protokoll macht Ihren Erfolg sichtbar – was die Selbstwirksamkeit und damit die Motivation stärkt.

Indem Sie Ihre Fortschritte dokumentieren, verhindern Sie auch, dass Sie sie mit der Zeit gar nicht mehr wahrnehmen. Dazu muss man wissen: Bewegungsanfänger machen zu Beginn oft sehr grosse Fortschritte. Sie fühlen sich bereits nach wenigen Einheiten besser und können das Pensum bald erhöhen. Das motiviert. Mit der Zeit werden die Fortschritte kleiner. Viele haben dann das Gefühl, dass es gar nicht mehr vorwärtsgehe – und sind demotiviert. Sehen Sie Ihre Entwicklung schwarz auf weiss, können Sie diesen Trugschluss vermeiden.

Die Selbstbeobachtung gilt in der Psychotherapie als Interventionsmassnahme. Also als ein Instrument, das der Therapeut einsetzt, um den Status quo zu verändern – und das, obwohl sich der Klient «nur» beobachtet. Das heisst, wer sich beobachtet, verändert sich bereits.

Die Token-Strategie

Ein Bewegungsprotokoll erlaubt Ihnen zudem, die Token-Strategie anzuwenden. Dieses praktische Instrument basiert auf Punkten, die Sie sammeln und gegen eine grössere Belohnung eintauschen. Sie können zum Beispiel mit sich selber abmachen, dass Sie sich etwas Bestimmtes kaufen dürfen, wenn Sie drei Wochen hintereinander 100 Prozent oder innerhalb eines definierten Zeitraums eine gewisse Anzahl Punkte erreicht haben. Am besten platzieren Sie gleich ein Foto Ihrer Belohnung neben dem Protokoll, damit Sie Ihr Ziel immer vor Augen haben. Solch schöne Aussichten wirken wie ein Bonus im Jahresgehalt. Sie motivieren zu noch grösseren Leistungen und verhindern, dass sich Ihr neues Bewegungsverhalten zur Konkurrenz absetzt.

Jonas B. will jeden Tag ...

... 10 000 Schritte absolvieren und trägt darum einen Schrittzähler. Hat er sein Ziel erreicht, färbt er den Tag in seiner Agenda grün ein. Hat er sein Ziel nicht erreicht, nimmt er Rot. Schafft er sieben Tagen in Folge Grün, belohnt er sich mit einem Kinobesuch. Und für 30 grüne Tage über eine unbestimmte Zeit hat ihm seine Partnerin eine Überraschung versprochen.

Das Handy als Hilfsmittel

Wer ein iPhone oder Android-Handy besitzt, kann sich auch von seinem Telefon beobachten lassen: Es gibt zahlreiche Applikationen, die aus den Smartphones einen Distanz-, Geschwindigkeits- oder Höhenmesser machen. Der «Endomondo Sports Tracker» etwa eignet sich für mehr als 20 Sportarten. Zudem

DRANBLEIBEN DANK SELBSTBEOBACHTUNG

Dass die Selbstbeobachtung tatsächlich funktioniert, beweist eine Studie mit Reha-Patienten. Die Teilnehmenden wurden per Los in drei Gruppen aufgeteilt. Die erste Gruppe formulierte eine Absicht, die zweite einen Plan und die dritte erhielt zusätzlich eine Vorlage zum Protokollieren. Das Ergebnis: Nach der Entlassung bewegten sich die Mitglieder der Planungs-Gruppe und der Planungs-plus-Protokoll-Gruppe mehr als diejenigen der Absichts-Gruppe. Doch nur die Planungs-plus-Protokoll-Gruppe konnte diesen Effekt dauerhaft halten.

gibt es Apps, die wie ein Personal Trainer Rückmeldungen zum Training geben oder aufgrund der eingegebenen Daten Trainingspläne zusammenstellen – zum Beispiel den «CardioTrainer» oder «RunKeeper Pro». Mit «Spontacts» gibt es inzwischen sogar eine App, mit der man relativ spontan Gleichgesinnte zum Sporttreiben finden kann.

Da ständig neue Apps auf den Markt kommen, lohnt es sich, auf die Suche zu gehen – allenfalls über App-Bewertungsseiten, zum Beispiel:

→ www.appsfire.com
→ www.chorusapps.com
→ www.appshopper.com.

6.2 Strategien gegen Fallgruben

Zum Dranbleiben gehört auch, dass man sich seiner schwachen Momente bewusst wird. Denn nur, wenn man weiss, wo sich die Fallgruben verstecken, kann man ihnen ausweichen – oder allenfalls Anlauf holen und sie überspringen.

Einige der häufigsten Barrieren haben Sie bereits in Kapitel 2.3 (Seite 52) kennengelernt, als es darum ging, herauszufinden, was Sie bisher von mehr Bewegung abgehalten hat. Das Thema soll an dieser Stelle vertieft werden, denn inzwischen sind Sie schon viel weiter. Sie haben einen Vorsatz, einen Plan und vielleicht auch schon etwas Erfahrung. Jetzt können Sie sich mit konkreten Situationen befassen – und noch bessere Lösungen finden.

Innere und äussere Barrieren

Betrachten Sie Ihre Wochenprotokolle und fragen Sie sich: Warum konnte ich in jener Woche meinen Plan nicht umsetzen? Was hat mich geschwächt? Was ist dazwischengekommen? Allenfalls lohnt sich auch ein Blick auf den Fragebogen «Wie gross ist meine Selbstwirksamkeit in Bezug auf einen aktiveren Lebensstil?» auf Seite 87.

Psychologen unterscheiden zwischen inneren und äusseren Barrieren. Innere Barrieren sind Stimmungen, Gefühle und Gedanken, die uns daran hindern, das zu verwirklichen, was wir uns vorgenommen haben. Äussere Barrieren sind Gegebenheiten, die ausserhalb unserer Person liegen. Vielleicht erkennen Sie im nebenstehenden Kasten einige Ihrer Fallgruben wieder.

Notieren Sie sich Ihre persönlichen Barrieren. In einem zweiten Schritt sollten Sie sich überlegen, wie Sie die Herausforderung bewältigen, wenn Sie wieder einmal in einer ähnlichen Situation sind. Einige Lösungsmöglichkeiten haben Sie in diesem Buch bereits kennengelernt: Gegen Zeitmangel zum Beispiel hilft ein gutes Zeitmanagement oder das Prioritätensetzen. Die Trägheit können Sie überwinden, indem Sie sich mit einem Freund zum Sport verabreden, sich vor Augen halten, wie entspannt Sie nach dem Training sein werden, oder sich Starthilfen organisieren. Und wenn Sie sich nie-

BARRIEREN GEGEN BEWEGUNG

Innere Barrieren	Äussere Barrieren
> Trägheit	> Keine Zeit
> Bequemlichkeit	> Grosser Organisationsaufwand
> Lustlosigkeit	> Hohe Kosten
> Sich niedergeschlagen fühlen	> Kein passender Sportpartner
> Müde sein	> Sportpartner hat abgesagt
> Negative Gedanken	> Schlechtes Wetter
> Abneigung gegen Schwitzen	> Zu viel Arbeit
> Angst, sich zu blamieren	> Familiäre Verpflichtungen
> Unter Stress stehen	> Berufliche Verpflichtungen
	> Interessantes Fernsehprogramm
	> Fehlende Unterstützung vom Partner, von der Partnerin
	> Freunde, die etwas anderes unternehmen wollen
	> Unerwarteter Besuch

dergeschlagen fühlen, bringen Sie sich mit einem aufheiternden Gespräch oder aktivierender Musik in Schwung.

Diese Vorschläge können Sie unterstützen, sie sollen Sie aber nicht davon abhalten, eigene Lösungen zu finden. Denn Lösungen, die Sie selber entwickeln, passen besser zu Ihrer Situation und sind darum viel erfolgreicher.

Die Haupttätigkeit von Felix S., …

… einem Uhren- und Schmuckvertreter, besteht darin, Ladenbesitzer und Sortimentsverantwortliche in der ganzen Schweiz zu besuchen und seine Produkte in den Verkauf zu bringen. Um seine Gewichtsprobleme in den Griff zu kriegen, will er mindestens zweimal in der Woche ein Fitnessprogramm durchführen. Abends ist er jedoch oft zu müde und ausserdem ist das Fitnesszentrum dann jeweils total überfüllt. So kneift er immer wieder – bis er auf die Idee kommt, ein Abonnement bei einer Fitnesskette zu lösen, die in der ganzen Schweiz operiert. Das funktioniert für Felix S. super, weil sich zwischen den einzelnen Terminen oft Lücken ergeben. Zeit, die er bisher in Restaurants totgeschlagen hat.

Bewegungsbarrieren überwinden

Wie kommen Sie zu einer guten Lösung? Bei einem Hindernis, das Sie vielleicht schon immer ausgebremst hat? Zuallererst sollten Sie das Hindernis als Herausforderung betrachten. Das mobilisiert Ihre Kräfte und verhindert, dass Sie entmutigt davor stehen bleiben. Zudem kann es von Vorteil sein, wenn Sie das Problem wie eine Knobelaufgabe anpacken. Kennen Sie zum Beispiel das Rätsel vom Fährmann und von der Ziege?

Wie bringt ein Fährmann...

... eine Ziege, einen Wolf und einen Kohlkopf sicher über den Fluss, wenn er jeweils nur einen von den dreien auf die Fähre laden darf? Er muss darauf achten, dass die Ziege nicht den Kohlkopf und der Wolf nicht die Ziege frisst! In welcher Reihenfolge also soll er seine «Passagiere» hinüberfahren?

Mit dieser Frage konfrontiert, versucht man in der Regel, die Tiere und den Kohlkopf in allen erdenklichen Reihenfolgen über den Fluss zu bekommen – und immer wird doch einer gefressen. Manche Menschen geben an diesem Punkt auf und betrachten das Problem als unlösbar. Andere sagen sich: «Es muss doch eine Lösung geben!» – und suchen weiter. Nun ist es wichtig, sich vom bisher verfolgten Lösungsweg zu lösen. Nur so kann man andere Möglichkeiten entdecken. Wie wäre es beispielsweise, wenn der Fährmann mit ein und demselben Tier mehrmals hin- und zurückfahren würde? Das ist ihm nicht verboten. Und wenn er will, darf er den Fluss auch ganz ohne Ladung überqueren.

Lassen Sie diesen Hinweis einen Moment wirken. Wenn Sie die Aufgabe nicht schon kannten, haben Sie die Lösung nun wahrscheinlich gefunden: Zuerst fährt der Fährmann mit der Ziege ans andere Ufer und allein wieder zurück. Dann fährt er mit dem Wolf ans andere Ufer und mit der Ziege zurück. Danach bringt er den Kohlkopf ans andere Ufer – Wölfe mögen schliesslich keinen Kohl – und fährt allein zurück. Zum Schluss bringt er die Ziege ans andere Ufer.

Kreative Lösungen sind gefragt

Ihre Bewegungsbarrieren lassen sich auf ganz ähnliche Art und Weise überwinden. Sie müssen sich intensiv mit der Barriere beschäftigen und verschiedene Varianten durchspielen, wie Sie das Hindernis bewältigen könnten. Finden Sie kreative Lösungen, indem Sie sich vom bisherigen Lösungsweg lösen und neue Möglichkeiten entdecken – und testen Sie die Ideen auf ihre Brauchbarkeit.

Beobachten Sie auch, wie sich die Barrieren verändern. Vielleicht ist für Sie zurzeit vor allem die Trägheit ein Problem. In ein paar Wochen ist diese Barriere möglicherweise keine mehr. Und stattdessen hadern Sie mit etwas anderem. Das heisst, auch die Bewältigungsplanung ist ein Prozess, der ständig beobachtet werden will – damit Sie sich über Ihre Erfolge freuen können und neue Herausforderungen rechtzeitig erkennen.

AUFGABENBOX 24:
MEINE BARRIEREN UND WIE ICH SIE ÜBERWINDE

Tragen Sie in der linken Spalte die Barrieren ein, die Sie am Aktivsein hindern. Anschliessend überlegen Sie sich zu jeder Situation drei Möglichkeiten, wie Sie die Hindernisse überwinden könnten. Lassen Sie auch ganz abwegige Gedanken zu, dahinter verstecken sich manchmal die besten Lösungen. Schreiben Sie Ihre Ideen in die mittlere Spalte. Zum Schluss stellen Sie für jede Situation eine Rangliste Ihrer Lösungen auf, indem Sie diese mit 1, 2 und 3 bewerten. Es ist wichtig, dass Sie Ihre Ideen erst ungehindert sprudeln lassen und erst in einem zweiten Schritt zur Bewertung schreiben. Denn wenn Sie schon zu Beginn zensieren, blockieren Sie Ihre Kreativität.

Meine kritischen Situationen	Meine Lösungsansätze	Meine Bewertung
....	a)	....
	b)	....
	c)	....
....	a)	....
	b)	....
	c)	....

Stefan H. ist Ende 20 …

… und lebte bis anhin ganz nach dem Motto: Sport ist Mord. Er ist Raucher und seine Ernährung lässt mit vielen Fertigprodukten und Imbissstand-Mahlzeiten zu wünschen übrig. Nun möchte er sich jedoch beruflich verändern und fasst eine Ausbildung in der Berufsfeuerwehr ins Auge. Da er als Feuerwehrmann körperlich fit sein sollte, ändert er einige seiner Gewohnheiten: Er hört auf zu rauchen, stellt seine Ernährung um und baut mehr Bewegung in den Alltag ein. Für eine spezifische Sportart kann er sich allerdings nach wie vor nicht erwärmen. Deshalb pachtet er mit einem Freund einen Schrebergarten und hält sich vorerst durch den Umbau der Anlage sowie die Gartenarbeit fit. Ausserdem sind die Erträge des Gartens ein Anreiz, selber zu kochen und viel Gemüse und Früchte zu essen.

6. Dranbleiben – die Krönung

Dranbleiben dank Vorausschauen

Wer eine Bewältigungsstrategie für kritische Situationen hat, kann seine Bewegungsabsichten erfolgreicher umsetzen. Das zeigte eine Studie mit inaktiven Frauen, die ein Trainingsprogramm aufnahmen. Sie mussten angeben, was sie bei schlechter Stimmung, wenig Zeit, schlechtem Wetter, Müdigkeit und anderen widrigen Umständen tun würden. Teilnehmerinnen, die weniger konkrete Bewältigungsstrategien geplant hatten, brachen das Trainingsprogramm deutlich häufiger ab.

Seit Martina F., 35, …

… Mutter eines kleinen Jungen ist, hat sie praktisch keine Zeit mehr, um Sport zu treiben. Auch ihre Bekannten aus dem Geburtsvorbereitungskurs stehen vor demselben Problem. Würden sie doch nur in der Stadt wohnen, wo es Fitnesszentren mit Kinderbetreuung gibt! Aber warum nicht selber aufbauen, was auf dem Land nicht vorhanden ist? Und überhaupt: Betreute Fitnesszentren sind besonders teuer und nicht für jede junge Familie erschwinglich. Martina F. erkundigt sich nach einer rüstigen Rentnerin, die auf die Kinder aufpassen könnte, während die Mütter trainieren. Bald sind ein nettes Grosi und ein passender Yogakurs gefunden.

Erweitern Sie Ihre Wenn-dann-Sätze

Wahrscheinlich haben Sie es inzwischen gemerkt: Das A und das O bei der Selbstkontrolle ist die Achtsamkeit. Egal, ob Sie Gedanken und Gefühle kontrollieren, sich selber beobachten oder Fallgruben erkennen müssen, all diese Denkprozesse erfordern Ihre ungeteilte Aufmerksamkeit. Manchmal entscheidet sich innert Sekunden, ob Sie auf die eine oder andere Seite kippen. Darum ist es wichtig, dass man seine schwachen Momente im entscheidenden Augenblick erkennt – und dann richtig reagiert.

Wie Sie inzwischen aber auch wissen, hat unser Gehirn ein Aufmerksamkeitsproblem. Darum ist es praktisch, wenn wir gewisse Handlungen vollautomatisch durchführen können. Und darum funktionieren die Wenn-dann-Sätze so gut, die Sie auf Seite 148 kennengelernt haben. Sie entlasten das Gedächtnis, weil sie die Aufmerksamkeit auf eine bestimmte Situation richten und – trifft diese ein – eine bestimmte Handlung quasi automatisch auslösen.

Die Wenn-dann-Sätze können Sie auch nutzen, um rechtzeitig kritische Situationen zu erkennen und dann die richtige Reaktion auszulösen. Angenommen, Sie haben herausgefunden, dass Sie Ihren Bewegungstermin schon mehrmals haben sausen lassen, weil eine Freundin Sie kurz zuvor angerufen hat und mit Ihnen etwas unternehmen wollte. Sie haben drei Lösungsmöglichkeiten entwickelt, um diese Fallgrube in Zukunft zu überwinden. Sie haben sich vorgenommen, entweder abzusagen, das Treffen auf den nächsten Tag zu verschieben oder die Freundin davon zu überzeugen, dass sie mit zum Sport kommt. Ihr erweiterter Wenn-dann-Satz lautet also:

> Wenn zur Bewegungszeit eine Freundin anruft und mit mir etwas unternehmen will, dann sage ich ab, lade sie ein, mitzukommen, oder verschiebe das Treffen mit ihr auf den nächsten Tag.

Allenfalls lohnt es sich, die Wenn-dann-Sätze mit einem «Weil» zu erweitern. Das führt Ihnen den Nutzen nochmals vor Augen und hilft Ihnen auch dann, wenn Sie keine eigentliche Lösung für das Problem haben und bloss auf Ihren Willen zählen können – etwa bei schlechtem Wetter oder bei grosser Müdigkeit. Ein eigentlicher Notfallplan also. Die passenden Sätze könnten lauten:

> Wenn es regnet, dann gehe ich trotzdem raus, weil ich nachher stolz auf mich sein kann.
> Wenn ich müde bin, dann gehe ich trotzdem ins Training, weil ich mich nachher erfrischt fühle.

Ingrid S. ist Krankenschwester ...

... und arbeitet im Schichtbetrieb. Mit zweimal 60 Minuten Nordic Walking will sie sich aktiv erholen und ihr Gewicht in den Griff bekommen. Sie ahnt, dass sie häufig keine Zeit haben oder ihre Trägheit nicht überwinden können wird. Zur Vorbeugung nimmt sie sich vor, immer gleich dann, wenn sie den Schichtplan hat, mit ihrer Nachbarin zu telefonieren, um gemeinsame Walking-Termine zu vereinbaren. Sollten sie dann das Sofa oder der Fernseher anlachen, will sie sich erinnern, wie gut sie sich nach dem Walken jeweils fühlt. Ausserdem wäre es ihr unangenehm, den Termin mit der Nachbarin kurzfristig abzusagen.

Achten Sie auf Ihre Formulierungen

Dass die Wenn-dann-Sätze auch gegen Barrieren funktionieren, wurde in zahlreichen Studien nachgewiesen. Eine davon ist besonders interessant, denn sie zeigt, wie wichtig die Formulierung ist. Die Motivationspsychologen Peter Gollwitzer und Bernd Schaal liessen Studenten eine Reihe von Rechenaufgaben lösen, die auf dem Bildschirm eines Computers präsentiert wurden. Während die Studenten die Aufgaben lösten, erschienen auf einem Fernseher, der sich direkt über dem Computerbildschirm befand, in unregelmässigen Abständen preisgekrönte Werbespots. Das Ergebnis:

> Am wenigsten Aufgaben lösten die Studenten, die sich zuvor gesagt hatten: «Wenn die Ablenkung auftaucht, will ich mich nicht ablenken lassen.»

6. Dranbleiben – die Krönung

> Besser schnitten jene ab, die sich sagten: «Wenn die Ablenkung auftaucht, dann werde ich meine Anstrengungen erhöhen.»
> Am erfolgreichsten waren allerdings die Studenten, die sich sagten: «Wenn die Ablenkung auftaucht, werde ich sie ignorieren.»

Die Psychologen erklärten sich das Phänomen folgendermassen: Das «Nicht» ist wie das negative Vorzeichen einer Zahl. Wir sind es gewohnt, in positiven Zahlen zu rechnen, und deshalb benötigen Zahlen mit einem negativen Vorzeichen zusätzlichen Rechenaufwand. Das Gleiche passiert, wenn Sätze ein «Nicht» enthalten. Die Aufmerksamkeit wird zuerst auf das Verb «ablenken» gelenkt und erst in einem zweiten Schritt auf das «Nicht» – darum lässt man sich dann eben doch ablenken. Und warum ist «ignorieren» besser als «Anstrengungen erhöhen»? Bei «ignorieren» wird die Ablenkung tatsächlich weniger wahrgenommen, während bei «Anstrengun-

---

AUFGABENBOX 25: MEIN NOTFALLPLAN

Formulieren Sie Ihre Barrieren und mögliche Bewältigungsstrategien als Wenn-dann-weil-Sätze. Eine ausführlichere Vorlage finden Sie im Internet.

Wenn ich mich müde fühle,
dann .... , weil ....

Wenn das Wetter schlecht ist,
dann .... , weil ....

Wenn ich niemanden habe, der mit mir aktiv ist,
dann .... , weil ....

Wenn ich Sorgen habe,
dann .... , weil ....

Wenn .... ,
dann .... ,
weil ....

gen erhöhen» die Ablenkung erst erkannt werden muss, um das geplante Verhalten zu zeigen. Fazit: Vermeiden Sie Nicht-Formulierungen und ignorieren Sie Ihren inneren Schweinehund, wenn er Sie wieder mal ablenken will.

Entdecken Sie den Flow

Eine Möglichkeit, Ihre Selbstkontrolle zu stärken, ist, nur wenig davon zu gebrauchen. Das schaffen Sie, indem Sie möglichst viel Anreiz aus der Bewegung heraus generieren – also möglichst viel Spass dabei haben (siehe Seite 71). Ein Anreiz der besonderen Art ist das Flow-Erleben. «To flow» bedeutet fliessen und charakterisiert einen Zustand, bei dem man in eine Tätigkeit so vertieft ist, dass nichts anderes eine Rolle spielt. Ein Mensch im Flow-Zustand muss sich nicht mehr überwinden, sondern lässt sich einfach vom Fluss mittragen. Man versinkt völlig in der Tätigkeit und denkt an nichts anderes mehr – nicht einmal mehr an Zweifel, ob die Aufgabe tatsächlich zu bewältigen ist. Da sich die Konzentration ausschliesslich auf die Aufgabe richtet, registriert man nicht, wie die Zeit vergeht. Darum berichten Menschen im Flow häufig von einer veränderten Zeitwahrnehmung.

Als Begründer des Begriffs Flow gilt der Psychologieprofessor Mihaly Csikszentmihalyi. Er entdeckte das Phänomen, als er Sportler über besondere Erlebenszustände befragte. Ein Rennradfahrer der Spitzenklasse beschrieb ihm die letzten Tage der Tour de France mit folgenden Worten: «Du fühlst dich, als könne nichts schiefgehen, und es gibt nichts, das dich aufhalten oder sich dir in den Weg stellen kann. Du bist bereit, alles zu versuchen, du hast keine Angst, dass etwas passieren könnte, und es ist einfach begeisternd.»

Csikszentmihalyi führte mit Sportlern ganz unterschiedlicher Disziplinen Interviews, analysierte die Gespräche genau und fand sieben Charakteristiken, die mit dem Flow-Erleben einhergehen (siehe Kasten auf der nächsten Doppelseite).

So kommen Sie zum Flow

Sie müssen nicht Spitzensportler sein, um Ähnliches zu erleben. Aus der Arbeit von Csikszentmihalyi lassen sich Bedingungen ableiten, die den Flow begünstigen. Wenn Sie Ihr Bewegungsprogramm daran orientieren, erhöht sich die Wahrscheinlichkeit, dass Sie in den Genuss dieses aussergewöhnlichen Erlebnisses kommen.

> **Anforderungs-Fähigkeits-Passung**
> Gestalten Sie Ihr Training so, dass Sie gefordert, aber nie überfordert sind. Ist die Aufgabe zu schwierig, erlebt man sich selbst nicht als kompetent und hat Angst vor einem Misserfolg. Ist die Aufgabe zu einfach, wird sie als Routine empfunden und man ist gar nicht ganz bei der Sache.

> **Orientierung am Ziel**
> Setzen Sie sich klare Ziele und konzentrieren Sie sich ganz darauf, diese

DIE SIEBEN CHARAKTERISTIKEN DES FLOW

Balance zwischen Anforderung und Fähigkeit

Man fühlt sich optimal beansprucht und hat trotz hoher Anforderung das sichere Gefühl, das Geschehen gut unter Kontrolle zu haben.

Klare Zielsetzung

Das Ziel ist klar definiert und wenn der Prozess im Gang ist, weiss der Sporttreibende bei jedem Schritt, was zu tun ist.

Eindeutiges Feedback

Handlungsanforderung und Rückmeldung werden als klar und deutlich erlebt. Alles läuft wie am Schnürchen und die Sportlerin hat die Gewissheit, dass sie auf dem richtigen Weg ist, um ihr Ziel zu erreichen.

Verschmelzen von Körper und Geist

Man erlebt sich selbst nicht mehr getrennt von der Tätigkeit, sondern geht in der eigenen Aktivität auf. Die Reflexion ist aufgehoben.

Ziele zu erreichen. Es sollte immer klar sein, wohin Sie wollen und wie Sie dahin kommen – so kann eine Handlung nahtlos in die nächste übergehen.

> **Entspannte Atmosphäre**
> Gestalten Sie Ihr Training so, dass Sie keine Ängste überwinden müssen, die Sie von Ihrer Tätigkeit ablenken könnten. Auch Zeit- und Leistungsdruck können irritierend wirken.

> **Optimale Umweltbedingungen**
> Alles, was Sie vom Ziel und von der Handlung ablenken könnte, unterbricht den Fluss. Vermeiden Sie darum Störungen aller Art.

> **Feedback wahrnehmen**
> Seien Sie aufmerksam für alle Informationen, die Feedback zu Ihrer Bewegung enthalten. Das können Kommentare Ihrer Teamkollegen sein, objektiv messbare Ergebnisse und Resultate oder auch Ihr Körpergefühl. Beobachten Sie sich selber und dokumentieren Sie Ihre Fortschritte.

Absorbiert in der Handlung

Man muss sich nicht willentlich konzentrieren, vielmehr kommt die Konzentration wie von selbst, ganz so wie die Atmung. Alle Gedanken, die nicht unmittelbar mit dem Ziel verbunden sind, werden ausgeblendet.

Befangenheit abgelegt

Denken und Tun verschmelzen. Man macht sich keine Sorgen, hat keine Angst, dass etwas schiefgehen könnte, und behält deshalb den Kopf frei, um sich völlig der Aufgabe zu widmen.

Verändertes Zeiterleben

Man vergisst die Zeit und weiss nicht, wie lange man schon dabei ist. Stunden vergehen wie Minuten.

Flow-Erleben tritt in erster Linie bei Menschen auf, die mit dem Verhalten vertraut sind und nicht mehr über einzelne Bewegungsabläufe nachdenken müssen. Darum stellt sich der Flow häufig erst mit einer gewissen Übung ein. Psychologen nennen dies den Expertise-Effekt. Das heisst: Bewegungseinsteiger müssen sich gedulden und dranbleiben, bis sie zu Experten werden. Bei Ausdauersportarten stellt sich das Flow-Erleben vergleichsweise früh ein: Laufen, Radfahren oder Schwimmen beinhalten relativ einfache, repetitive Bewegungen – gute Voraussetzungen für Flow.

> Zwei Drittel der Bevölkerung erleben den Flow-Zustand zumindest ab und zu. Eingeschlossen darin sind circa 25 Prozent, die ihn nach eigenen Angaben häufig erleben. Nur 10 Prozent der Befragten ist der Flow-Zustand unbekannt. Dies geht aus der Allensbacher Markt- und Werbeträgeranalyse hervor.

❓ FRAGEBOGEN 7: WIE VIEL FLOW ERLEBE ICH BEI MEINER KÖRPERLICHEN AKTIVITÄT?

	← Trifft nicht zu Trifft zu →						
	1	2	3	4	5	6	7
1. Ich fühle mich optimal beansprucht.	☐	☐	☐	☐	☐	☐	☐
2. Meine Gedanken bzw. Aktivitäten laufen flüssig und glatt.	☐	☐	☐	☐	☐	☐	☐
3. Ich merke gar nicht, wie die Zeit vergeht.	☐	☐	☐	☐	☐	☐	☐
4. Ich habe keine Mühe, mich zu konzentrieren.	☐	☐	☐	☐	☐	☐	☐
5. Mein Kopf ist völlig klar.	☐	☐	☐	☐	☐	☐	☐
6. Ich bin ganz vertieft in das, was ich gerade mache.	☐	☐	☐	☐	☐	☐	☐
7. Die richtigen Gedanken bzw. Bewegungen kommen wie von selbst.	☐	☐	☐	☐	☐	☐	☐
8. Ich weiss bei jedem Schritt, was ich zu tun habe.	☐	☐	☐	☐	☐	☐	☐
9. Ich habe das Gefühl, den Ablauf unter Kontrolle zu haben.	☐	☐	☐	☐	☐	☐	☐
10. Ich bin völlig selbstvergessen.	☐	☐	☐	☐	☐	☐	☐

Und Sie? Kennen Sie das Gefühl? Um zu testen, wie gross Ihr Ausmass an Flow bei einer früheren oder aktuellen körperlichen Aktivität war oder ist, können Sie den obigen Fragebogen ausfüllen.

Allzu viel ist ungesund

Aber aufgepasst: Überfordern Sie Ihren Körper nicht auf der Suche nach dem Flow. Denken Sie daran, dass Sehnen, Bänder und Muskeln länger brauchen als der Kreislauf,

Auswertung

Zählen Sie die Werte für die Fragen 1 bis 10 zusammen. Das Resultat zeigt Ihren Flow-Faktor:

> **7 bis 21 Punkte**
Sie sind noch relativ weit vom Flow-Erleben entfernt. Stehen Ihnen Ängste und Sorgen im Weg? Protokollieren Sie Ihre Gedanken, wahrscheinlich flüstern Sie sich immer wieder negative Sätze ein. Versuchen Sie, diese durch eine positive Denkweise zu ersetzen. Allenfalls empfiehlt sich die Wahl einer anderen Sportart.

> **22 bis 38 Punkte**
Sie erleben einen leichten Anflug von Flow. Jetzt heisst es dranbleiben. Sie brauchen wahrscheinlich bloss etwas mehr Übung und Erfahrung. Den automatischen Ablauf der Handlungen können Sie unterstützen, indem Sie auf mehr Rhythmus achten.

> **39 bis 54 Punkte**
Sie stehen kurz davor, so richtig abzuheben. Allenfalls brauchen Sie bloss noch den Trainingsumfang leicht zu steigern, damit Sie richtig in den Rhythmus kommen. Oder Sie schrauben etwas an Ihrer Zielsetzung. Es kann sein, dass Sie leicht überfordert oder leicht unterfordert sind.

> **55 bis 70 Punkte**
Ihnen muss man den Flow-Zustand nicht mehr beschreiben. Sie kennen das Gefühl aus eigener Erfahrung. Auch Tipps brauchen Sie wahrscheinlich keine mehr.

Quelle: Rheinberg, F.; Vollmeyer, R.; Engeser, S.: Die Erfassung des Flow-Erlebens

um sich an die Belastung zu gewöhnen. Die Jagd nach dem Flow kann im Extremfall sogar zur Sucht werden. Sportsüchtige Menschen ordnen dem Sport alle Lebensbereiche unter, gönnen ihrem Körper keine Erholung mehr, trainieren auch mit Beschwerden und leiden an Unruhe und Unwohlsein, wenn sie ihren Sport nicht ausüben.

6.3 Das Erreichte bewerten

Machen Sie es wie Einstein und Co.: Betrachten Sie Rückschläge als Lernsituationen – und ziehen Sie die richtigen Schlussfolgerungen.

Erinnern Sie sich an das Rubikonmodell? Es besteht aus den Phasen Abwägen, Planen, Handeln und Bewerten (siehe Seite 67). Sie sind nun schon längst beim Handeln und verfeinern dabei Ihren Plan ständig. Damit Sie langfristig dranbleiben, müssen Sie auch die letzte Phase noch absolvieren – das Bewerten. In dieser Phase stellt man sich folgende Fragen:

> Wie gut habe ich es geschafft, das Ziel zu erreichen? Absolviere ich dreimal in der Woche mein Training?
> Sind die positiven Konsequenzen meines Handelns eingetroffen? Macht mir das Sporttreiben inzwischen Spass? Fühle ich mich fitter? Bin ich stolz auf mich?
> Ist es allenfalls notwendig, das Ziel mit anderen Mitteln zu verfolgen? Muss ich mich vielleicht einer Gruppe anschliessen, damit ich regelmässig trainiere?

Das Bewerten ist ebenso wichtig wie die drei anderen Phasen, geht jedoch vor lauter Handeln oft vergessen. Diese letzte Phase schliesst den Kreis und hat grosse Auswirkungen auf die Motivation. Hier entscheidet sich, ob eine Handlung weitergeführt oder abgebrochen wird. Fundamental sind dabei der Umgang mit Rückschlägen und die Überprüfung der Erwartungen.

Gut umgehen mit Rückschlägen

Haben Sie sich zu einem bewegten Lebensstil entschlossen, werden Sie den einen oder anderen Rückschlag erleben. Das ist völlig normal. Denn wer Neues probiert, geht immer das Risiko ein, dass etwas nicht klappt. Entscheidend ist auch gar nicht, ob Sie hin und wieder in Ihr altes Bewegungsverhalten zurückfallen oder nicht, sondern wie Sie mit diesen Situationen umgehen und welche Schlussfolgerungen Sie daraus ziehen.
Äusserst ungünstig ist es, wenn Sie einen Misserfolg als Beweis dafür interpretieren, dass Sie unfähig sind, Ihr Ziel zu erreichen. Wer Rückfälle auf diese Weise beurteilt, schwächt seine Selbstwirksamkeit, kommt mit der Zeit zur Überzeugung, dass es sich nicht lohnt, weiterzumachen – und wird

schliesslich ganz in das alte Verhalten zurückfallen. Stellen Sie sich mal vor, all die Erfinder des 19. Jahrhunderts hätten nach einigen gescheiterten Versuchen bereits aufgegeben! Wir hätten heute wohl weder Auto noch Elektrizität, geschweige denn Computer.

Machen Sie es wie Albert Einstein, Thomas Edison, Carl Benz und all die anderen klugen Köpfe: Betrachten Sie Ihre Schritte hin zu einem bewegten Lebensstil als Experimente und fragen Sie sich bei einem Misserfolg: Warum hat das Experiment nicht funktioniert? Welche Lösung gibt es? Und was muss ich beim nächsten Mal anders machen, damit es klappt? So vermeiden Sie Frust und Ärger und aktivieren dafür Ihre Neugier und Lernbereitschaft.

Vielleicht kommen Sie zur Schlussfolgerung, dass Ihr Ziel zu wenig konkret oder zu unrealistisch war. Dass Sie sich zu wenig Gedanken über mögliche Hindernisse gemacht haben. Oder dass Ihnen ein langfristiges Ziel gefehlt hat. All diese Mängel lassen sich beheben und mit jeder Verbesserungsmöglichkeit machen Sie einen Schritt vorwärts. Dass diese Strategie aufgeht, beweist übrigens auch die Intelligenzforschung (siehe Kasten auf Seite 186).

Achtung: What-the-hell-Effekt

Im Zusammenhang mit Rückschlägen sollten Sie auf den sogenannten What-the-hell-Effekt gefasst sein. Gemeint ist das Phänomen, dass wir bei Rückschlägen oft ganz vom Ziel ablassen. Der Effekt ist eine Art

«Die einzige Möglichkeit, nie zu scheitern, ist, nichts zu versuchen.»

Bertrand Piccard

Trotzreaktion der Psyche. Wahrscheinlich sagt sich unser Unterbewusstsein in solchen Momenten: «Egal, ich wusste sowieso, dass ich das nicht schaffe.» Oder: «Zur Hölle damit, es ist mir eh nicht so wichtig.»

Janet Polivy von der University of Toronto hat den Effekt in einem Experiment wunderbar nachgewiesen. Für ihre Untersuchung lud sie Menschen ein, die abnehmen wollten, und solche, die nicht auf Diät waren. Die Forscherin bat die Probanden, vorher nichts zu essen, servierte ihnen erst Pizzastücke von unterschiedlicher Grösse und forderte sie dann auf, Kekse zu degustieren und zu bewerten. Was die Probanden nicht wussten: Die Pizzastücke waren in Tat und Wahrheit auf allen Tellern gleich gross, wirkten aber auf manchen viel grösser. Und es ging auch gar nicht ums Degustieren, sondern um die Anzahl Kekse, die die Teilnehmenden assen. Das Ergebnis: Jene Probanden, die auf Diät waren und dachten, sie hätten eine grosse Portion Pizza gegessen, assen am meisten Kekse. Probanden, die sich nicht um die Kalorien kümmerten, assen bis 50 Prozent weniger Kekse. In derselben Grössenordnung bewegten sich auch die Probanden, die abnehmen wollten und dachten, sie hätten ein kleines Stück Pizza gegessen.

Den What-the-hell-Effekt können Sie mit Strategien austricksen, die Sie schon kennen:

6. Dranbleiben – die Krönung

1. Unterteilen Sie Ihr Bewegungsziel in lang- und kurzfristige Ziele. Ist ein Ziel als langfristig definiert, wird es bei einem Misserfolg nicht gleich infrage gestellt.
2. Machen Sie aus einem zu vermeidenden Ziel eines, dem Sie sich annähern und das sich anhäuft. Also zählen Sie nicht die Tage, an denen Sie inaktiv waren und Ihr Ziel nicht erreichten, sondern jene, an denen Sie erfolgreich waren (siehe auch Seite 140).
3. Beobachten Sie sich selber. Merken Sie rechtzeitig, wenn Sie sich der «Hölle» nähern – und lassen Sie den Jetzt-ist-es-auch-egal-Gedanken nicht zu.

VON GENIES LERNEN

Warum wird jemand zum Genie? Der Intelligenzforscher Howard Gardner hat herausgefunden, dass überdurchschnittlich erfolgreiche Menschen sich durch drei Charaktermerkmale auszeichnen: Erstens nehmen sie Fehler als gute Gelegenheit zum Lernen wahr. Zweitens notieren Genies ihre Rückschläge und Erfolge häufig schriftlich. Und drittens analysieren sie ihre Stärken und Schwächen systematisch und entwickeln sich aus ihren Nischen heraus zum Meister.

Menschen steigen häufig ganz aus, wenn sie das Training wegen Ereignissen wie Krankheit, Feiertag oder Ferien unterbrochen haben. Indem Sie solche Situation als Ausnahme von der Regel definieren, erhöht sich die Wahrscheinlichkeit, dass Sie die Gewohnheit nur kurz unterbrechen und nicht ganz aufgeben.

Die richtigen Erklärungen finden

Es gibt noch einen Trick, der verhindert, dass Sie bei einem Rückfall die Flinte ins Korn werfen. Er verfolgt eine andere Strategie als die obige Empfehlung, ist aber nicht minder wirkungsvoll. Es geht darum, welche Erklärung Sie jeweils für einen Rückschlag oder Fortschritt finden.

Menschen haben eine angeborene Neigung, nach Ursachen für ihre erzielten Erfolge oder erlittenen Misserfolge zu suchen. Sie unterscheiden sich aber darin, welche Erklärungen sie finden – und dies hat grosse Auswirkungen auf ihre Selbstwirksamkeit, Motivation und Leistung. Die Psychologie untersucht dieses Phänomen im Rahmen der Attributionstheorien.

Intern, extern, stabil, variabel

Grundsätzlich gilt: Ursachen (Attributionen) lassen sich innerhalb der eigenen Person

DAS ATTRIBUTIONSMODELL

Wo und wie werden die Ursachen für Erfolg und Misserfolg gesehen?

	In der Person: intern	In der Umwelt: extern
Stabil	Fähigkeit	Aufgabenschwierigkeit
Variabel	Anstrengung	Zufall (Pech/Glück)

oder ausserhalb finden – intern oder extern. Und sie können als beständig oder unbeständig betrachtet werden – als stabil oder variabel (siehe Kasten). Das lässt sich am Beispiel von Roger Federer erklären, der im French Open wiederholt gegen Rafael Nadal verloren hat.

Federer kann sich nach einer **Niederlage** sagen: «Nadal in Roland Garros zu schlagen, ist unmöglich. Sand ist einfach nicht meine Stärke.» Das heisst, es war so, ist so und wird immer so bleiben (stabil) und Roger ist selber schuld (intern). Oder aber Federer sagt sich: «Ich hatte beim Matchball einfach Pech.» Das heisst, es hätte auch ganz anders kommen können (variabel) und der Grund für das Scheitern waren nicht etwa mangelnde Fähigkeiten, sondern unglückliche Umstände (extern).

Bei einem **Sieg** gegen Nadal kann Federer folgende Schlussfolgerungen ziehen: «Ich hatte einfach einen guten Tag und viel Glück.» Morgen kann es wieder völlig anders sein (instabil) und der Erfolg ist nicht Rogers Fähigkeiten zu verdanken, sondern glücklichen Umständen (extern). Oder aber Federer sagt sich: «Ich habe hart trainiert, meine Technik verfeinert und konnte darum meine Fähigkeiten voll ausschöpfen.» Es sind Rogers Anstrengungen und seine Fähigkeiten, die den Unterschied ausmachen (stabil und intern).

Günstigere und weniger günstige Erklärungen

Personen, die Misserfolge als stabil und intern betrachten, während sie sich ihre Erfolge als variabel und extern erklären, pflegen einen ungünstigen Attributionsstil. Ihre Ursachenzuschreibung führt zu einer verminderten Erfolgserwartung, einem geringeren Selbstwertgefühl, einer tieferen Motivation und letztlich zu einer schlechteren Leistung. Zahlreiche Studien belegen dies.

Wenn man sich das an einem konkreten Beispiel vorstellt, ist der Effekt völlig logisch:

6. Dranbleiben – die Krönung

GÜNSTIGE ERKLÄRUNGEN FÜR ERFOLG UND MISSERFOLG

Was	Warum	Beispiel
Erfolg vorzugsweise intern/stabil erklären	Weil sich das positiv auf Ihren Selbstwert und Ihre Erfolgserwartung auswirkt	Ich habe meine Absichten erfolgreich umgesetzt, weil ich eine willensstarke Person bin.
Erfolg kann auch intern/variabel erklärt werden	Damit Sie sehen, dass sich Ihre Anstrengungen lohnen	Ich habe meine Absichten erfolgreich umgesetzt, weil ich gut geplant habe und immer alles sorgfältig protokolliere.
Misserfolg vorzugsweise extern/variabel erklären	Damit Sie Ihre Selbstwirksamkeit nicht schwächen und Ihre Absicht nicht infrage stellen	Diese Woche war einfach unglaublich viel los. Meine Ziele waren unter diesen Umständen unrealistisch.
Misserfolg kann auch intern/variabel erklärt werden	Damit Sie sehen, dass es ein anderes Mal besser klappen wird	Ich habe wahrscheinlich das Protokoll vernachlässigt. Hätte ich mich besser beobachtet, wäre mir das nicht passiert.

Wer sich bei einem Misserfolg ständig sagt: «Ich habe einfach kein Talent und bin zu blöd», bei einem Erfolg dagegen: «War halt Glück», der kann gar kein positives Selbstbild aufbauen und wird nie Vertrauen in die eigenen Fähigkeiten entwickeln. Er empfindet die Situation als unkontrollierbar, erachtet Anstrengungen als sinnlos, wird deshalb Übungsmöglichkeiten verpassen und seine Fähigkeiten gar nicht ausschöpfen.

Pflegen Sie bei Ihrem Bewegungsprogramm einen positiven Attributionsstil. Erklären Sie sich Ihre Erfolge mit Ihren Fähigkeiten und Ihren Anstrengungen (intern/stabil oder intern/variabel), und schreiben Sie Ihre Misserfolge unglücklichen äusseren Umständen oder mangelnder Anstrengung zu (extern/variabel oder intern/variabel).

> **AUFGABENBOX 26:**
> **MEINE ERKLÄRUNGEN FÜR ERFOLG UND MISSERFOLG**
>
> Nehmen Sie einen Erfolg und einen Misserfolg, den Sie im Zusammenhang mit Ihrem Bewegungsziel erlebt haben. Formulieren Sie jeweils eine günstige Ursachenzuschreibung.
>
> Erfolg: ....
> Ursachenzuschreibung: ....
> Misserfolg: ....
> Ursachenzuschreibung: ....

Der günstige Attributionsstil lässt sich erlernen

Zwar gibt es zum Bewegungsverhalten keine Untersuchungen in diesem Zusammenhang, dafür existieren zahlreiche Studien aus dem Schulbereich. Besonders eindrücklich ist jene aus dem Physikunterricht in verschiedenen Mädchenklassen.

Der Pädagogikprofessor Albert Ziegler und sein Kollege Kurt Heller bewiesen 1998, dass sich Attributionsstile verändern lassen. Sie führten einige Physiklehrkräfte verschiedener Gymnasien in die Attributionstheorie ein und händigten ihnen ein Handbuch mit günstigen Beispielsätzen aus – bei einem Erfolg: «Ich wusste schon immer, dass du das kannst», bei einem Misserfolg: «Du hattest wohl einfach einen schlechten Tag.» Das Ergebnis nach einem halben Jahr: Mädchen, die den Physikunterricht einer Lehrperson besuchten, die einen günstigen Attributionsstil pflegte, erzielten im Vergleich zur Kontrollgruppe deutlich bessere Leistungen und waren auch viel motivierter für das Fach. Zudem beurteilten diese Mädchen ihren Erfolg bzw. Misserfolg selber in einem günstigeren Attributionsstil.

Alles mit Mass

Kritische Leser mögen nun einwenden, dass der positive Attributionsstil bei Misserfolgen dem Verdrängen oder einer Ausrede gleicht. Wer seine Rückfälle immer wieder mit externen und variablen Faktoren erklärt, sieht unter Umständen den Tatsachen einfach nicht ins Auge – und dabei sollten Sie doch genau das tun, wenn es darum geht, die Gründe für das Scheitern des Experiments aufzudecken und bessere Lösungen zu finden.

Verbieten Sie sich nicht, auch einmal Faktoren innerhalb Ihrer Person als Erklärung herbeizuziehen. Aber betrachten Sie diese nicht gleichzeitig als stabil. Denn das wird

Sie keinen Schritt weiterbringen – intern/stabil lässt sich nicht verändern und darum bietet sich auch keine Lösung an.

Als erfolgreichster Tennisspieler aller Zeiten pflegt Roger Federer wahrscheinlich sowohl einen günstigen Attributionsstil wie auch eine sorgfältige Analyse von Misserfolgen. Es ist anzunehmen, dass er im Wettkampf überwiegend günstig attribuiert. Denn negative Gedanken und Gefühle lenken ab und beeinträchtigen die Konzentration. Schaut Federer sich das Spiel im Nachhinein an, geht er seinen Fehlern aber wahrscheinlich ganz genau auf die Spur – immer mit dem Ziel, sich beim nächsten Mal zu verbessern.

Wie Sie über Ihre Erfolge und Misserfolge denken, hat einen starken Einfluss auf Ihre Motivation und Ihr künftiges Verhalten. Günstig ist, wenn Sie Misserfolge veränderbaren Ursachen zuschreiben. Erfolge hingegen schreiben Sie am besten sich selber zu – entweder variablen (gute Konzentration) oder stabilen Merkmalen (Talent) Ihrer Person.

Überprüfen Sie Ihre Erwartungen

Erinnern Sie sich noch an den Nutzen, den Sie zu Beginn dieses Buches mit Bewegung oder Sport verbanden (siehe Seite 80)? Jetzt, da Sie bereits einige Erfahrungen mit Ihrem neuen Bewegungsverhalten gesammelt haben, sollten Sie diese Erwartungen überprüfen. Denn Ihre persönlichen Erlebnisse entscheiden darüber, ob Sie Ihr neues Bewegungsverhalten auch langfristig aufrechterhalten können.

Normalerweise läuft dieser Bewertungsprozess recht unbewusst ab. Man merkt plötzlich, dass man entweder sehr motiviert oder eben eher unmotiviert ist. Dass etwas grossen Spass macht oder eher Unlust bereitet. Damit Sie die richtigen Konsequenzen ziehen können, sollten Sie möglichst bewusst bewerten.

Blicken Sie zurück zu Kapitel 3.3 (Seite 80) und schauen Sie sich die Erwartungen an, die Sie im Zusammenhang mit Bewegung und Sport formuliert haben. Tun Sie dasselbe auch mit den Kosten (Seite 82). Eventuell haben Sie inzwischen noch weitere Erwartungen positiver und negativer Art, die Sie mit Ihrem Sportprogramm verbinden – schliesslich stehen Sie jetzt an einem anderen Punkt als damals, als Sie die Aufgaben in Kapitel 3.3 lösten. Darum: Denken Sie auch an die Kosten und Nutzen, die Ihnen erst mit der Zeit bewusst wurden. Stellen Sie sich Fragen wie: Hat mir das Sporttreiben Spass gemacht? Habe ich mich entspannen können? Habe ich Gewicht verloren? Habe ich neue Leute kennengelernt? Hat es mich viel Selbstüberwindung gekostet, abends noch einmal die Radlerhose anzu-

AUFGABENBOX 27:
MEINE ERWARTUNGEN UND WAS DARAUS GEWORDEN IST

Nehmen Sie die Aufgabenboxen 8 und 9 aus Kapitel 3.3 zur Hand (Seite 82 und 84). Was waren zu Beginn Ihres Bewegungsprojekts Ihre Erwartungen positiver und negativer Art (Nutzen und Kosten)? Sind Ihre Erwartungen eingetroffen? Bewerten Sie auch die Wichtigkeit der Erwartung – zum Beispiel, indem Sie die verschiedenen Punkte rangieren.

	Eingetroffen ja/nein	Wichtigkeit	Konsequenz für die Zukunft
Nutzen, die ich mir versprochen habe:			
....	....	....	....
....	....	....	....
....	....	....	....
Kosten, die ich befürchtet habe:			
....	....	....	....
....	....	....	....
....	....	....	....
....	....	....	....

ziehen? Hatte ich weniger Zeit für anderes? Habe ich mich verletzt? Habe ich die Gruppe als unangenehm erlebt?

Die richtigen Schlüsse ziehen

Eventuell stellen Sie fest, dass es Ihnen vor allem wichtig war, Gewicht zu verlieren – Sie aber kein Gramm weniger wiegen. In diesem Fall gilt es, zu überlegen, ob Ihr Ziel überhaupt realistisch war. Vielleicht wollten Sie vier Kilogramm in einem Monat verlieren, was sich – falls es denn klappt – nicht halten lässt. Allerdings sollten Sie auch nicht vergessen: Bringen Sie gleich viel auf die Waage wie vor dem Beginn des Trainings, ist das eigentlich gar kein so schlechtes Resultat. Denn durch die Bewegung haben Sie einen Teil Ihres Fettgewebes mit Muskelmasse ersetzt – und die wiegt schwerer. Aber es könnte auch sein, dass Sie die falsche Sportart gewählt haben – mit einer Stunde Yoga pro Woche beispielsweise nimmt man nicht zwingend ab. Besser sind Sportarten, die den Kreislauf tüchtig ankurbeln.

So oder so: Wenn die Erwartung, Gewicht zu verlieren, für Sie sehr wichtig ist, dann müssen Sie eine Lösung bzw. eine Erklärung für diesen Punkt finden – sonst werden Sie bald zur Schlussfolgerung gelangen: «Das bringt doch alles nichts», und Ihren Bewegungsplan aufgeben.

Wenn Sie hingegen feststellen, dass Ihre schlimmsten Befürchtungen sich gar nicht bewahrheitet, Ihre wichtigsten Wünsche sich aber erfüllt haben, dann wissen Sie, dass Sie auf dem richtigen Weg sind. Die positive Kosten-Nutzen-Rechnung wird Sie weiterhin zur Bewegung motivieren.

Neue Kosten-Nutzen-Analyse

Es kann auch sein, dass sich Ihre Erwartungen im Verlauf der Zeit verändert haben. Eventuell wollten Sie zu Beginn vor allem etwas für Ihre Gesundheit tun. Inzwischen steht dieses Ziel vielleicht gar nicht mehr im Vordergrund. Sie haben jetzt Spass am Sport, geniessen die damit verbundenen sozialen Kontakte und das angenehme Körpergefühl.

Nochmals: zehn Punkte für Ihren Erfolg

Sie sind jetzt bald am Ende dieses Buches angelangt und stehen am Anfang eines neuen Lebens. Ein Leben, das Sie bewusst wahrnehmen und aktiv gestalten. Im wahrsten Sinn des Wortes haben Sie mehr Bewegung in Ihr Leben gebracht: Sie haben alte Verhaltensmuster aufgebrochen, neue Erkenntnisse und Erfahrungen gewonnen, Vorsätze gefasst und Pläne gemacht – und sind damit auf dem besten Weg, körperliche Aktivität fest in Ihren Lebensplan einzubauen.

Denken Sie aber auch daran: Verhaltensänderungen sind Prozesse. Sie brauchen Geduld, Energie und Aufmerksamkeit. Niemand kann sein Verhalten von heute auf morgen ändern – und das erst noch ohne Aufwand.

Legen Sie darum dieses Buch nun nicht weg, sondern nehmen Sie es immer wieder zur Hand. Schöpfen Sie in schwachen Momenten Kraft daraus. Lassen Sie sich davon inspirieren, wenn Sie einmal nicht weiterwissen. Und halten Sie sich daran fest, wenn Ihre Bewegungspläne ins Wanken kommen. Schauen Sie zurück, stöbern Sie in Ihren Notizen, füllen Sie einige der Fragebogen erneut aus und lösen Sie manche Aufgaben noch einmal. Sie werden dabei sehen, wie viele Schritte Sie schon getan haben.

Sie wissen inzwischen, dass Ihre Aufmerksamkeit fundamental zum Gelingen Ihrer Pläne beiträgt. Bleiben Sie also achtsam, indem Sie sich die Inhalte des Buches immer wieder in Erinnerung rufen. Die Checkliste auf der nächsten Doppelseite soll Sie dabei unterstützen – Sie aber auf keinen Fall davon abhalten, selber zurückzublättern.

Schreiben Sie einen Brief an sich selbst, in dem Sie Ihre Pläne, Wünsche, Hoffnungen, aber auch Befürchtungen festhalten. Stecken Sie ihn in einen an Sie adressierten, frankierten Umschlag und händigen Sie ihn einer Vertrauensperson aus mit der Bitte, den Brief nach einer vereinbarten Zeitspanne an Sie abzuschicken.

Das Allerwichtigste: Haben Sie Spass!

Entdecken Sie die Freude an der körperlichen Aktivität. Sport und Bewegung können richtig viel Spass machen. Vor allem Bewegungssituationen, in denen Sie sich sozial eingebunden fühlen, sich als kompetent erleben und Autonomie erfahren können, haben einen grossen Spassfaktor.

Ein mit besonders viel Lust verbundenes Gefühl ist der Flow-Zustand. «To flow» bedeutet fliessen und charakterisiert einen Zustand, in dem man völlig in einer Tätigkeit versinkt und an nichts anderes mehr denkt. Sie können das Flow-Erleben fördern, indem Sie sich klare und realistische Ziele setzen, eine entspannte Atmosphäre schaffen, für optimale Bedingungen sorgen und Feedback wahrnehmen.

Wenn Sie neu ins bewegte Leben einsteigen, benötigen Sie unter Umständen etwas Geduld, denn die positiven Auswirkungen des Sporttreibens stellen sich oft erst nach einer gewissen Zeit und mit etwas Übung ein. Damit Sie dranbleiben, können Sie sich mit künstlichen Anreizen in Schwung halten. Kombinieren Sie das Anstrengende mit dem Angenehmen und belohnen Sie sich, wenn Sie Ihre Absichten realisiert haben. So überbrücken Sie die Zeit, bis das angenehme Körpergefühl, rasante Spielsituationen, das Sporttreiben an sich zum Hauptgenuss werden.

CHECKLISTE: ZEHN PUNKTE FÜR IHR NEUES BEWEGUNGSVERHALTEN

1. Halten Sie sich die positiven Auswirkungen von Bewegung vor Augen

Bewegung ist keine nützliche Zugabe, um Ihre Gesundheit zu verbessern. Sie ist vielmehr Voraussetzung dafür, dass Ihr Körper normal funktioniert. Darum reduziert regelmässige körperliche Aktivität das Risiko für zahlreiche Zivilisationskrankheiten.

2. Werden Sie sich Ihrer Motive bewusst

Die Motivation lässt sich mit der Frage nach dem Wozu oder Warum gleichsetzen. Erkennen Sie Ihre ganz persönlichen Beweggründe und stellen Sie eine umfangreiche Liste zusammen, die für mehr Bewegung spricht.

3. Stärken Sie Ihre Erfolgserwartung

Psychologen nennen das Vertrauen in die eigene Fähigkeit Selbstwirksamkeit. Stärken Sie Ihre Erfolgserwartung, indem Sie sich erreichbare Ziele setzen und diese visualisieren. Mit Vorteil suchen Sie sich Vorbilder, die veranschaulichen, dass Ihre Wünsche im Bereich des Möglichen sind.

4. Finden Sie die richtige Bewegungsform

Damit Sie Ihr Bewegungsverhalten nachhaltig verändern können, brauchen Sie eine Bewegungsform, die zu Ihnen passt. Werden Sie zum Entdecker, zur Entdeckerin in der Welt des Sports und lassen Sie sich von den vielen Möglichkeiten inspirieren.

5. Setzen Sie sich SMARTe Ziele

Damit Sie Ihre Bewegungsabsicht erfolgreich realisieren können, müssen Sie genau wissen, wo Sie hinwollen: Sie brauchen ein klares Ziel. Ein Instrument, um möglichst Erfolg versprechende Ziele zu definieren, ist die SMART-Checkliste: spezifisch, messbar, attraktiv, realistisch und terminiert.

6. Erstellen Sie einen Plan

Bewegungspläne sollten die wichtigsten W-Fragen beantworten: was, wie, wann, wie lange, wo, mit wem. Eine speziell reduzierte Form eines Planes sind Wenn-dann-Sätze. Wenn-dann-Sätze legen fest, wann man wie reagiert. Sie verknüpfen eine Situation mit einer Handlung und funktionieren so ähnlich wie Gewohnheiten.

7. Beobachten Sie sich selber

Eine äusserst empfehlenswerte Form der Selbstbeobachtung sind Protokolle. Ein Bewegungsprotokoll bildet Ihr Verhalten über eine längere Zeit ab, macht Erfolge sichtbar, bietet eine Grundlage zur Reflexion, erinnert Sie ständig an Ihre Absichten – und unterstützt mit all diesen Vorteilen das Dranbleiben.

8. Überwinden Sie Ihre Barrieren

Wer einen Bewältigungsplan für kritische Situationen hat, kann seine Bewegungsabsichten erfolgreicher umsetzen. Erkennen Sie also Ihre schwachen Momente und entwickeln Sie Strategien dagegen. Formulieren Sie erweiterte Wenn-dann-Sätze, die aufzeigen, wie Sie reagieren wollen, wenn die kritische Situation eintritt.

9. Schreiben Sie so viel wie möglich auf

Verschriftlichtes ist vergleichbar mit einer externen Harddisk. Es entlastet Ihren Arbeitsspeicher und ist mit einem Klick bzw. Blick abrufbar. Das erleichtert Denkprozesse, spart Energie und verhindert das Vergessen. Am besten sammeln Sie Ihre Notizen in einem Bewegungstagebuch.

10. Gehen Sie geschickt mit Rückschlägen um

Betrachten Sie Ihre Schritte hin zu einem bewegten Lebensstil als Experimente und fragen Sie sich bei einem Misserfolg: «Warum hat das Experiment nicht funktioniert? Welche Lösungen gibt es? Was muss ich beim nächsten Mal anders machen?» Allenfalls lohnt es sich auch, Ihre Ursachenzuschreibung zu überdenken.

«BEWEGUNG
IST EINE
LEBENSHALTUNG.»

NACHWORT DER AUTORINNEN

Bravo! Wenn Sie dieses Buch durchgearbeitet haben, dann haben Sie einen gewaltigen Sprung nach vorne gemacht. Sie wissen jetzt, wie Sie ticken und was Sie motiviert. Sie kennen die wichtigsten Tricks, die Ihnen helfen, einmal gefasste Vorsätze zu realisieren. Und wahrscheinlich haben Sie inzwischen nicht nur Ihr Bewegungsverhalten verändert, sondern sich auch sonst weiterentwickelt und viel dazugelernt.

Sich Ziele zu setzen, darauf hinzuarbeiten und bei Schwierigkeiten dranzubleiben, das sind Fähigkeiten, die sich auch im Beruf oder Alltag bezahlt machen. Dass sportliche Hobbys in einem Lebenslauf gerne gesehen sind, kommt nicht von ungefähr: Sportliche Arbeitnehmer und Arbeitnehmerinnen haben nicht nur weniger krankheitsbedingte Absenzen, ihnen eilt zudem der Ruf voraus, zielstrebig und ausdauernd zu sein. Und wie heisst es so schön: In einem gesunden Körper wohnt ein gesunder Geist.

Damit ist Bewegung mehr als ein Fitnessprogramm. Bewegung ist eine Lebenshaltung. Niemand hat diesen Gedanken schöner beschrieben als George Sheehan. Der Herzspezialist war mit 45 auf dem Höhepunkt seiner Karriere und wohnte mit seiner Familie in gesicherten Verhältnissen in einer amerikanischen Vorstadt. Sein Leben langweilte ihn und er schlief regelmässig vor dem Fernseher ein. Auf der Suche nach Inspiration und einer Kraftquelle wandte sich Sheehan der Philosophie zu. Er interessierte sich besonders für jene Denker, die sich mit dem Zusammenspiel von Körper und Geist beschäftigten – und fasste schliesslich den Entschluss, mehr Bewegung in sein Leben zu bringen. In der Folge wurde er Kolumnist beim Magazin «Runner's World» und schrieb mehrere Bücher über das Laufen. Aus dem Titel «Running and Being» stammt folgendes Zitat: «Mein Fitnessprogramm war nie ein Fitnessprogramm, es war eine Kampagne, eine Revolution, eine Umwandlung. Ich wollte zu mir selber finden. Und im Prozess entdeckte ich meinen Körper und die Seele, die darin wohnte.»

Gehen auch Sie auf diese Entdeckungsreise. Nehmen Sie Ihre Chance wahr. Es warten unzählige schöne Erfahrungen und Erlebnisse auf Sie.

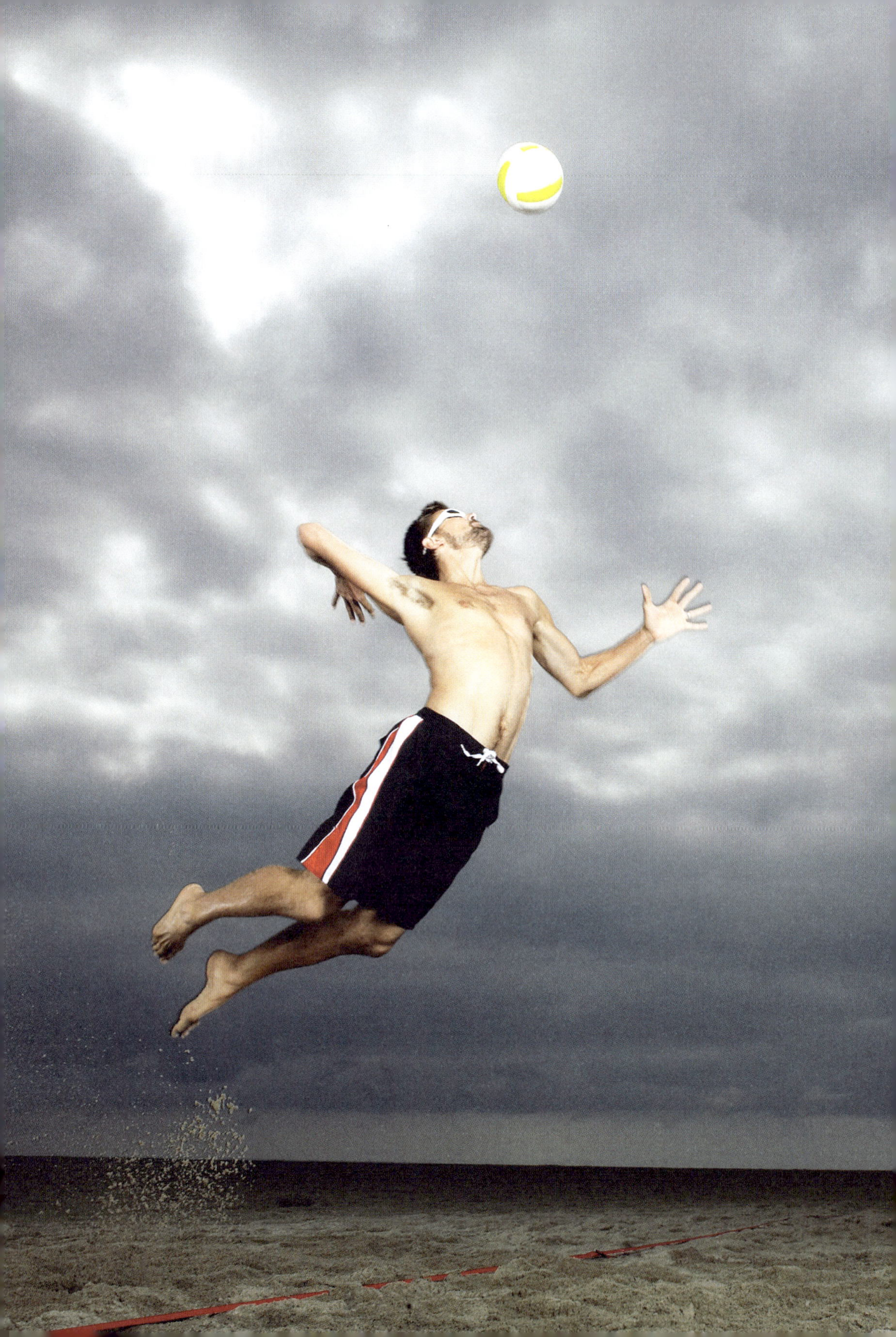

Anhang

Kopiervorlagen
Links für mehr Bewegung
Literatur
Stichwortverzeichnis

Kopiervorlagen

Die folgenden Vorlagen können Sie kopieren und ausfüllen. Sie finden Sie alle auch im Internet zum Herunterladen: www.beobachter.ch/fitness.

BEWEGUNGSVERTRAG

Vertrag

Ich,

....,

verpflichte mich, mich ab .... regelmässig zu bewegen, indem ich

....

....

....

Halte ich diese Abmachung ein, gönne ich mir alle zwei Wochen ....

....

....

Halte ich diese Abmachung nicht ein, spende ich jede Woche, in der ich das Ziel verfehle, zehn Franken an ein Hilfswerk.

Ich, ... (Coach), verpflichte mich, sie/ihn in diesem Vorhaben bestmöglich zu unterstützen.

Datum:

Unterschriften:

Quelle: www.active-online.ch

Mehr zum Bewegungsvertrag lesen Sie auf Seite 138.

AKTIVITÄTENPROTOKOLL

Woche vom: .... bis ....

Uhrzeit	Montag	Dienstag	Mittwoch	Donnerstag	Freitag	Samstag	Sonntag	Liste regelmässiger Tätigkeiten (evtl. ergänzen)			
									Alltag/Beruf		Freizeit
06 – 07								FR	Frühstück	SG	Spazieren gehen
07 – 08								MT	Mittagessen	R	Rad fahren
08 – 09								AB	Abendessen	AS	Andere Sportarten
09 – 10								KP	Kaffeepause	L	Lesen
10 – 11								Z	Zwischenmahlzeit	F	Fernsehen
11 – 12								K	Kochen	U	Unterhalten/Spiele
12 – 13								J	Job/Arbeit	AF	Ausflug
13 – 14								W	Wäsche/Bügeln	FB	Freunde besuchen
14 – 15								A	Aufräumen	KD	Kinder
15 – 16								P	Putzen	MS	Mittagsschlaf
16 – 17								E	Einkaufen		
17 – 18								HR	Haus reparieren		
18 – 19								AP	Auto pflegen		
19 – 20								HV	Haustiere versorgen		
20 – 21								GA	Gartenarbeit		
21 – 22								KP	Krankenpflege		
22 – 23								KF	Kirchgang/Friedhof		
23 – 24											

Quelle: Göhner, W.; Fuchs, R.: Änderung des Gesundheitsverhaltens. MoVo-Gruppenprogramme für körperliche Aktivität

Mehr zum Aktivitätenprotokoll lesen Sie auf Seite 118.

WOCHENPLAN

	Montag	Dienstag	Mittwoch	Donnerstag	Freitag	Samstag	Sonntag	Gesamttotal
Morgen								
Nachmittag								
Abend								
Total								

Mehr zum Wochenplan lesen Sie auf Seite 147.

HANDLUNGSPLAN

Mein Bewegungsziel

Was? ....
....

Wie? ....
....

Wann? ....
....

Wie lange? ....
....

Wo? ....
....

Mit wem? ....
....

Meine Wenn-dann-Sätze

Wenn ....
....,

dann ....
....

Wenn ....
....,

dann ....
....

Wenn ....
....,

dann ....
....

Mehr zum Handlungsplan lesen Sie auf Seite 146.

WOCHENPROTOKOLL MIT PROZENTSKALA

Bewegung im Alltag	So viel Prozent des Ziels erreicht			
	Woche 1	Woche 2	Woche 3	Woche 4
....	0% ———— 100%	0% ———— 100%	0% ———— 100%	0% ———— 100%
....	0% ———— 100%	0% ———— 100%	0% ———— 100%	0% ———— 100%
....	0% ———— 100%	0% ———— 100%	0% ———— 100%	0% ———— 100%
....	0% ———— 100%	0% ———— 100%	0% ———— 100%	0% ———— 100%
....	0% ———— 100%	0% ———— 100%	0% ———— 100%	0% ———— 100%
....	0% ———— 100%	0% ———— 100%	0% ———— 100%	0% ———— 100%

Quelle: Göhner, W.; Fuchs, R.: Änderung des Gesundheitsverhaltens. MoVo-Gruppenprogramme für körperliche Aktivität

Mehr zum Wochenprotokoll lesen Sie auf Seite 168.

Links für mehr Bewegung

www.active-online.ch
Interaktives Motivations- und Bewegungsprogramm für mehr Bewegung. Mit vielen Fragebogen, Übungssammlungen und Formularen zum Ausdrucken (zum Beispiel Wochenplan, Vertrag oder Notfallplan).

www.badi-info.ch
Adressen von Hallen-, Frei- und Thermalbädern.

www.biketowork.ch
Eine Monatsaktion zur Veloförderung im Betrieb mit dem Ziel, dass möglichst viele Pendlerinnen und Pendler für mindestens einen Teil ihres Arbeitswegs das Velo benutzen. Die Aktion findet jeweils im Juni statt.

www.datasport.com
Veranstaltungskalender für Laufsport, Walking, Radsport, Mountainbiking, Inlineskating, Triathlon/Duathlon, Langlauf und Ski alpin.

www.feelok.ch
Portal der Schweizerischen Gesundheitsstiftung Radix, eigentlich für Jugendliche konzipiert. Der Sportarten-Kompass und die Sportverein-Datenbank sind aber auch für Erwachsene von Interesse.

www.fitforlife.ch
Schweizer Magazin für Ausdauersport; umfassende Linkliste und zahlreiche kostenlose Dossiers für Einsteiger, etwa zum Thema Nordic Walking, Inlineskating oder Schneeschuhlaufen.

www.freizeitsportler.ch
Per Mausklick eine Trainingsgruppe zum Joggen, Skaten, Velofahren oder Mountainbiken finden und sich zu lokalen Treffs verabreden.

www.gotosport.ch
Sportkurse und Veranstaltungen in der Schweiz; vor allem die Kantone Luzern und St. Gallen sind gut vertreten.

www.hepa.ch
Das Netzwerk Gesundheit und Bewegung Schweiz ist ein Zusammenschluss von Organisationen, Institutionen und Unternehmen, die sich schweizweit für die Gesundheitsförderung durch Bewegung und Sport (Health-Enhancing Physical Activity, HEPA) einsetzen. Gute Linkliste und viele Info-Dokumente.

www.issdichfittv.ch
Gesammelte Beiträge der Sendung «Iss dich fit TV» des Schweizer Sportfernsehens. Interviews mit Spitzensportlern, Trendberichte aus dem Bereich Ernährung und Bewegung und Neuestes aus der Wissenschaft.

Anhang

www.klubschule.ch
Kursangebot der Klubschule Migros.

www.laufkalender.ch
Laufevents und Lauftreffs in der Schweiz.

www.lauftipps.ch
Alles rund ums Laufen; gute Linksammlung, Laufkalender und interaktive Trainingspläne auch für Einsteiger.

www.meet2move.ch
Portal, über das sich Sparringspartner für über 30 Sportarten finden lassen – vor allem in Städten und Agglomerationen sind Angebot und Nachfrage gross.

www.pro-senectute.ch
Die Stiftung hat schweizweit das grösste und vielfältigste Sportangebot für Personen über 60 Jahren – Suche nach Ortschaft und Sportart möglich.

www.redcross.ch
Das Rote Kreuz bietet verschiedene Kurse in den Bereichen Bewegung und Gesundheitsförderung an. Informieren Sie sich beim Kantonalverband in Ihrer Region.

www.rentabike.ch
Velovermietung der SBB mit umfangreichem Tourenangebot.

www.richtigfit.de
Portal für Bewegung und Gesundheit des Deutschen Olympischen Sportbunds, unter anderem mit Trainingsprogrammen, Tests, Sportarten-Lexikon.

www.ryffel.ch
Homepage des ehemaligen Langstreckenläufers Markus Ryffel, der sich heute mit seiner Firma Ryffel Running für Laufen, Walking und Aqua-Fit engagiert – mit vielen kostenlosen Broschüren zum Downloaden.

www.schweizmobil.ch
Nationales Netzwerk für den Langsamverkehr (Wandern, Velofahren, Mountainbiken, Skaten und Kanufahren), mit Tourenvorschlägen, Kartenmaterial und Hintergrundinformationen.

www.slowup.ch
Autofreie Erlebnistage, die von einer nationalen Trägerschaft in Zusammenarbeit mit lokalen und regionalen Partnern organisiert werden.

www.sportaemter.ch
Auf der Homepage der Arbeitsgemeinschaft Schweizerischer Sportämter finden sich Adressen von rund 120 Sportämtern in grösseren Gemeinden oder Städten. Die Telefonnummer des Sportamts Ihrer Gemeinde finden Sie auch im Telefonbuch.

www.starker-ruecken.com
Informationsseite für Rückenpatienten mit umfangreichem Angebot an Wirbelsäulengymnastik und Rückenübungen im Videoformat.

www.swiss-athletics.ch
Die Homepage des Schweizer Leichtathletikverbands informiert unter der Rubrik «Running» über Walking- und Laufstrecken von Helsana, lokale Lauftreffs sowie über Laufwettbewerbe in der ganzen Schweiz.

www.swissolympic.ch
Dachverband des Schweizer Sports, unter anderem mit Sportkalender und Adressen von sportmedizinischen Zentren nach Kantonen geordnet. Unter der Rubrik Spitzen- & Nachwuchssport → Weitere Dienstleistungen zum Teil auch Beratung für Bewegungseinsteiger.

www.swisswalking.ch
Portal des Swiss Walking Events in Solothurn – mit Trainingstipps.

www.tourenguide.ch
Wander-, Velo- und Biketouren in der ganzen Schweiz.

www.up-vhs.ch
Die Volkshochschulen diverser Regionen bieten verschiedene Kurse in den Bereichen Bewegung, Sport und Gesundheit an.

www.vitaparcours.ch
Standorte aller Vita Parcours in der Schweiz und Übungen zum Ausdrucken.

www.wandern.ch
Die nationale Dachorganisation Schweizer Wanderwege – unter anderem mit Wandervorschlägen, Events und Download-Bereich.

www.wandersite.ch
Tipps für Tages- und Mehrtageswanderungen in der Schweiz.

www.xx-well.com
Individuelle Trainings- und Ernährungsprogramme und fachspezifische Beratung, kostenpflichtig.

Literatur

Hintergrundliteratur

Csikszentmihalyi, M.; Jackson, S. A.: Flow im Sport. BLV, München 2003

Fuchs, R.: Sport, Gesundheit und Public Health. Hogrefe, Göttingen 2003

Fuchs, R.; Göhner, W.; Seelig, H. (Hrsg.): Aufbau eines körperlich-aktiven Lebensstils. Hogrefe, Göttingen 2007

Gabler, H.: Motive im Sport. Motivationspsychologische Analysen und empirische Studien. Hofmann, Schorndorf 2002

Göhner, W.; Fuchs, R.: Änderung des Gesundheitsverhaltens. MoVo-Gruppenprogramme für körperliche Aktivität und gesunde Ernährung. Hogrefe, Göttingen 2007

Gollwitzer, P. M.: Implementation Intentions: Strong Effects of Simple Plans. American Psychologist, 54, 1999

Gollwitzer, P. M.; Oettingen, G.: Planning Promotes Goal Striving. In: Vohs, K. D.; Baumeister, R. F. (Eds.): Handbook of Self-Regulation: Research, Theory, and Applications. Guilford, New York 2011

Heckhausen, J.; Heckhausen, H.: Motivation und Handeln. Springer, Heidelberg 2006

Hoff, H. G.: Sportmotivation bei Nicht-Sportlern. Roderer, Regensburg 2000

Marcus, B. H.; Forsyth, L. H.: Motivating People to Be Physically Active. Human Kinetics, Leeds 2009

Muster, M.; Zielinski, R.: Bewegung und Gesundheit. Gesicherte Effekte von körperlicher Aktivität und Ausdauertraining. Steinkopff, Darmstadt 2006

Rheinberg, F.: Grundriss der Psychologie. Band 6. Motivation. Kohlhammer-Urban-Taschenbücher, Stuttgart 2006

Schlicht, W.; Brand, R.: Körperliche Aktivität, Sport und Gesundheit. Eine interdisziplinäre Einführung. Juventa, München 2007

Schlicht, W.; Strauss, B.: Sozialpsychologie des Sports. Hogrefe, Göttingen 2003

Schüler, J.; Brandstätter, V.: Zielbildung und Zielbindung. In: Kleinbeck, U.; Schmidt, K.H. (Hrsg.): Enzyklopädie der Psychologie, Wirtschafts-, Organisations- und Arbeitspsychologie, Band 1 Arbeitspsychologie. Hogrefe, Göttingen 2010

Schüler, J. et al.: Motivation im Sport. Ein Leitfaden für Trainer und Trainerinnen. Psychologisches Institut der Universität Zürich, 2006

Schwarzer, R.: Psychologie des Gesundheitsverhaltens. Hogrefe, Göttingen 1996

Dokumentationen des Bundesamts für Sport

Lamprecht, M.; Fischer, A.; Stamm, H.: Sport Schweiz 2008. Das Sportverhalten der Schweizer Bevölkerung. Magglingen 2008

Lamprecht, M.; Fischer, A.; Stamm, H.: Sportvereine in der Schweiz. Zahlen, Fakten und Analysen zum organisierten Sport. Magglingen 2010

Martin-Diener, E.: Gesundheitswirksame Bewegung. Grundlagendokument. Magglingen 2009

Pieth, J.; Navarra, K.; Grabherr, M.: Bewegung ist Leben. Magglingen 2009

Beobachter-Ratgeber

Botta Diener, Marianne: Essen. Geniessen. Fit sein. Das erste Wohlfühl-Ernährungsbuch für Frauen in der Schweiz. 3. Auflage, Beobachter-Buchverlag, Zürich 2012

Jacob, Elisabeth: Lust auf Garten. Planen, pflanzen, pflegen – Tipps für Einsteiger und erfahrene Gärtnerinnen. Beobachter-Buchverlag, Zürich 2012

Jahn, Ruth: Gut geschlafen! Wie Sie Schlafprobleme lösen und Ihr Wohlbefinden steigern. Beobachter-Buchverlag, Zürich 2011

Jahn, Ruth: Kinder sanft und natürlich heilen. Beobachter-Buchverlag, Zürich 2008

Jahn, Ruth: Rezeptfrei gesund mit Schweizer Hausmitteln. 2. Auflage, Beobachter-Buchverlag, Zürich 2008

Jahn, Ruth; Widmer, Regina: Wechseljahre – natürlich begleitet. Sorgenfrei trotz Wallungen & Co. 2. Auflage, Beobachter-Buchverlag, Zürich 2011

Kessler, Helga; Hell, Daniel: Wege aus der Depression. Burn-out, Lebenskrise, Stress – Hilfe für Betroffene und Angehörige. 3. Auflage, Beobachter-Buchverlag, Zürich 2011

Schreiber, Deliah: Plötzlich Patient. So aktivieren Sie Ihre Selbstheilungskräfte. Beobachter-Buchverlag, Zürich 2010

Stichwortverzeichnis

A

Abnehmen 23, 101, 107, 191
Aktivitätenprotokoll 118, 201
Alltag und Bewegung 98, 119
– Schrittzähler.....................99
Anfangen mit Bewegung,
  Sport........................94
Annäherungsziele 140, 186
Anreize für mehr Bewegung 116
Attraktive Ziele 144
Attributionsmodell 187
Attributionsstil, positiver... 188, 189
Aufgabenboxen
– Annäherungsziel 141
– Autonomie im Sport................74
– Barrieren bewusst machen 52
– Barrieren überwinden 175
– Bewegungsvertrag................ 139
– Erfolgserwartung überprüfen 191
– Erklärungen für Erfolg und
  Misserfolg 189
– Handlungsplan 146
– Kompetenzerleben 73
– Konkretes Ziel 136
– Kosten von Bewegung 84
– Lang- und kurzfristige Ziele... 137
– Lernziel 140
– Motivationssätze 166
– Motivsammlung.....................78
– Notfallplan 178
– Nutzen von Bewegung 82
– Positive Anknüpfungspunkte...98
– Realistisches Ziel.................. 135
– Ruhepuls 20

– SMART-Ziel........................... 145
– Soziale Komponente...............72
– Umwelt................................ 167
– Verhaltensänderung, frühere .. 51
– Visualisierung...................... 162
– Wenn-dann-Sätze 149
– Zielkonflikte 143
Aufschreiben 57, 148, 154, 195
Äussere Umstände................... 123
– Und Verhaltensänderung 51
Auswirkung des Trainings.... 15, 26,
  37, 55
Autonomiestreben 73
Autopilot................................. 153

B

Barrieren gegen Bewegung
  und Sport 53, 195
– Äussere............................... 172
– Gesundheitliche Gründe 54
– Innere 172
– Kein Spass 53
– Motivationsproblem................57
– Müdigkeit 56
– SOS-Frage 121
– Strategien gegen 172
– Überwinden......................... 173
– Zeitmangel 53
Bedürfnispyramide,
  maslowsche 70
Bedürfnisse 68
– Autonomie............................73
– Grundbedürfnisse..................69
– Kompetenzerleben 73

– Nahrung 69
– Selbstverwirklichung 70
– Sicherheit.............................69
– Soziales Eingebundensein.......72
– Wertschätzung......................70
– Zugehörigkeit 69
Beliebteste Sportarten............ 111
Belohnung 116, 150, 162, 170, 193
– Flow 179
– Gute 152
– Und Konditionierung............ 151
Bewegung (siehe auch Sport)
– Barrieren gegen 52
– Gesundheitlicher
  Nutzen 14, 18, 54, 55
– Gesundheitswirksam 41
– Günstige Voraussetzungen.... 118
– Im Alltag.......................98, 119
– In der Gruppe 112
– In der Menschheits-
  geschichte....................... 14, 29
– Kalorienverbrauch 101
– Kosten von 82, 190
– Nutzen von 80
– Soziale Kontakte............. 27, 69,
  72, 165
– Spass an 29, 53, 71, 75,
  76, 78, 97, 116, 179, 193
– Und Entspannung 28, 111
– Und Selbstbewusstsein 26
– Und Selbstverwirklichung 70
– Und Wertschätzung 70
– Und Zugehörigkeit 69
– Zahlen in der Schweiz............ 15
– Zu Hause 114

Bewegungsbarrieren siehe Barrieren
Bewegungsform, passende 94, 194
Bewegungsmangel, Folgen 14, 54, 80
Bewegungspyramide 41
Bewegungstagebuch 57
Bewegungstermine 118, 153
Bewegungsvertrag 138, 200
Bewerten 66, 184
Bilder, Kraft der 163
Breitensportanlässe 110

C/D

Cross Stepper 114
Dazwischenkommen 160
Dosis und Wirkung 39
Dranbleiben 158
- Barrieren überwinden 172
- Bewerten 184
- Flow 179
- Gedanken, Gefühle kontrollieren 164
- Notfallplan 178
- Positiver Attributionsstil 189
- Selbstbeobachtung 168, 171
- Vorausschauen 176
- Zehn-Punkte-Programm 192, 194

E

Entscheidungsfindung 83
Entspannung 28, 111
Erfolg
- Auskosten 89
- Durch Ziele 134
- Erklärungen für 187, 188
- Erfolgserwartung 85, 125, 134, 163, 187, 194

- Selbstwirksamkeit 85
- Überprüfen 190
Erholung siehe Entspannung
Erwartung siehe Erfolgserwartung
Erwartung-mal-Wert-Modell 85
Erweiterte Wenn-dann-Sätze.... 176
Extrinsische Motivation.............. 74

F

Fallgruben siehe Barrieren
Feedback 143, 145, 180, 184
Fitness, Definition 36
Fitnesstest, persönlicher...... 36, 38
Fitnesstyp-Tests 104
Fitnesszentrum 109, 112
Flow 179, 193
- Charakteristiken 180
- Und Überforderung 182
Formulierung der Ziele 177
Fragebogen
- Bewegung bisher 40
- Fitnesstest 38
- Flow-Erleben 182
- Gesundheitliche Beschwerden 31
- Selbstwirksamkeit 87
- Spass an Bewegung 76
- Strategien zur Verhaltensänderung 48
Freundschaften durch Sport..... 113

G

Gedanken, Gefühle kontrollieren 164
Gegenkonditionierung.............. 151
Geschwindigkeit siehe Tempo
Gesundheit 14, 18
- Als Motiv für Bewegung 65
- Auswirkung von Training 15, 26, 37, 55

- Beschwerden 30
- Gesundheitsgewinn 55
- Gesundheitsrisiko................... 55
- Und Bewegung 14, 18, 54
Gesundheitliche Gründe gegen Bewegung 54
Gesundheitscheck 42
Gesundheitsschaden, Bewegungsmangel.................. 54
Gesundheitswirksame Bewegung 41
Gewicht verlieren 23, 101, 107, 191
Gewohnheiten 50
- Macht der............................. 153
- Wenn-dann-Sätze 148, 154, 176, 194
Grundbedürfnisse 69

H

Handeln 47, 66
Handlungsplan 146, 194, 203
- Aufschreiben 154
- Formulierung 177
- Notfallplan 178
- Wenn-dann-Sätze 148
Handy, Sportapps 170
Helvetischer Triathlon 110
Herzfrequenz, ideale fürs Training 125
Hometrainer 114

I/J

Implementierungsintention 148
Inaktivität siehe auch Bewegungsmangel................. 80
- Folgen für andere 81
Informationen über Bewegung und Sport 103, 116
Intentions-Verhaltens-Lücke 148
Internet, Informationen aus..... 103, 116

Intrinsische Motivation 74, 141
Ist-Soll-Vergleich 163

K

Kalorienverbrauch........ 24, 26, 101, 114, 153
- Und Tempo 102
Kein Spass an Bewegung 53
Kompetenzerleben..................... 72
Konditionierung 150
Konkrete Ziele 135
Konkretisieren, Handlungsplan 146
Kontakte, soziale .. 27, 69, 112, 165
Kontrolle der Gedanken
    und Gefühle................................ 164
Kontrolle des Umfelds............... 164
Koordination.............................. 36
Kosten von Bewegung........ 82, 190
Kosten-Nutzen-Analyse...... 80, 192
Kraft 16, 36
Kurzfristige Ziele 137, 186

L

Langfristige Ziele 137, 186
Leistungsziele.......................... 138
Lernen aus Rückschlägen......... 184
Lernziele.................................. 138
Links zu Bewegung
    und Sport 205
Lust und Unlust 71

M

Marshmallow-Test 162
Maslowsche
    Bedürfnispyramide 70
Mehrere Ziele 132, 142
Menschheitsgeschichte
    und Bewegung................. 14, 29
Mentales Kontrastieren............ 163
Messbare Ziele 143
Messen................................ 138, 144

- Mit anderen............. 78, 109, 138
- Mit sich selbst 37, 97, 99, 109, 138
Misserfolg (siehe auch
    Rückschlag)......................... 184
- Erklärungen für...... 186, 187, 188
- Umgang mit........................... 90
Motiv 64
- Eigene Motive......................... 75
- Gesundheit als Motiv 65
- Männer und Frauen 79
- Motivsammlung................. 75, 77
Motivation 57, 62, 194
- Einflussfaktoren 78
- Erfolgserwartung 85
- Extrinsische............................ 74
- Funktionsweise 64
- In Tat umsetzen 80
- Intrinsische 74, 141
- Kosten-Nutzen-Analyse 80
- Lust.. 71
- Rubikonmodell 65, 67
- Selbstgespräche................... 165
- Vom Wunsch zur Handlung 65
Motivationsproblem................... 57
Motivationsvideo 165
Müdigkeit als Barriere .. 56, 144, 176
Musik, Unterstützung
    beim Sport 122
Muskelkater............................. 108

N

Nahrung, Grundbedürfnis........... 69
Natur und Sport 110, 112
Nervenkitzel im Sport 115
Neue Sportarten 115
Nutzen von Bewegung........ 80, 190

O

Öffentliche Ziele 138
Onlinetests für Sportarten 103

Optimismus 124
Outdoor-Sportarten 110, 112

P

Partner, Partnerin 119, 165
- Hilfe von............................... 120
Passende Bewegungsform,
    Sportart................................. 94
Pawlows Hund 151
Planen..................................... 66
Plauderregel 125
Positiver Attributionsstil.... 188, 189
Protokoll................................. 167
Protokollieren 57, 148, 154, 166, 195

R

Realistische Ziele...... 124, 134, 144
Risikosportarten 115
Rubikonmodell.................... 65, 67
Rückfall siehe Rückschlag
Rückschlag 46, 184, 195
- Erklärungen für...... 186, 187, 188
- Umgehen mit........................ 184
Ruhepuls 19, 20

S

Schrittzähler............................ 99
Schweinehund, Begriff.............. 68
SchweizMobil........................... 110
Selbstbeobachtung 168, 171, 186, 195
Selbstbewusstsein................... 27
Selbstdisziplin 161
Selbstgespräche 164
Selbstkontrolle 131
- Stärken der 160
- Und Protokolle 168
- Und Tageszeit...................... 166

Selbstregulation 130
Selbstverwirklichung,
  Grundbedürfnis 70
Selbstwertgefühl.......................26
Selbstwirksamkeit 27, 85,
            125, 134, 136, 194
- Erreichbare Ziele 88
- Strategien für 86
- Und Erfolg 89
- Und Rückschlag................... 184
Senioren und Sport 113
Sicherheit, Grundbedürfnis 69
Sichtbare Ziele......................... 138
SlowUp 112
SMART-Ziele 143, 194
Smoveys.................................. 115
SOS-Frage 121, 164
- Und Wenn-dann-Sätze 150
Soziale Kontakte... 27, 69, 112, 165
Soziales Eingebundensein ... 29, 72,
                        74, 193
Spass an Bewegung und
  Sport 29, 53, 71, 75,
        76, 78, 97, 116, 179, 193
Spezifische Ziele 135, 143
Sport (siehe auch Bewegung)
- Entspannung 111
- Für Senioren........................ 113
- In der Natur 110, 112
- Informationen aus
  dem Internet 103, 116
- Mit Gleichgesinnten.............. 112
- Nervenkitzel 115
- Outdoor......................... 110, 112
- Soziale Kontakte.............. 27, 69,
                         112, 165
- Spass 29, 53, 71, 75,
        76, 78, 97, 116, 179, 193
- Und Musik 122
- Zu Hause 114

Sportarten
- Beliebteste 111
- Fürs Abnehmen 107
- Günstige..................... 106, 110
- Neue 115
- Onlinetests.......................... 103
- Passende................... 94, 194
- Risikosportarten 115
- Überblick............................. 106
- Wettkampf........................... 109
Sporttypentests 104
Sportuhr 136
Sportverein..................... 107, 112
Stabilisierung............................44
Standortbestimmung 36
- Bestandesaufnahme 40
- Fitnesstest 38
Starthilfen 121
Stimmungsregulation 166
Strategien
- Aufschreiben 57
- Bei Rückschlägen 185
- Belohnung 150
- Für Selbstwirksamkeit 86
- Gegen Barrieren 172
- Gegen What-the-hell-Effekt... 186
- Positiver Attributionsstil 189
- Protokollieren...................... 166
- Selbstgespräche.................. 164
- Token-Strategie 168
- Umfeld kontrollieren............. 165
- Umsetzung 47
- Visualisieren........................ 161
- Wenn-dann-Sätze 176
- Zum Dranbleiben 160
- Zur Verhaltensänderung..........46
Stressabbau 28, 77, 79
Stufen der Verhaltensänderung..44
Suche nach Bewegungsform,
  Sportart..........................94, 116

- Links 205
- Onlinetests.......................... 103
- Positive Erfahrungen 94
- Spassfaktor....................95, 116

T

Tempo, richtiges 125
Tempo und Kalorienverbrauch.. 102
Terminierbare Ziele 144
Thera-Band 114
Token-Strategie 168
Training
- Auswirkungen....... 15, 26, 37, 55
- Handy-Apps 170
- Ideale Herzfrequenz............. 125
- Sportuhren 136
- Zu Hause 114

U

Überblick Sportarten 106, 116
Überforderung 54, 98,
            110, 114, 125, 182
Übergewicht.... 16, 25, 101, 108, 191
Übermut 124
Überprüfen der
  Erfolgserwartung 190
Umfeld, soziales 119, 165
- Kontrollieren 166
Unlust und Lust 71
Ursachenzuschreibung............. 187

V

Verabredung zum Sport 122
Veränderung im Umfeld 123
Vereinssport 107, 112
Vergleich 138, 144
- Mit anderen.............78, 109, 138
- Mit sich selbst 37, 97,
                      99, 109, 138
Verhaltensänderung..................44

Stichwortverzeichnis 213

- Rückschlag 46
- Strategien zur 46
- Stufen der 44
- Und äussere Umstände 51
- Und Gewohnheiten 50

Vermeidungsziele 140, 186
Verschriftlichen... 57, 148, 154, 195
Verstärker 151
Visualisierung 88
- Marshmallow-Test 162
- Und Selbstkontrolle 161

Vita Parcours 110
Volition 130
Vorausschauen 176
Voraussetzungen, günstige 118
- Partnerhilfe 119
- Realistische Ziele 124
- Starthilfen 121
- Verabredung 122
- Veränderung im Umfeld 123
- Zeitplanung 118

Vorbilder 88
Vorsätze, gute 132

W

Wenn-dann-Sätze 148, 154, 194
- Erweiterte 176, 195
- Und SOS-Frage 150

Wertschätzung,
 Grundbedürfnis 70
W-Fragen 146
What-the-hell-Effekt 185
Wiederholung 153
Wille, Willenskraft 128
- Erschöpfung 131
- Mehrere Ziele 132, 142
- Training des 132
- Umsetzung in Handlung 146
- Und Ziele 134

Wochenplan 119, 147, 202
Wochenprotokoll 167, 203

Z

Zeitmangel 53
- Lösungen 118

Ziele 134
- Annäherungsziel 140
- Erreichbar 88
- Konkret 135
- Lang- und kurzfristig 137
- Leistungsziel 138
- Lernziel 138
- Öffentlich 138
- Realistisch 124, 134
- Sichtbar 138
- SMART 143
- Spezifisch 135
- Vermeidungsziel 140
- Visualisieren 88, 161

Zielkonflikt 132, 142
Zu Hause trainieren 114
Zugehörigkeit, Grundbedürfnis ... 69
Zweckfreiheit 29
Zwischenziele 137

Bildnachweis

Seite 12/13: Corey Rich /Aurora/laif
Seite 34/35: Canvass/Plainpicture
Seite 62/63: Randi Berez/Gallerystock
Seite 94/95: Cultura/Plainpicture
Seite 128/129: Cultura/Plainpicture
Seite 158/159: Lonely Planet/Plainpicture
Seite 198/199: Fancy/Plainpicture

MEHR VOM LEBEN

REZEPTFREI GESUND MIT SCHWEIZER HAUSMITTELN

Sicher, bewährt und arm an Nebenwirkungen: Komplementärmedizinische Mittel sind beliebter denn je. Der Beobachter-Ratgeber empfiehlt traditionelle Hausmittel und moderne Methoden: Kräuterheilkunde, Wickel, Tees, Tinkturen, ätherische Öle, Homöopathie und spagyrische Essenzen.

336 Seiten, gebunden
ISBN 978-3-85569-399-3

ESSEN. GENIESSEN. FIT SEIN.

In diesem Schweizer Bestseller erfahren Frauen, wie sie sich mit Essen Gutes tun. Der Energiespender in Buchform begleitet Frauen jeden Alters in jeder Lebenslage. Die Ernährungswissenschaftlerin Marianne Botta Diener bietet leicht umsetzbare Ratschläge und wertvolle Informationen. Dieses Wohlfühl-Ernährungsbuch vermittelt fundiertes Wissen, praktische Alltagstipps und Rezepte von Spitzenköchen.

256 Seiten, broschiert
ISBN 978-3-85569-520-1

UNSER VEREIN

Lebendiges Vereinsleben: Dieses Handbuch vermittelt das Rüstzeug für die Vereinsarbeit. Leicht verständlich geschrieben und übersichtlich dargestellt, ist es das ideale Nachschlagewerk. Statuten verfassen, den Verein gründen, Mitglieder werben, Sitzungen leiten. Das Beobachter-Standardwerk ist ein unentbehrlicher Begleiter für alle, die aktiv im Vereinsleben stehen.

272 Seiten, broschiert
ISBN 978-3-85569-415-0

Neu: Die E-Books des Beobachters
Einfach, schnell, online. **www.beobachter.ch/ebooks**

Beobachter Buchverlag

WISSEN, WAS WICHTIG IST

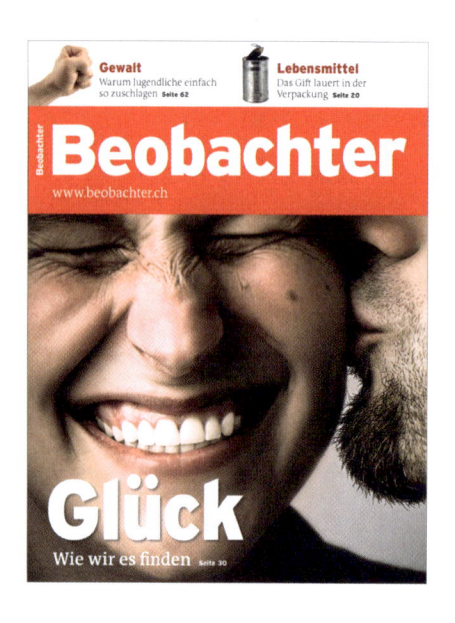

Wissenswerte Unterhaltung

Wertvolle Ratschläge

alle 14 Tage neu

Jahresabonnement für Fr. 89.–
Der Beobachter ist die Zeitschrift für engagierte Menschen und liefert alle 14 Tage wissenswerte Unterhaltung. Er analysiert, informiert und gibt wertvolle Ratschläge für das tägliche Leben. Besondere Themen werden in Extraheften vertieft und praxisnah aufbereitet. Inkl. telefonische Rechtsberatung, Zugriff auf helponline.ch und Ermässigungen auf Ratgeberbüchern.
Mit dem Beobachter wissen Sie, was wichtig ist.

Schnupperabo für Fr. 20.–
10 Ausgaben zum Ausprobieren.

jetzt bestellen unter:
www.beobachter.ch/abo

Preise: Stand März 2012, inkl. MwSt.